Caroline Boisset

Der Wuchs- und Pflanzplaner für den Garten

Für 500 Sträucher, Bäume,
Kletterpflanzen und Stauden

Naturbuch Verlag

Die Autorin: Caroline Boisset ist eine bekannte englische Gartenexpertin, die über viel praktische und journalistische Erfahrung verfügt. Die ehemalige Herausgeberin eines Gartenmagazins arbeitet heute als freie Schriftstellerin und Beraterin für Zeitungen, Zeitschriften, Rundfunk und Fernsehen. Sie ist Autorin mehrerer Bücher, die auch ins Deutsche übersetzt wurden wie „Blühende Mauern – Kletternde Gärten" (1990), „Gärten in der Stadt" (1991). 1992 erschien im Naturbuch Verlag ihr Werk „Harmonische Gartengestaltung".

Titel der englischen Originalausgabe:
„The Plant Growth Planner"
© Mitchell Beazley Publishers part of Reed International Books Ltd 1992
Text © Caroline Boisset 1992
Zeichnungen © Mitchell Beazley Publishers part of Reed International Books Ltd 1992

Die Deutsche Bibliothek – CIP-Einheitsaufnahme

Der Wuchs- und Pflanzplaner für den Garten: für 500 Sträucher, Bäume, Kletterpflanzen und Stauden / Caroline Boisset. [Übers.: Ursula Greber]. – Augsburg: Naturbuch-Verl., 1993
  Einheitssacht.: The plant growth planner ⟨dt.⟩
  ISBN 3-89440-100-1
NE: Boisset, Caroline; EST

Naturbuch Verlag
© Deutsche Ausgabe 1993
Weltbild Verlag GmbH, Augsburg
Alle Rechte vorbehalten
Übersetzung: Ursula Greber, München
Umschlaggestaltung: Peter Engel, Grünwald
Satz: Sabon und Futura von
Uhl + Massopust, Aalen
Printed in Hong Kong

ISBN 3-89440-100-1

INHALT

Rechts: Der blaue Schein-
mohn, (Meconopsis betonici-
folia) gedeiht in kühlen,
feuchten Sommern in gut
durchlässigen Böden. Er ist
also eine selten anzutreffen-
de, da schwer zu befriedigen-
de Pflanze. Sind die Bedingungen optimal, so wird sie
1,20 m hoch und 45 cm breit.

Links: Stauden bilden in Rabatten schnell dicke Kissen
und sind daher sehr nützlich.
Pflanzt man sie in einen Boden, der frei von mehrjährigen Unkräutern ist, etablieren
sie sich schnell und unter-
drücken einjährige Unkräuter. Besonders wüchsige Arten müssen im Herbst oder
Frühjahr ausgegraben und
geteilt werden, damit sie nicht
zartere Pflanzen verdrängen.
Hier bilden Oenothera, Delphinium, Sedum, Geranium,
Lupinus und Chrysanthemum
eine schöne Kombination.

EINLEITUNG

Dieses Buch hilft Ihnen dabei, die lang-
fristige Entwicklung der Pflanzen im
Garten zu planen. Jeder begeisterte
Gärtner wünscht sich gesunde, wohl-
proportionierte Pflanzen; so mancher
hat jedoch Schwierigkeiten damit, das
Wachstum der Pflanzen über die Jahre
hinweg richtig einzuschätzen. Keine
Pflanze gleicht der anderen: Umwelt-
einflüsse und ungleiche Behandlung
führen zu unterschiedlichem Wachstum, sogar bei Stecklingen von ein und
derselben Mutterpflanze. In gutem Boden, unter ähnlichen klimatischen Voraussetzungen und bei normaler gärtnerischer Pflege werden indes Pflanzen
einer Art etwa gleich groß.

Die Tabellen in diesem Buch vermit-
teln einen guten Eindruck vom Wachstum bestimmter Pflanzen unter normalen Bedingungen, sind jedoch nicht bin-
dend. Für Vergleiche verschiedener Arten sind die Übersichten ebenfalls nütz-

lich: schnell, mäßig und langsam wachsende Pflanzen können sofort zugeordnet werden.

Bevor Sie sich für bestimmte Pflanzen entscheiden, sollten Sie sich darüber im klaren sein, wieviel Zeit Ihnen zur Verfügung steht. Es gilt, einen Mittelweg zwischen Wachstumsgeschwindigkeit und Pflegeaufwand zu finden. Schnell wachsende Pflanzen müssen regelmäßig geschnitten und erzogen werden; langsam wachsende Pflanzen benötigen weniger Pflege, brauchen aber länger, bis sie die gewünschte Größe erreicht haben. Als Alternative lassen sich schnell und langsam wachsende Pflanzen kombinieren: pflanzen Sie die ersteren als kurzfristige Lückenfüller, die entfernt werden, sobald die letzteren groß genug sind. In diesem Buch finden Sie eine ganze Reihe solcher Alternativen, die die Wahl zwischen schnellem und langsamem Wuchs erleichtern.

An dieser Stelle möchte ich auf die Faktoren, die das Wachstum beeinflussen, näher eingehen. Die hier zusammengestellten Informationen werden Ihnen bei der Interpretation der Wuchstabellen von Nutzen sein.

Wachstumsbedingungen

Boden
Die meisten Pflanzen gedeihen am besten in leicht sauren bis neutralen Böden, die die Feuchtigkeit gut halten, jedoch nicht staunaß sind. Guter Gartenboden besteht aus einer ausgewogenen Mischung von Humus oder gut verrottetem organischem Material, das die Feuchtigkeit hält, und großen mineralischen Teilchen, die Luft speichern und das Abfließen von Wasser erleichtern. Er muß auch die zum Wachstum benötigten Nährstoffe enthalten. In der Hauptsache sind dies Stickstoff, Phosphor und Kalium, des weiteren Kalzium, Magnesium und Schwefel. Hinzu kommen die Spurenelemente Eisen, Kupfer, Bor, Zink, Mangan und Molybdän, die nur in sehr geringen Mengen vonnöten sind. Herrscht Mangel

Dieser Teil eines Gartens ist ein Beispiel für gute Planung und beste Pflege. Hauptblickfang dieser Artenvielfalt ist *Buddleja alternifolia*. Voll erblüht bietet sie stets einen herrlichen Anblick in gemischten Rabatten; hier besonders attraktiv durch die Trauerform, die Sie erreichen, wenn Sie einen zentralen Stamm auswählen und gerade nach oben binden. Dann müssen sämtliche Seitentriebe entfernt werden, bis der Stamm die gewünschte Höhe hat, ab der dann Zweige wachsen dürfen; so bekommt die Krone die Quastenform. Anders als *B. davidii*, die auf dem diesjährigen Holz blüht und zeitig im Frühjahr geschnitten werden muß, blüht *B. alternifolia* auf dem Holz des letzten Jahres und sollte daher direkt nach dem Abblühen geschnitten werden.

an einem dieser Stoffe, funktioniert die Photosynthese nicht mehr richtig, das Wachstum verlangsamt sich oder stagniert.

Oft kann die Bodenqualität verbessert werden, entweder durch Einarbeitung von Gartenkompost, durch Mulchen, gut verrotteten Mist und Rindenkompost oder durch Ausbringen spezieller Nährstoffe bzw. Dünger. Da die Pflanzen dem Boden Nährstoffe entziehen, nimmt der Nährstoffgehalt stetig ab und muß somit immer wieder erhöht werden.

Der pH-Wert des Bodens, ob sauer oder basisch, läßt sich weniger beeinflussen und bestimmt daher mit bei der Auswahl geeigneter Pflanzen. Böden mit einem pH-Wert von unter 7 sind sauer. Unter pH 5,5 wachsen nur wenige Pflanzen; außer Heidekraut, Rhododendren und einigen Moorbeetpflanzen wird kaum etwas blühen. Feuchter Kalk oder Kreide, die man im Winter ausbringt, erhöhen den pH-Wert etwas. Der pH-Wert basischer Böden liegt über 7. Heide, Rhododendron, Pieris, Kalmia, Lupine und Lilien gedei-

Es gibt sehr viele *Penstemon*-Sorten, deren Farbpalette von Hellblau über Rot und Rosa bis Weiß reicht. Die einzelnen Sorten sind unterschiedlich winterhart (breitblättrigere Formen empfindlicher), können jedoch in Form von Stecklingen, die man im Spätsommer abnimmt, überwintert werden. Hier wächst die Sorte 'Garnet' neben einer panaschierten *Cornus alba* 'Elegantissima'.

hen hier nicht. Torf senkt den pH-Wert, sollte der Umwelt zuliebe jedoch nicht in größeren Mengen verbraucht werden. Gut verrotteter Mist, Laubmulch oder Gartenkompost erfüllen auf lange Sicht den gleichen Zweck.

Klima
Das Klima einer Region ist der zweite wesentliche Faktor, der die Auswahl geeigneter Pflanzen und deren Wachstum beeinflußt.

Temperatur Entscheidend ist die niedrigste Temperatur, die eine Pflanze ertragen kann. Als Hilfestellung für die Gärtner in Nordamerika erstellte das Arnold Arboretum der Harvard-Universität eine Karte mit numerierten Winterhärtezonen; die Zahlen weisen auf das durchschnittliche Jahresminimum hin. Nach demselben Prinzip wurde eine Karte für Europa erstellt (s. Seite 12 bis 13).

Die größten Unterschiede in den Wachstumsraten zwischen den USA und Europa zeigen sich bei den Kletterpflanzen und bei einigen Bodendeckern. In Nordamerika heimische Arten beginnen in europäischen Gärten leicht zu wuchern. In Europa stehen wesentlich mehr Pflanzen zur Verfügung; viele würden die kälteren Winter in Amerika nicht überstehen. Die in diesem Buch beschriebenen Pflanzen eignen sich jedoch für Europa und Amerika.

Niederschlag Die jährliche Niederschlagsmenge (Schnee, Regen und Hagel) beeinflußt in Verbindung mit der Durchlässigkeit des Bodens enorm das Pflanzenwachstum. Je kleiner eine Pflanze, desto weniger Wasser benötigt sie – desto schneller kann sie aber auch vertrocknen. Einige Pflanzen, vor allem Zwiebelgewächse und Einjährige, überstehen lange Trockenperioden. Sobald wieder Wasser zur Verfügung steht, setzen sie Blüten an und bilden Samen. Sie vollenden also ihren Lebenszyklus, solange die Bedingungen gut sind. Etwa 75 cm Regen je m^2 und Jahr genügen den meisten Bäumen; die Auswirkungen von Wassermangel machen sich erst nach zwei bis drei Jahren bemerkbar.

Ausschlaggebend ist auch, wann es regnet. Der Wasserbedarf jeder Pflanze wird nämlich von ihren Wachstumsphasen bestimmt. Fällt zum Beispiel nach einer Trockenperiode spät im Frühjahr Regen, so kommt er genau richtig zum Beginn der Wachstumsphase der Eiben; für Buchen kann er jedoch bereits zu spät kommen, da sie ihre Winterruhe früher beenden und ihre begrenzten Reserven für die ersten Triebe verwendet haben.

Wind Pflanzen, die ständigem Wind ausgesetzt sind, verkümmern mitunter oder sterben sogar ganz ab. Starker Wind in Verbindung mit trockenem, krümeligem Boden bietet den Gartenpflanzen denkbar schlechte Bedingungen. Verbessert man den Boden mit viel humusreichem Material und errichtet einen Windschutz, können viele Pflanzen angesiedelt werden. Windunempfindliche, schnell wachsende Gehölze wie Kiefern, Kreuzdorn, Erlen, Pappeln, Birken und einige Zypressenarten bilden nützliche Windbarrieren für empfindlichere Pflanzen. Mauern schirmen Wind zwar vollständig ab, führen aber zur Bildung von Wirbeln, die noch mehr Schaden anrichten können.

Mikroklima Flach oder abschüssig, mit viel oder wenig gutem Boden, gegen Süden gerichtet und warm oder eher kalt – Lage und Form eines Gartens bestimmen in hohem Maße, wie

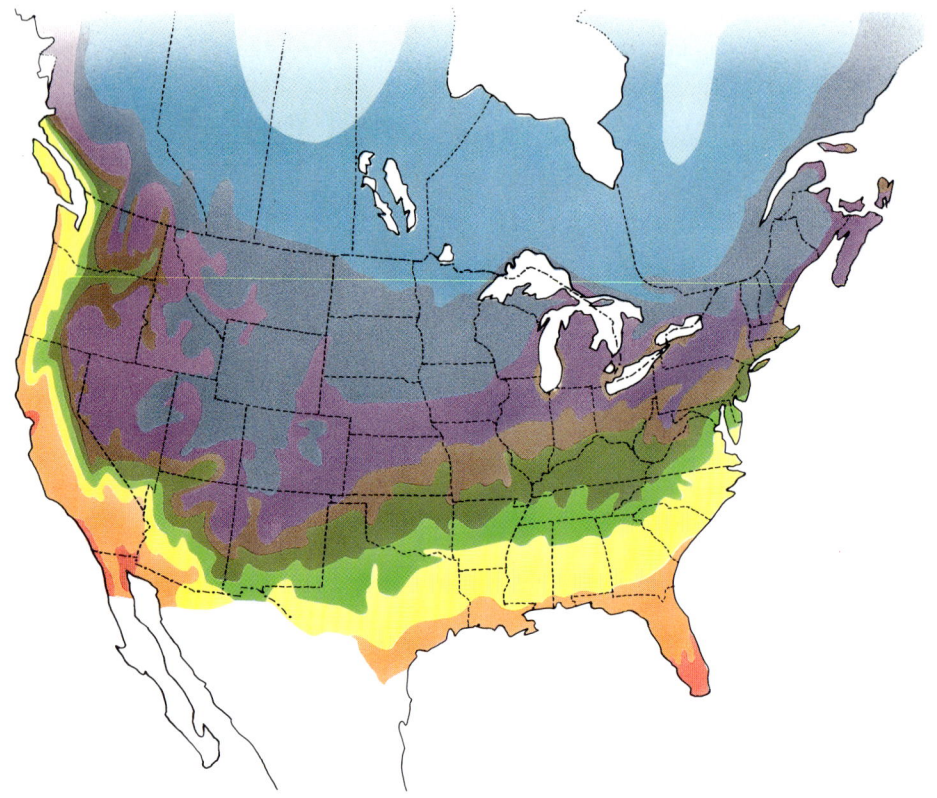

stark er Sonne und Wind ausgesetzt ist.
Das Mikroklima eines Gartens kann
also vom allgemeinen Klima einer Region deutlich abweichen. Selbst die verschiedenen Bereiche eines Gartens können unterschiedliche Mikroklimata
zeigen. Setzen Sie Pflanzen, die für Ihren Standort als zu empfindlich gelten,
in geschützte Ecken oder an Wände; sie
werden gedeihen. Rauhe Ecken sollten
Sie etwas vor Wind und Kälte schützen.
Umweltverschmutzung Schmutz, ins-
besondere die abgasgeschwängerte Luft,
beeinflußt Pflanzen unterschiedlich
stark. Ein Schutzwall aus resistenten
Pflanzen vermindert Schäden enorm.

Pflege

Feuchtigkeit, Licht und geeignete Temperaturen nehmen entscheidenden
Einfluß auf das Pflanzenwachstum.
Stimmt einer dieser Parameter nicht,
wird das Wachstum gebremst oder es
hält inne. Ziel guter gärtnerischer Ar-
beit ist es, dafür zu sorgen, daß alle
Voraussetzungen zur richtigen Zeit ge-
geben sind.

Wann wird gepflanzt
Die beste Pflanzzeit ist die Ruhephase
der Pflanzen. Sie liegt bei Zwiebelgewächsen im zeitigen Frühjahr oder im

Winterhärtezonen
Diese Karten zeigen die
durchschnittlichen jährlichen
Temperaturminima. Die Zahlen der einzelnen Zonen weisen auf die Empfindlichkeit
der Pflanzen hin.

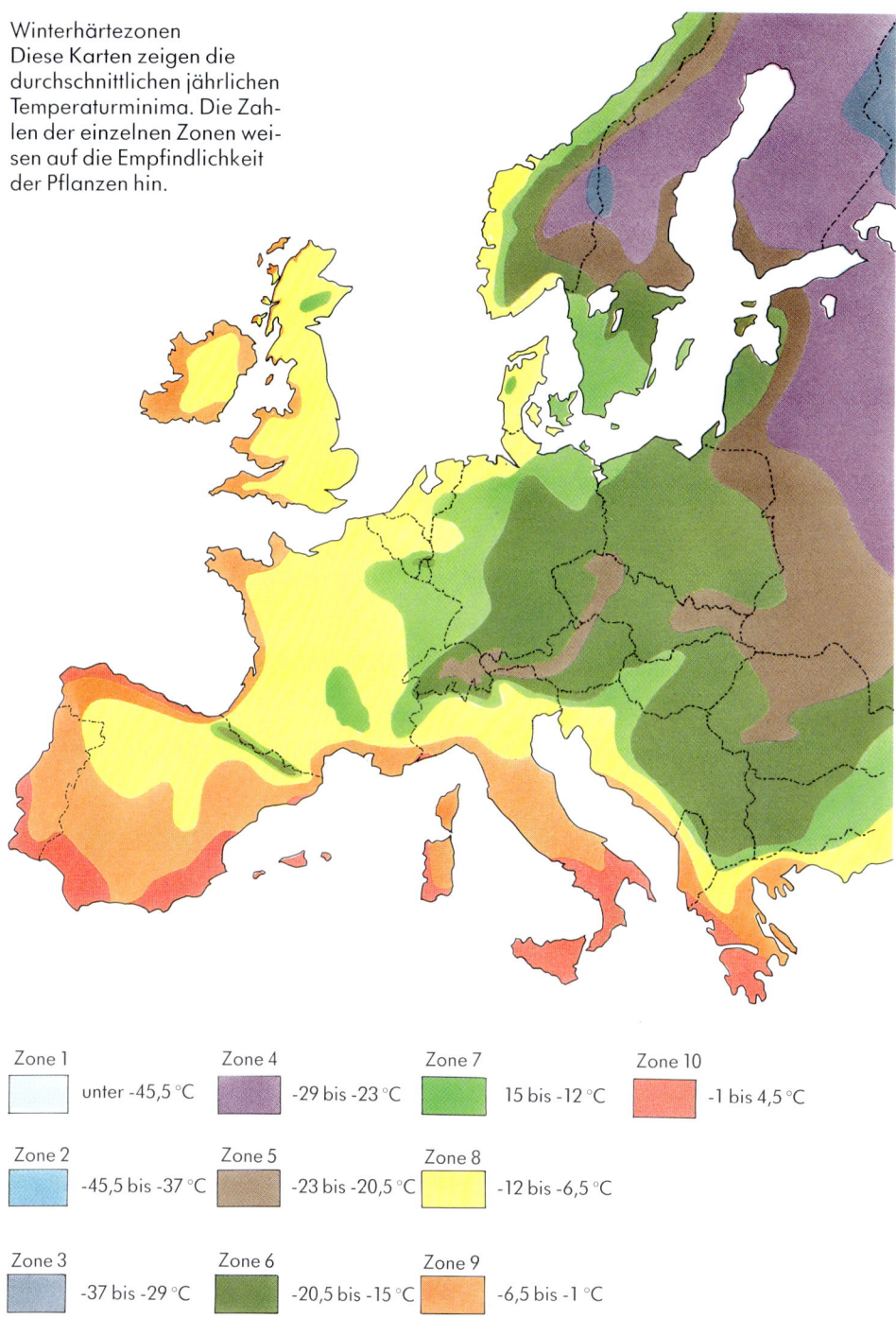

Zone 1	unter -45,5 °C	Zone 4	-29 bis -23 °C	Zone 7	15 bis -12 °C	Zone 10	-1 bis 4,5 °C
Zone 2	-45,5 bis -37 °C	Zone 5	-23 bis -20,5 °C	Zone 8	-12 bis -6,5 °C		
Zone 3	-37 bis -29 °C	Zone 6	-20,5 bis -15 °C	Zone 9	-6,5 bis -1 °C		

Spätsommer, bei Immergrünen im Frühherbst bis Mitte Herbst oder Mitte bis Ende des Frühjahrs und für sommergrüne holzige Arten und krautige mehrjährige Pflanzen im Winter, vorausgesetzt, die Bedingungen sind gut, das heißt, der Boden darf weder staunaß noch gefroren sein. Ist dies der Fall, müssen Sie mit dem Pflanzen bis zum zeitigen Frühjahr warten.

In der Praxis wird entweder Ende Herbst gepflanzt, wenn das Wachstum nahezu beendet, der Boden aber noch warm ist, oder zu Beginn des Frühjahrs, kurz bevor die Pflanzen austreiben und sich der Boden langsam erwärmt. Es ist klimaabhängig, welcher Jahreszeit der Vorzug zu geben ist. Sind die Winter hart, pflanzen Sie besser im Frühjahr; im milderen Klima ist der Herbst vorzuziehen, da er in der Regel mehr Feuchtigkeit bringt. Containerpflanzen können auch während der Wachstumsphase gepflanzt werden. In jedem Fall benötigen junge Pflanzen regelmäßig Wasser, um gut anwachsen zu können.

Wasser und Nährstoffe

Zeitig im Frühjahr sollten alle Pflanzen einen guten Stickstoff-Phosphor-Kalium-Dünger (Volldünger) mit Langzeitwirkung erhalten. Mist und Kompost liefern dem Boden ebenfalls Nährstoffe. Im Frühjahr ist die Versorgung mit ausreichend Wasser besonders wichtig. Gießen Sie lieber seltener und reichlich als oft und wenig. Testen Sie, ob genug Feuchtigkeit im Boden ist, indem Sie etwa eine Stunde nach dem

Diese breite, gemischte Rabatte ist zeitig im Frühjahr abgebildet. Schneerosen und Narzissen beginnen gerade zu blühen. Pfingstrosen, Iris und Rittersporn kommen zum Vorschein und werden im späten Frühjahr und Frühsommer Blickfang sein. Danach gibt es ein Meer von Phlox. Im Winter wurde eine dicke Lage Mulch ausgebracht, die Unkräuter unterdrückt, Feuchtigkeit speichert und den Nährstoffgehalt des Bodens verbessert.

die Feuchtigkeit direkt zu den Wurzeln gelangt und nicht im Erdreich versikkert.

Wenn eine Zierpflanze einmal angewachsen ist, sollte man sie unter normalen Bedingungen nur wenig gießen müssen – mit Ausnahme des Frühjahrs. Falls sie zuviel Wasser benötigt, sind Klima oder Boden nicht geeignet, und die Pflanze wird nie gut gedeihen.

Vorbereitung auf den Winter

Achten Sie darauf, daß der Boden zu Beginn des Winters nicht zu naß ist. Gefriert das Wasser um die Wurzeln herum, zerstört es ihre Zellen. Gut durchlässiger Boden ist also ein großer Vorteil. Pflanzen mit hohem Wassergehalt verrotten leichter und sterben während ihrer Ruhephase eher ab als Pflanzen, die eine Trockenperiode hinter sich haben; hüten Sie sich also davor, Ihren Garten allzusehr zu gießen, wenn der Herbst näher rückt.

Einige Gehölze benötigen eine längere Wachstumsphase, bevor sie in der Lage sind, einen harten Winter zu überstehen; ist ihr Holz noch nicht ausgereift, kann ihnen sogar ein milder Winter zu schaffen machen. Treffen Sie Vorsorge, indem Sie im Hoch- bis Spätsommer mit Kalium düngen; es fördert das Ausreifen der jungen Triebe.

Schneiden

Das Schneiden hat mehrere Gründe: Zum einen sollen Pflanzen in Form gebracht werden, indem man ein gesundes System aus Zweigen schafft und

Gießen ein Stäbchen in die Erde stecken; damit stellen Sie fest, wie tief die Feuchtigkeit eingedrungen ist. Es sollten bei krautigen mehrjährigen Pflanzen mindestens 7,5 bis 10 cm sein, gut 15 cm bei jungen Sträuchern und über 30 cm bei Bäumen. Als Faustregel gilt, daß das Wasser so tief eindringen soll, wie die Wurzeln der Pflanze reichen. (Bäume bilden eine Ausnahme.)

Ist Wasser Mangelware, können Sie in angemessener Tiefe nahe der Pflanze eine Plastikflasche mit kleinen Löchern im Boden eingraben. Sie kann mit Wasser gefüllt werden und sorgt dafür, daß

stark wuchernde Pflanzen in ihre Schranken weist; zum anderen soll im selben oder im nächsten Jahr die Ausbildung junger Triebe und üppiger Blüte gefördert werden; ein dritter Grund ist die Entfernung toter oder kranker Zweige.

Verwenden Sie gutes Gartengerät, pflegen Sie es und sorgen Sie dafür, daß es stets geschärft ist. Zur Grundausstattung gehören eine gute Gartenschere, eine kleine Baumsäge und eine Astschere mit langen Griffen.

Ein glatter Schnitt ist besonders wichtig, weil ein ausgefranster Abriß eine größere Angriffsfläche für Krankheitserreger bietet. Schneiden Sie etwa 5 mm oberhalb einer dicken, gesunden Knospe, die in die Richtung zeigt, in die ein neuer Trieb wachsen soll.

Im allgemeinen wachsen stark zurückgeschnittene Pflanzen besonders kräftig. Ein Strauch mit ungleichmäßigem Wuchs sollte also während seiner Ruhephase auf der schwächeren Seite stark beschnitten werden, damit er dort viele neue Triebe bildet. Die andere Seite bleibt bis zur zweiten Hälfte

Rechts: Bäume können völlig unterschiedlich aussehen. Die rundliche Krone von *Gleditsia triacanthos* 'Sunburst' trägt im Frühjahr gefiedertes Laub und kontrastiert mit der strengen aufrechten Silhouette einer Eibe (*Taxus baccata* 'Fastigiata').

Ganz rechts: Korrekt geschnitten wird, indem man etwa 5 mm über der ausgewählten Knospe einen schrägen Schnitt von ihr weg durchführt. Schneidet man weiter oben, bleibt ein Stück Ast zurück, das absterben kann und anfällig für Krankheiten ist. Schneidet man zu tief, besteht die Gefahr, die Knospe zu verletzen.

der Wachstumsperiode ungeschnitten; dann erst bremst ein Schnitt das Wachstum. Zu dieser Zeit ist die Pflanze voll belaubt, Sie können also gut ihre Umrisse bestimmen. Zugleich sollten Sie abgestorbene Äste beseitigen, die im Winter nur schwer von gesunden aber kahlen Ästen zu unterscheiden sind.

Bei den meisten Sträuchern und Kletterpflanzen genügt es, abgestorbene, schwache oder kranke Äste zu entfernen und durch wenige Schnitte für ausgewogenen Wuchs zu sorgen. Dies gilt auch für junge Bäume. Das Abschneiden von Verblühtem kann die Blütezeit verlängern und säubert die Pflanze, ist jedoch nicht immer notwendig, ja manchmal sogar von Nachteil; gehen Sie zum Beispiel bei Rhododendren nicht besonders vorsichtig vor, so laufen Sie Gefahr, die Knospen für das

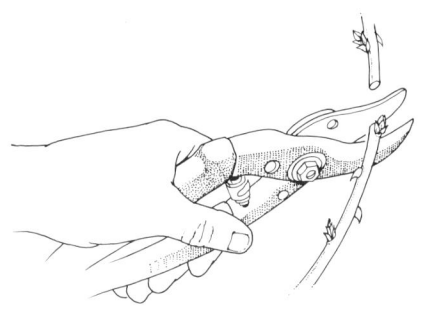

nächste Jahr zu beschädigen, die direkt unter den Blüten entstehen.

Einige Sträucher und Kletterpflanzen müssen regelmäßig zu bestimmten Zeiten geschnitten werden, um üppige Blüten und schön gefärbtes Laub hervorbringen zu können. Pflanzen, deren Blüten auf dem Holz des laufenden Jahres entstehen, werden spät im Winter oder zeitig im Frühjahr geschnitten. Einige, zum Beispiel *Buddleja davidii* (Schmetterlingsstrauch), großblütige Clematis und *Caryopteris*, können bis fast zum Boden zurückgeschnitten werden, andere, zum Beispiel *Campsis radicans* (Trompetenblume), *Eccremocarpus* und laubabwerfende Säckelblumenarten *(Ceanothus)*, nur bis hin zu einer kräftigen jungen Knospe.

Sträucher und Kletterpflanzen, die auf dem Holz des vergangenen Jahres blühen, sollten bald nach dem Verblühen, also spät im Frühjahr oder im Frühsommer geschnitten werden. So bleibt jungen Trieben Zeit für die Reife, und sie blühen im nächsten Jahr. Dies betrifft u. a. die *Philadelphus*-Arten, *Clematis montana* und Forsythien.

Sträucher, die Sie wegen ihrer schönen Rinde für den Winter anpflanzen, müssen im Frühjahr stark geschnitten werden, um die Bildung kräftiger junger Triebe zu fördern. *Cornus alba* (Hartriegel), *Salix alba* (Silberweide) und *Cotinus coggygria* ‘Notcutt's Variety’ sind Beispiele hierfür.

Bei immergrünen Kletterpflanzen sollten Sie im Frühjahr alte, schwache Blätter ausschneiden, um die Produktion junger frischer zu fördern.

Geformte Schnittheckcn werden je nach Wüchsigkeit geschnitten. Schnell wachsende Arten sollten Sie zur Kontrolle während der Wachstumsphase schneiden, langsam wachsende in der Ruhephase, um gutes Wachstum zu fördern. Bei freiwachsenden Hecken gehen Sie wie bei Sträuchern vor.

Die Wuchstabellen

Die Wuchstabellen sind in sechs Gruppen unterteilt: Bäume, Sträucher, Kletterpflanzen, Bodendecker, Stauden und Hecken.

Außer bei den Stauden sind die Pflanzen jeweils alphabetisch aufgeführt. Da Stauden selten für sich allein stehen, wurden sie nach Größen und Farben zusammengefaßt, um einige Anregungen für Pflanzgruppen zu geben. Die Höhe ist mit Hilfe des Rasters bestimmbar; Skizzen von Bodendeckern und Stauden zeigen die voraussichtliche Ausbreitung dieser Pflanzen.

Jede Pflanze wird in drei oder vier Wachstumsstadien dargestellt, jeweils in einer anderen Jahreszeit; so ist ersichtlich, wie sich die Pflanzen im Jahreslauf und über eine längere Zeitspanne hin verändern. Die dargestellten Wachstumsraten setzen richtiges und ausreichendes Schneiden voraus, wo es notwendig ist. Die Zeitspanne von 12 Jahren wurde für Bäume, Sträucher und Kletterpflanzen ausgewählt, da in dieser Zeit Bäume eine ansehnliche Größe und Sträucher und Kletterpflanzen ihren Höhepunkt erreicht haben. Der Zeitraum von acht Jahren wurde für Hecken gewählt, weil sie in dieser

Zeit einen guten Sichtschutz bilden. Bodendecker verdrängen binnen drei Jahren effektiv Unkraut. Stauden erreichen jedes Jahr die gleiche Höhe, werden jedoch immer breiter und müssen im allgemeinen nach drei Jahren ausgegraben und geteilt werden – daher wurde diese Periode dargestellt.

Jede in einer Tabelle aufgeführte Pflanze wird auch beschrieben. Es werden der botanische Name, deutsche Namen und gegebenenfalls Synonyme genannt. Die Angaben sind standardisiert; so werden zum Beispiel Größen, die unter optimalen Bedingungen erreicht werden können, genannt; An-

Stauden-Rabatten führen zu einer Buchenhecke, die den Blick auf große Leyland-Zypressen im Hintergrund lenken. Im Sommer (links) schmücken die üppigen weißen Blüten und die verschiedenen Blattformen; im Herbst (oben) hat die Variation aus unterschiedlichen Höhen und Formen einen eigenen Reiz.

gaben zur Bodenqualität werden nur bei besonderen Erfordernissen gemacht. Wo Angaben zum Boden fehlen, sollten Sie von einem guten neutralen Boden (pH 6 bis 7) ausgehen. Meist werden einige (beileibe nicht alle) Sorten oder Hybriden als Alternativen genannt; sie sind halbfett gedruckt. Die Angaben über Winterhärtezonen (s. Seite 10 bis 13) stehen bei jeder Pflanze, ebenso die richtigen Lichtverhältnisse (Sonne oder Schatten); bei mehreren Angaben ist die erste vorzuziehen. Maximale Höhe und manchmal Breite einer einzelnen Pflanze werden ebenfalls angegeben (abgekürzt mit m. H. und m. B.).

Die Einträge für Sträucher, Kletterpflanzen und Hecken beinhalten folgende Hinweise für den Schnitt, die durch eine Reihe von Buchstaben symbolisiert sind:

a: Pflanzen, die wenig oder gar nicht geschnitten werden müssen. Es genügt, Verwelktes zu entfernen, für eine schöne Form zu sorgen, zu stutzen und tote oder kranke Äste zu entfernen.
b: Pflanzen, deren Blüten auf dem Holz des laufenden Jahres entstehen: Schneiden Sie spät im Winter oder zeitig im Frühjahr stark zurück.
c: Pflanzen, deren Blüten auf dem Holz des vorhergehenden Jahres wachsen: Schneiden Sie bald nach dem Abblühen.
d: Pflanzen mit schöner Rinde im Winter oder dekorativem Laub: Schneiden Sie im Frühjahr kräftig zurück.
e: Hecke oder Kletterpflanze: Schnitt im Winter.
f: Immergrüne Hecke: Schnitt im Frühjahr.
g: Laubhecke: Schnitt im Sommer.
h: Hecke: Schnitt im Spätsommer.

Rechts: Der aufrechte Habitus dieser Eberesche oder Vogelbeere *(Sorbus aucuparia)* wird vom zarten Laub betont. Dieser Baum wird in 20 Jahren über 6 m hoch. Auf die Blüten folgen Beeren, die im Sommer reifen; das Laub verfärbt sich im Herbst zu warmen Orangetönen.

Links: Eine rosa Form des Hartriegels *(Cornus florida)*, eines wunderschönen mehrstämmigen, kleinen Baumes, ordnet man oft den Sträuchern zu, da er selten über 6 m hoch wird. In warmen Klimazonen entstehen nach den Blüten erdbeerförmige Früchte; das Laub wird im Herbst rot und purpurfarben.

BÄUME

Es kann recht schwierig werden, für einen bestimmten Standort im Garten den richtigen Baum zu finden. Viele Bäume brauchen lange, bis sie ihre Wirkung entfalten. Meist haben sie dann auch Höhen erreicht, die in keinem Verhältnis mehr zu Haus oder Garten stehen. Besonders fällt dies in kleinen Gärten auf, wo Raum und Licht eine große Rolle spielen. Gleichwohl gibt es zahlreiche Arten, unter denen ein passender Baum für jeden Standort zu finden ist – notfalls stutzt man ihn eben. Man unterscheidet schnell wachsende und sehr langsam wachsende Bäume sowie Arten, die auch ausgewachsen klein oder mittelgroß bleiben. Bäume besitzen viele Vorzüge; im Garten kommt ihnen eine so wichtige Rolle zu, daß auch auf engem Raum ein oder zwei Exemplare stehen sollten.

Bäume sind die langlebigsten Gartenpflanzen und verleihen – einmal ausgewachsen – ihrer Umgebung einen Hauch Zeitlosigkeit. Sie betonen besonders effektiv die vertikale Komponente eines Gartens und sorgen in einer Pflanzgruppe für Beständigkeit. Bäume bieten nicht nur anderen Pflanzen, sondern auch dem Menschen Schatten und Schutz vor Frost und Wind.

Hier einige Vorzüge von Bäumen: gefällig in Form und Habitus, dekorativ gefärbtes, geformtes oder strukturiertes Laub, attraktive Blüten und Früchte, schöne Rinde oder intensiv getönte Zweige.

Die Abbildungen in diesem Teil des Buches zeigen mögliche Höhen in den ersten zwölf Jahren nach der Pflanzung. Die maximale Höhe jeder Art wird am Ende des dazugehörigen Eintrags genannt; bitte unterscheiden Sie zwischen diesen beiden Angaben! Etwas mehr als die Hälfte der vorgestellten Bäume ist relativ klein; das heißt,

Ganz links: Japanische Zierkirschen sind mittelgroße, im Frühjahr mit Blüten bedeckte Bäume. Die nach dem Flor entfalteten Blätter sind im Herbst besonders schön, die wie auf Hochglanz polierte Rinde glänzt im Winter hübsch.

Links: Eine schöne Hängeform der Weidenblättrigen Birne (Pyrus salicifolia 'Pendula'), deren weiße Blüten eine Einheit mit dem silbrigen Frühlingslaub bilden.

sie erreichen kaum mehr als 15 m. Dazu gehören Tibet-Kirsche *(Prunus serrulata)*, Tulpenmagnolie *(Magnolia x soulangiana)*, Zimtahorn *(Acer griseum)* und Parrotie *(Parrotia persica)*. Es gibt (abgesehen von Zwergformen) nur wenige sehr kleine Bäume, die unter 6 m bleiben: zum Beispiel Zweigriffeliger Weißdorn *(Crataegus laevigata)* und die Trauerform der Weidenblättrigen Birne *(Pyrus salicifolia* 'Pendula'. Die übrigen gehören zu den Riesen in unseren Wäldern, da sie meist über 30 m hoch werden. Stieleiche *(Quercus robur)*, Metasequoie *(Metasequoia glyptostroboides)* und Waldkiefer *(Pinus sylvestris)* zählen dazu.

Die Wachstumsgeschwindigkeit ist von Art zu Art völlig verschieden, auch wenn die Endgröße die gleiche ist. Sowohl die Papierbirke *(Betula papyrifera)* als auch der Taubenbaum *(Davidia involucrata)* erreichen etwa 18 m; erstere schafft aber in 20 Jahren 12 m, während der Taubenbaum in derselben Zeit nur 4,50 m hoch wird.

Allein seine Größe in ausgewachsenem Zustand ist ausschlaggebend, wenn Sie einen Baum für einen bestimmten Standort aussuchen. Der hübsche Ginkgo *(Ginkgo biloba)* erreicht in 20 Jahren nur etwa 6 m; ausgewachsen kann er jedoch leicht über 24 m hoch werden. Ein durchschnittlicher Stadtgarten wird von einem derartig großen Baum begraben; seine Beseitigung kann überdies zu großen Schwierigkeiten führen.

Ein anderer sowohl ästhetischer als auch praktischer Gesichtspunkt ist die Form eines Baumes. Bäume mit einer kugeligen Krone sind sehr hübsch, benötigen aber recht viel Platz und werfen einen großen Schatten. Eine Säulenform – mit anliegend vertikal wachsenden Ästen – eignet sich für kleine Gärten am besten. Diese Form wird oft mit 'Fastigiata' oder 'Columnaris' bezeichnet, zum Beispiel *Acer platanoides* 'Columnare' oder *Taxus baccata* 'Fastigiata'. Hänge- oder Trauerformen heißen meist *pendula*, zum Beispiel *Betula pendula* 'Youngii'. Es gibt sogar pyramidenförmig wachsende Bäume.

Sehr wichtig für einen Baum ist die Wahl des richtigen Standortes. An der falschen Stelle kann der Schatten eines Baumes dem Garten schaden, andernorts wäre er vielleicht sehr nützlich als Schutz vor der heißen Mittagssonne. Große Bäume sind ausgezeichnete Windbrecher, können aber auch eine schöne Aussicht verstellen. In einem großen Garten kann ein kleiner Baum als Blickpunkt für den ganzen Garten oder nur für einen Teil dienen, wenn er als Mittelpunkt einer Gruppe gepflanzt wird. So wirft er an sonnigen Tagen einen angenehmen, rundum wandernden Schatten. In kleinen Gärten setzt man einen Baum besser an den Rand, damit er nicht zu viel Schatten wirft, vorausgesetzt er steht dann nicht zu nahe an einem Gebäude.

Es gibt keine einheitliche Meinung dazu, wie nahe ein Baum neben einem Gebäude stehen darf. Wurzeln können an einem Gebäude, an dessen Fundament und Kanalisation sicher großen Schaden anrichten; einige Experten sind daher der Ansicht, daß der Abstand eines Baumes von einem Gebäude seine Höhe in ausgewachsenem Zustand betragen sollte. Ich habe aber oft fast 30 m hohe und über ein Jahrhundert alte Bäume gesehen, die weniger als 10 m entfernt von einem Gebäude standen und dennoch keinerlei Schäden verursacht haben. In großen weiten Gärten bilden solche Bäume einen Hintergrund für das Haus, aber auch in Stadtgärten sind sie wichtig. Meist wird behauptet, daß große Bäume zuviel Licht wegnähmen; schwerer wiegt jedoch die Angst, daß ein Wintersturm den Baum auf das Haus werfen könnte.

Art eines Baumes, Bodenbeschaffenheit und Standort sollten den Abstand zwischen Haus und Baum bestimmen. Weiden beispielsweise haben sehr lange, sich ausbreitende Wurzeln, die die Kanalisationen leicht beschädigen können. Bäume mit kurzen Wurzeln, zum Beispiel die meisten Kiefern, sollte man an freien Standorten nicht in leichten Boden pflanzen, da sie dort vom Wind umgeworfen werden können. Kombinieren Sie Ihr Wissen über Baum und Standort mit Hilfe Ihres gesunden Menschenverstands: weder für den

Baum noch für das Haus ist es von Vorteil, wenn sie zu nahe beieinander stehen. Manchmal hilft ein kräftiger Rückschnitt. Ist der Standort jedoch wirklich ungünstig, sollte man den Baum fällen, bevor er zur Gefahr wird.

Bevor Sie sich für das Fällen eines ausgewachsenen Baumes entscheiden, sollten Sie vorher gründlich über Vor- und Nachteile nachdenken. Dies gilt besonders dann, wenn der Baum in der Stadt steht. Hier hat er nämlich über die Grenzen des Gartens hinaus einen positiven Einfluß auf die Umwelt. Viele Gemeinden haben auch Richtlinien für den maximalen Stammumfang zu fällender Bäume erlassen. Bedenken Sie, daß Sie mit einer Strafe rechnen müssen, wenn Sie sich nicht daran halten.

Oben: Holzäpfel gehören zur größten Gruppe mittelgroßer, fruchttragender Zierbäume. Hier sehen Sie *Malus* 'Golden Hornet', der in 20 Jahren 4,50 bis 6 m hoch wird.

Links: Diese mehrstämmige Kiefer wirkt vom Wind zerzaust wie die meisten Kiefernarten. Die breite Krone spendet einer Reihe von schattenliebenden Sträuchern Schatten. Der Baum paßt von den Proportionen her gut zum Haus und ergänzt die Struktur.

Ein Zuviel an Schatten hat schon viele ausgewachsene Bäume das Leben gekostet. Machen Sie den Nachteil doch einfach zum Vorteil, indem Sie unter den Bäumen einen Waldgarten mit vielen schattenliebenden Pflanzen anlegen oder einen Frühlingsgarten, der blüht bevor die Krone belaubt ist. Mit der Hilfe eines Baumspezialisten läßt sich auch die Krone eines Baumes stark ausdünnen, ohne seine Wirkung zu zerstören. Dann ist der Schattenbereich wieder für mehr Arten verträglich.

Stirbt ein großer Baum ab, so mag dies Anlaß sein, einen wüchsigen Kletterer an ihm emporranken zu lassen. Ein toter Stamm wird jedoch leicht von Hallimasch, einem schlimmen und zerstörerischen Pilz, befallen. Auch kann der Platz, den der Baumstumpf belegt, viel besser genutzt werden. Wenden Sie sich zur Entfernung des Baumstumpfes am besten an einen Spezialisten, der auch die Wurzeln beseitigt. Kurzfristig gesehen ist dies teuer und aufwendig, auf lange Sicht bietet es Ihnen jedoch die Möglichkeit, in einem Boden ohne störendes Wurzelsystem einen Neuanfang zu wagen.

Wenn Sie einen alten Baum durch einen neuen ersetzen möchten, sollten Sie den Kauf eines relativ ausgewachsenen Exemplars in Erwägung ziehen, also eines Baumes ab etwa 3 m Höhe mit einem Stammumfang von 30 bis 50 cm. So wird er von Anfang an an seinem Platz gut zur Geltung kommen. Nachteilig dabei ist die Tatsache, daß es einige Jahre dauern kann, bis er

angewachsen ist und neu austreibt (etwa drei bis fünf Jahre). Jüngere Pflanzen wachsen bereits ab dem zweiten Jahr sichtbar. Auch sind ältere Bäume teurer als junge.

Setzen Sie junge wie alte Bäume in ein ausreichend großes Pflanzloch, damit sich ihre Wurzeln gut ausbreiten können. Arbeiten Sie organisches Material und etwas Langzeitdünger unter, wenn Sie das Loch befüllen. Ein kurzer imprägnierter Pflock, den man fest in den Erdboden rammt, stützt den Baum bis er angewachsen ist. Dieser Pflock muß nur etwa ein Viertel oder ein Drittel der Baumhöhe haben und kann nach zwei bis drei Jahren entfernt werden. Binden Sie ihn mit einem stabilen

Band fest an den Baum, nicht zu stramm und nicht zu locker. Überprüfen Sie von Zeit zu Zeit, ob das Band brüchig wird oder in die Rinde einschneidet.

In den ersten Lebensjahren sollte ein Baum regelmäßig geschnitten werden, damit er formschön wächst. Über Kreuz wachsende Zweige sollten Sie entfernen, desgleichen abgestorbene oder kranke Zweige. Beseitigen Sie auch Stammschößlinge, damit die Krone nicht zu tief unten ansetzt. Einige Arten können Sie stark zurückschneiden, wenn Sie bestimmte Merkmale erzielen wollen: Linde und Weide produzieren so farbige Triebe; Paulownie und Götterbaum entwickeln riesige Blätter.

Oben: Viele Bäume verfügen über besonders schöne Rinde, die den Garten im Winter schmückt. Die Sandbirke (Betula pendula) wächst sehr schnell und wird über 10 m hoch. Die Rinde beginnt erst nach sieben bis zehn Jahren sich abzuschälen.

Links: Bäume, bei denen Laub und Habitus kontrastieren oder sich ergänzen, können je nach verfügbarem Platz sehr dekorativ kombiniert werden. Hier steht eine Zwergkonifere neben einer purpurfarbenen Mahonia aquifolium; dahinter ein junges Exemplar der Serbischen Fichte (Picea omorika). Die Zweige dieser Fichte sind nach oben gebogen; sie ist sehr robust und erreicht in 10 Jahren 3 m.

27

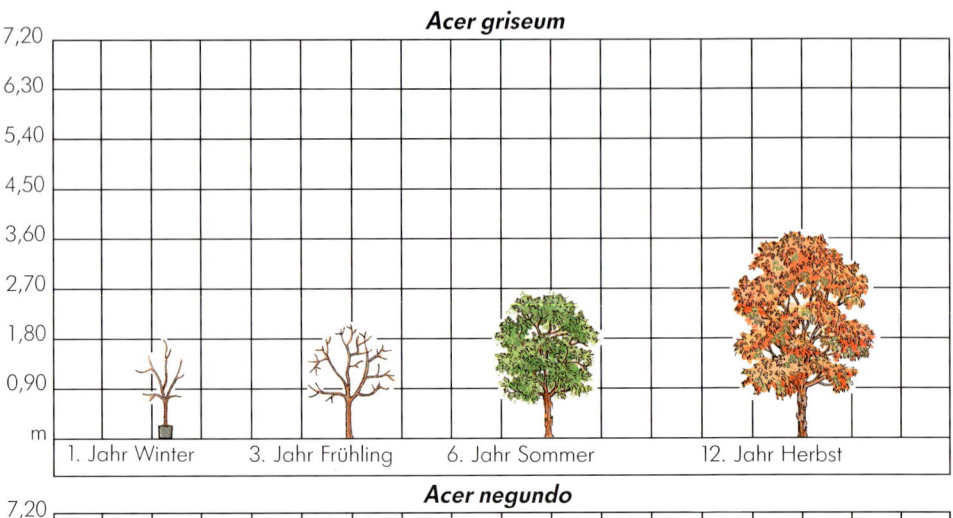

Acer griseum

7,20 6,30 5,40 4,50 3,60 2,70 1,80 0,90 m

1. Jahr Winter   3. Jahr Frühling   6. Jahr Sommer   12. Jahr Herbst

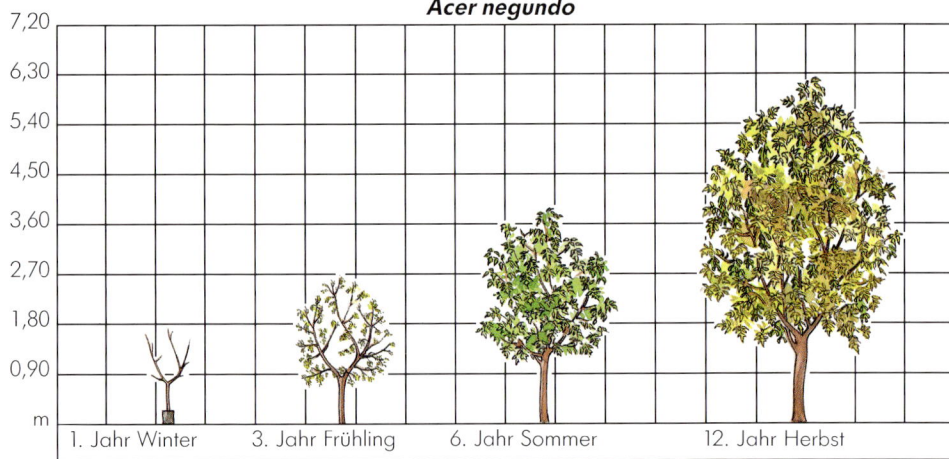

Acer negundo

7,20 6,30 5,40 4,50 3,60 2,70 1,80 0,90 m

1. Jahr Winter   3. Jahr Frühling   6. Jahr Sommer   12. Jahr Herbst

Acer griseum
Zimtahorn

Ein Ganzjahresbaum, der konstant wächst, in 20 Jahren etwa 6 m hoch wird und, wie kaum ein anderer Ahorn, basischen Boden verträgt. Dieser sehr schöne Baum verfügt über eine dekorative orangebraune, sich abschälende Rinde, die im Winter zum Blickfang wird. Die dreilappigen Blätter sind etwa 5 bis 10 cm groß, entfalten sich spät und fallen im Winter ab. Zunächst sind sie beigegelb, im Sommer dann dunkelgrün und im Herbst rot und tief scharlachfarben. Die grünlichgelben Blüten öffnen sich im Frühsommer.

Zone 4 bis 8, Sonne, m. H. 12 m

Acer negundo
Eschenahorn

Ein sehr schnell wachsender sommergrüner Baum, der in 20 Jahren beinahe 9 m hoch wird. Er hat bis zu 20 cm lange gefiederte Blätter, denen er seinen Namen verdankt. Die zweihäusigen Blüten bilden lange Rispen und erblühen in der Mitte des Frühjahres, vor dem Laubausbruch. 'Flamingo' heißt die besonders dekorative, jedoch empfindlichste panaschierte Form. Sie wird etwas über 3 m hoch, ihre Blätter sind zunächst zartrosa, später grün mit weißen und rosa Panaschierungen. 'Auratum' hat glänzend goldgelbe Blätter.

Zone 4 bis 8, Halbschatten, m. H. 14 m

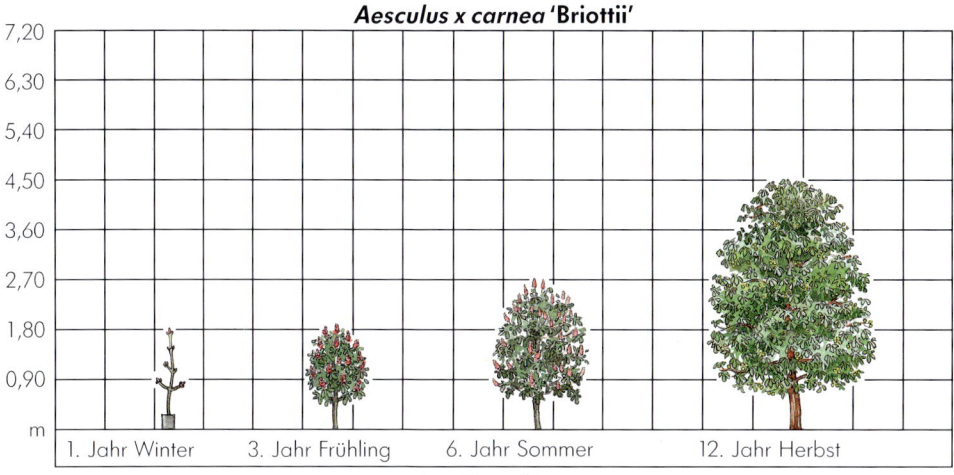

Aesculus x carnea 'Briottii'

1. Jahr Winter   3. Jahr Frühling   6. Jahr Sommer   12. Jahr Herbst

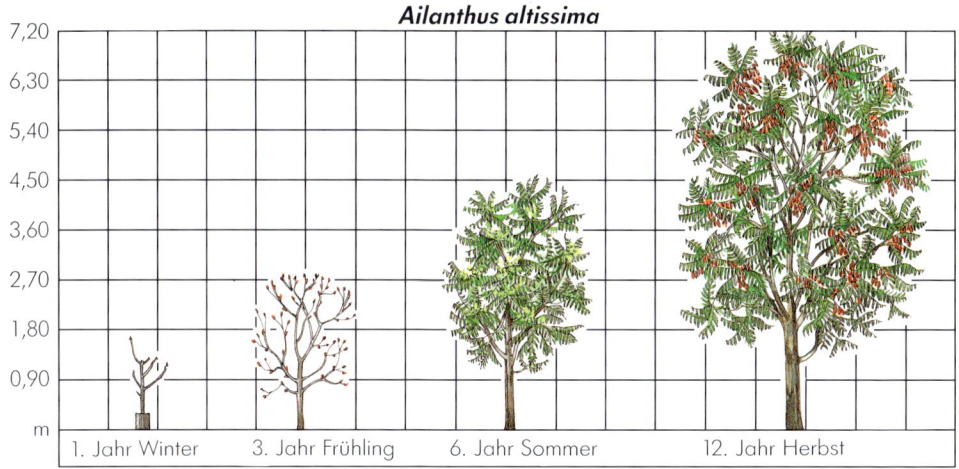

Ailanthus altissima

1. Jahr Winter   3. Jahr Frühling   6. Jahr Sommer   12. Jahr Herbst

Aesculus x carnea 'Briottii'
Rotblütige Roßkastanie

Dieser sommergrüne Baum ist zwar kompakter und kleiner als die normale Roßkastanie, eignet sich aber dennoch nur für große Gärten, da er in 20 Jahren 6 m hoch wird und eine ovale Krone ausbildet. Die bis zu 30 cm großen gefingerten Blätter sind weicher und dunkler grün als die der Grundform; im Herbst verfärben sie sich tief orangegelb. Aufrechte Rispen, 25 cm lang, aus tiefroten Blüten. Die Kastanien sind von einer weichen Hülle umgeben. Wie viele Roßkastanien verträgt auch diese keinen Lehmboden und benötigt viel Feuchtigkeit.

Zone 5 bis 7, Sonne oder Halbschatten, m. H. 12 m

Ailanthus altissima
Götterbaum

Ein besonders wüchsiger und schnell wachsender Baum, der in 20 Jahren 14 m hoch wird. Mancherorts gilt er als Unkraut. Lichte und etwas unregelmäßige, sommergrüne Krone, Blätter ähnlich wie Eschenblätter, aber viel größer (30 bis 60 cm); sie verfärben sich im Herbst gelb. Kleine gelbgrüne Blütenrispen entfalten sich im Spätsommer bis Frühherbst und werden von grünlich bis karminroten, geflügelten Früchten abgelöst. Schneidet man den Baum jedes Frühjahr ganz ab, wächst er sich zu einer Pflanze mit bis zu 1,20 m langen Blättern aus.

Zone 4 bis 8, Sonne oder Halbschatten, m. H. 24 m

29

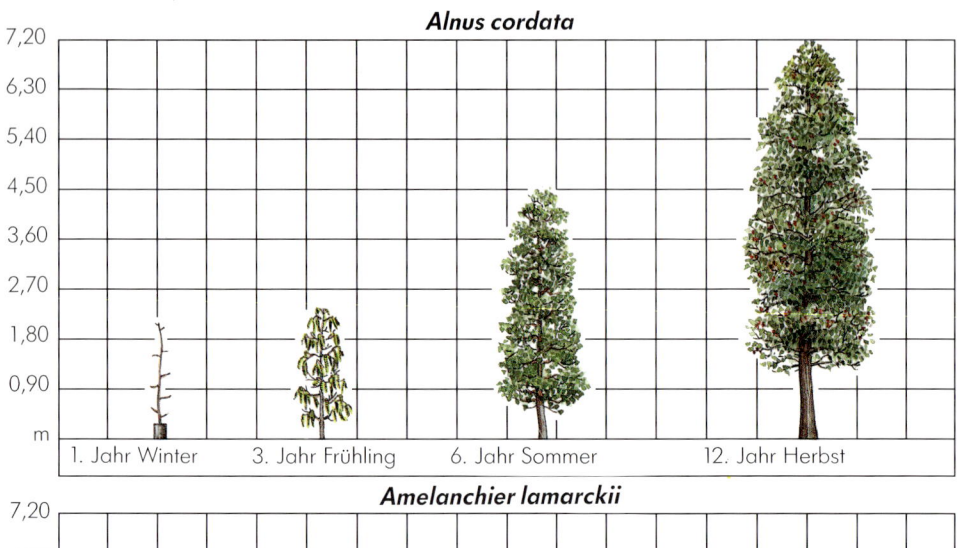

Alnus cordata

7,20
6,30
5,40
4,50
3,60
2,70
1,80
0,90
m

1. Jahr Winter   3. Jahr Frühling   6. Jahr Sommer   12. Jahr Herbst

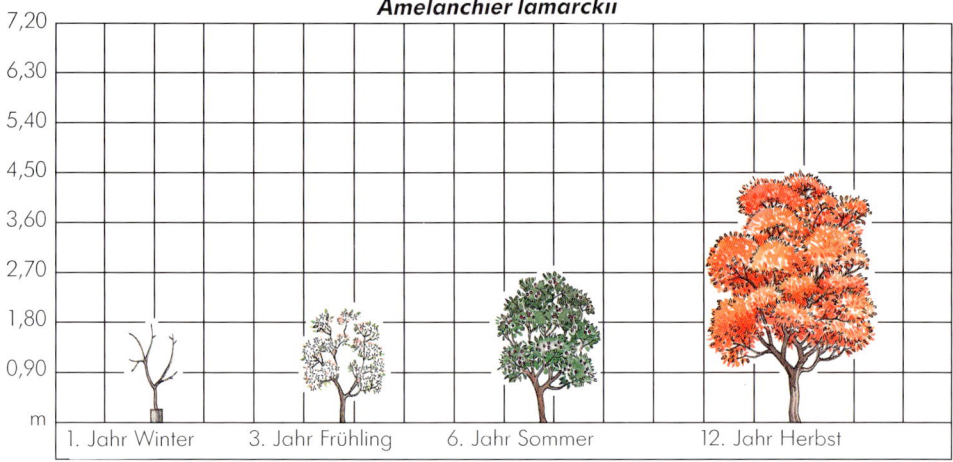

Amelanchier lamarckii

7,20
6,30
5,40
4,50
3,60
2,70
1,80
0,90
m

1. Jahr Winter   3. Jahr Frühling   6. Jahr Sommer   12. Jahr Herbst

Alnus cordata
Italienische Erle

Der pflegeleichte sommergrüne Baum, recht groß, schmal und kegelförmig, erreicht in 20 Jahren 12 m. Zeitig im Frühjahr mit hübschen Kätzchen geschmückt, die im Herbst zu kleinen runden Früchten werden und den Winter über hängen bleiben. Die Blätter sind oben glänzend dunkelgrün, unten heller. Diese Erle gedeiht in jedem Boden, trocken oder naß, sauer oder basisch. Für besonders sumpfigen Boden eignet sich die Schwarzerle (*A. glutinosa*) besser, für verbesserten mageren Boden die Grauerle (*A. incana*).

Zone 4 bis 7, Sonne oder Halbschatten, m. H. 24 m

Amelanchier lamarckii
Großblütige Felsenbirne

Dieser kleine sommergrüne Baum, auch als *A. x grandiflora* bekannt, hat eine niedrige rundliche Krone und wird oft als vielstämmiger Strauch gezogen, der in 20 Jahren etwa 6 m hoch wird. Die zarten weißen Blüten öffnen sich zeitig im Frühjahr, zugleich mit den weichen kupferfarbenen Blättern. Die Blätter werden im Sommer grün und geben einen schönen Hintergrund zu den karminroten Früchten ab. Im Frühherbst reifen die Früchte und werden schwarz, die Blätter verfärben sich orange oder rot. Liebt feuchten Boden, verträgt aber keine basische Erde.

Zone 4 bis 7, Halbschatten, m. H. 9 m

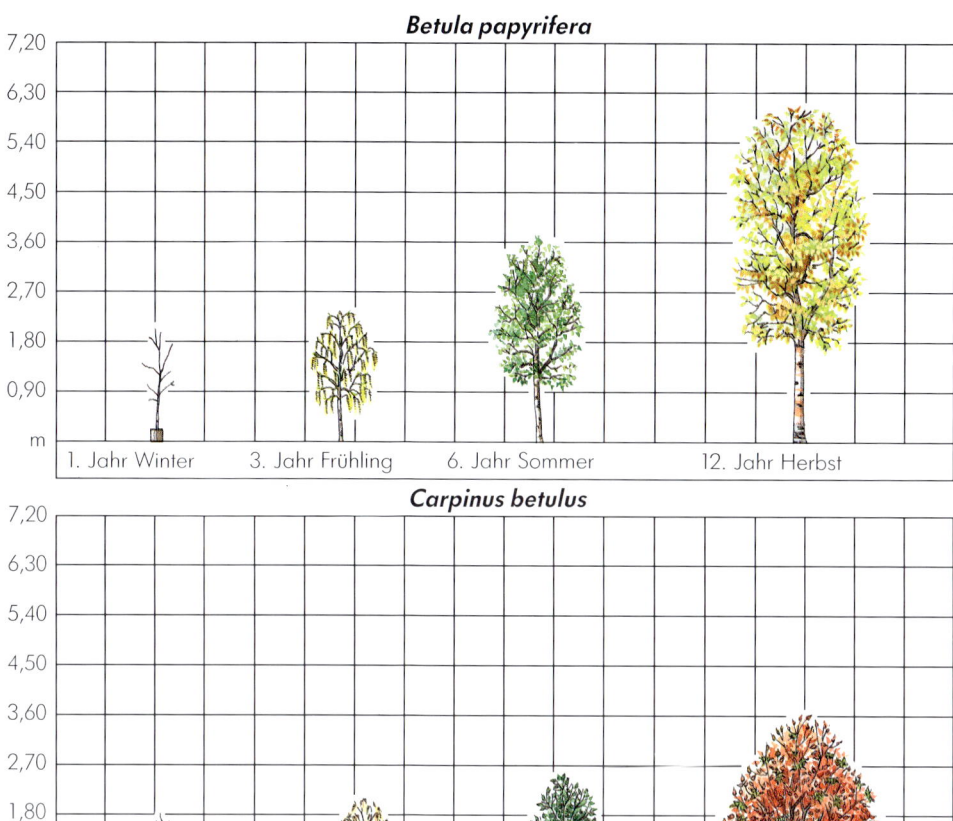

Betula papyrifera

Carpinus betulus

Betula papyrifera
Papierbirke

Dieser sommergrüne Baum wird in 20 Jahren beinahe 12 m hoch. Die lichte Krone spendet nur wenig Schatten. Hauptattraktion dieses Baumes ist die weiche weiße Rinde, die das ganze Jahr über so bleibt. Sie entsteht in den ersten fünf Jahren nach dem Pflanzen, schält sich in großen Stücken ab und bringt neue glänzende Schichten zum Vorschein. Die unregelmäßig gezähnten kleinen Blätter werden im Herbst gelb. *B. pendula* 'Tristis' ist eine Hängeform, die in 20 Jahren 10 m erreicht und anmutig herabhängende Zweige hat.

Zone 2 bis 7, Sonne oder Schatten, m. H. 18 m

Carpinus betulus
Hainbuche

Dieser sommergrüne Baum verträgt häufiges Schneiden gut. In Europa wird er seit langem gekappt, gibt also eine vorzügliche Hecke ab (s. *Fagus sylvatica* Seite 170). Selten in der Grundform angepflanzt, als solche jedoch mit 8 m in 20 Jahren kleiner als Buchen. Der schmale junge Baum bekommt langsam eine breite gerundete Krone. Die gezähnten Blätter entfalten sich zeitig, sind im Sommer hellgrün und im Herbst gelb und braun. Gedeiht in den meisten Böden gut, vor allem in schweren, sumpfigen, in denen Buchen nicht wachsen.

Zone 4 bis 8, Sonne oder Schatten, m. H. 18 m

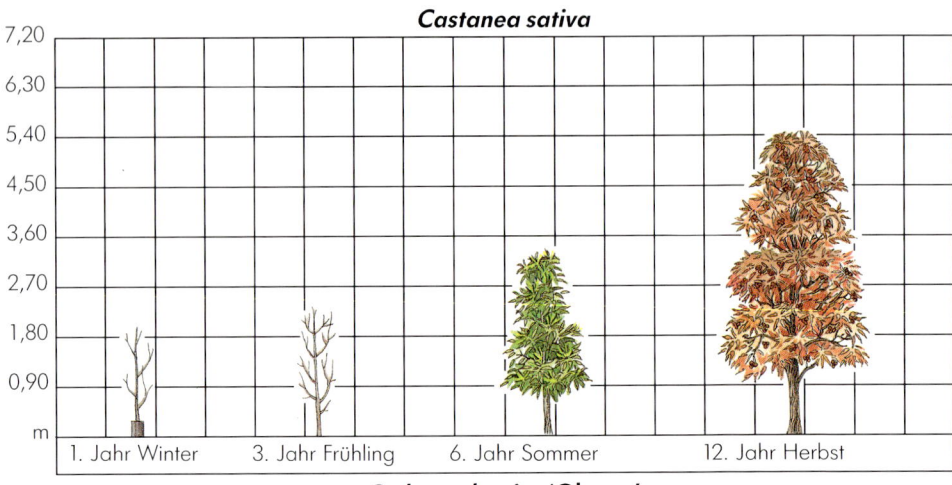

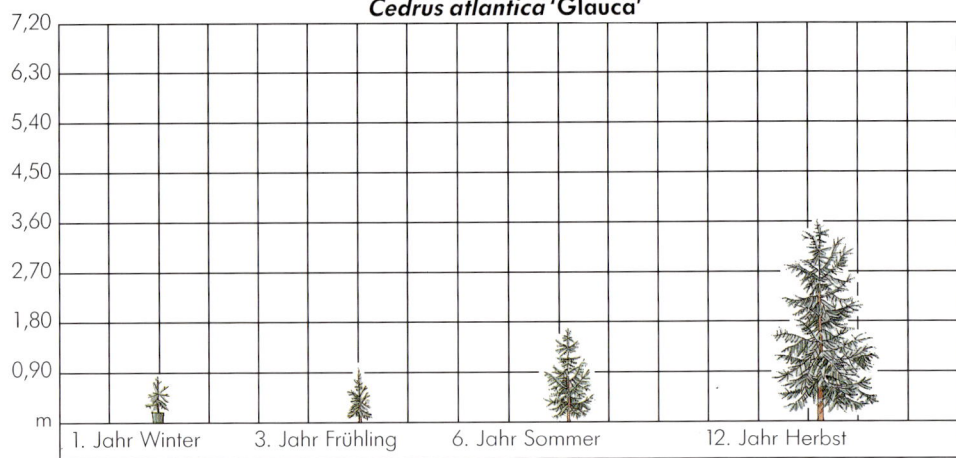

Castanea sativa
Edelkastanie

Ein schöner sommergrüner Baum für große Gärten, da er in 20 Jahren 12 m hoch wird. Die schmale Krone wird später breiter, die graue Rinde bekommt die charakteristischen spiralförmigen Furchen. Die hellgrünen gezähnten Blätter sind bis zu 25 cm lang und verfärben sich im Herbst rostfarben. Im Hochsommer gibt es grünlich-gelbe quastenförmige Kätzchen, danach glänzende eßbare Früchte, je zwei oder drei davon in einer stacheligen Schale. Wächst in sehr gut durchlässigem sandigen Boden. Die kleinere C. mollissima ist weniger anfällig für Mehltau.

Zone 6 bis 9, Sonne oder Halbschatten, m. H. 30 m

Cedrus atlantica 'Glauca'
Blaue Atlaszeder

Die Atlaszeder kann man von Schönheit und Wuchs her nur mit der Libanonzeder (C. libani) vergleichen, sie ist jedoch robuster und pflegeleichter. Die blaugraue Form dieser immergrünen Konifere ist sehr verbreitet; die bei jungen Pflanzen gerade nach oben wachsenden Zweige bilden eine Pyramide, die in 20 Jahren nur 6 m hoch wird. Selten hat sie als reife Pflanze die für Zedern so typische flache Krone. Die Hängeform, C. atlantica 'Glauca Pendula', wird mit ihren herabhängenden Zweigen und Haupttrieben etwa 10 m hoch.

Zone 6 bis 9, Sonne, m. H. 33 m

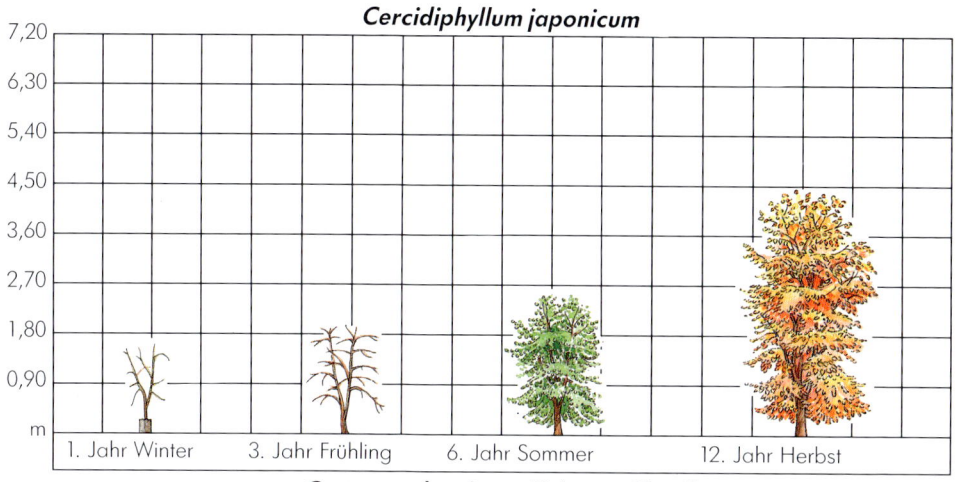

Cercidiphyllum japonicum

1. Jahr Winter   3. Jahr Frühling   6. Jahr Sommer   12. Jahr Herbst

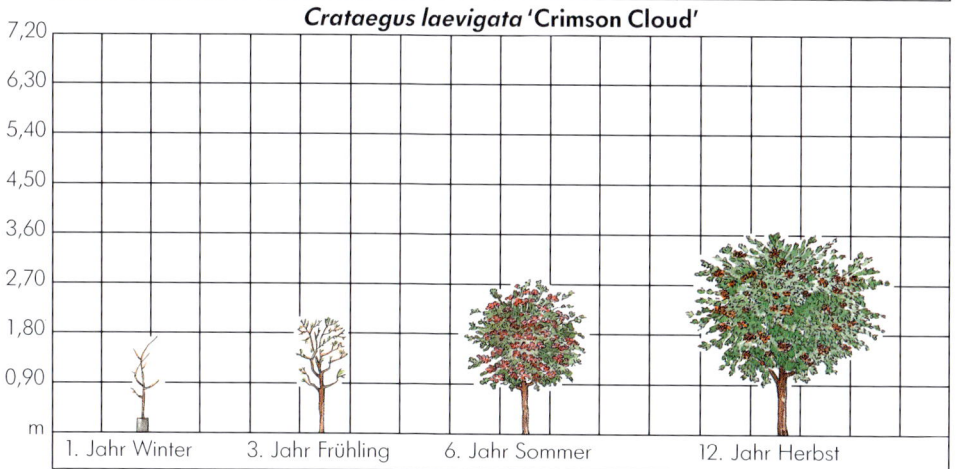

Crataegus laevigata 'Crimson Cloud'

1. Jahr Winter   3. Jahr Frühling   6. Jahr Sommer   12. Jahr Herbst

Cercidiphyllum japonicum
Katsurabaum

Wild wird dieser Baum wuchtige 30 m hoch, gezüchtet erreicht er in 20 Jahren 7 m. Er hat eine breite ovale Krone und runde bis herzförmige Blätter. Diese sind zunächst orangerosa, werden dann oben meergrün und unten bläulich. Im Herbst zeigen sie eine wunderbare Mischung aus Rosa-Grau, Veilchenfarben und Gelb und verströmen einen intensiven Geruch nach verbranntem Karamel. Die winzigen Blüten öffnen sich vor den Blättern, ihnen folgen 2,5 cm lange Samengefäße.

Zone 5 bis 9, Sonne oder Halbschatten, m. H. 18 m

Crataegus laevigata 'Crimson Cloud'
Zweigriffliger Weißdorn

Auch *C. oxyacantha*. Erreicht in 10 Jahren etwa 3 m. 'Crimson Cloud' hat glänzende sommergrüne Blätter und Büschel großer tiefroter Blüten mit weißen Flecken am Ansatz jedes Blütenblattes. Im Herbst kann man mindestens sechs Wochen lang eine Unzahl glänzend roter Beeren bewundern. 'Paul's Scarlet' ist ein verbreitete Sorte mit zahlreichen gefüllten tiefrosa Blüten im Frühsommer und Mehlbeeren im Herbst. Die robusteste Form ist 'Toba' mit gefüllten, erst weißen, dann rosa Blüten, und danach hellroten Früchten.

Zone 4 bis 7, Sonne oder Schatten, m. H. 5 m

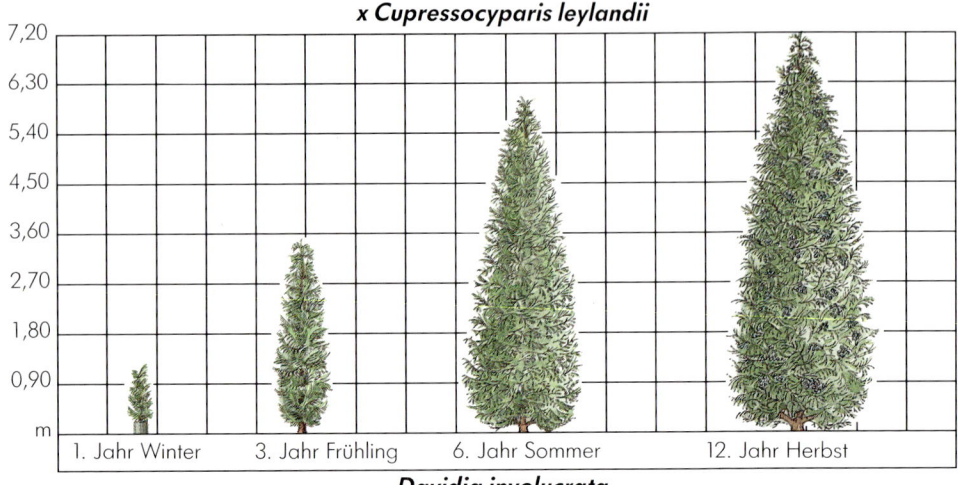

x Cupressocyparis leylandii

1. Jahr Winter	3. Jahr Frühling	6. Jahr Sommer	12. Jahr Herbst

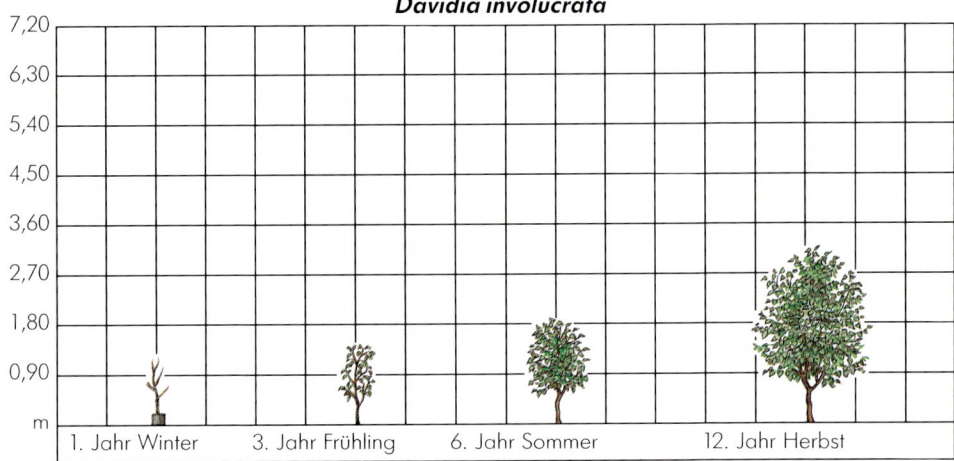

Davidia involucrata

1. Jahr Winter	3. Jahr Frühling	6. Jahr Sommer	12. Jahr Herbst

x Cupressocyparis leylandii
Leylandzypresse

Bei optimalen Bedingungen die am schnell-sten wachsende immergrüne Konifere; sie gibt einen guten Windschutz ab und ist auch als Solitärbaum in großen Gärten dekorativ. Erreicht in 12 Jahren 10 m. Für einen Sicht-schutz oder eine Hecke sollte sie zeitig ge-kappt werden: ausgewachsene Pflanzen wer-den durch starkes Schneiden verstümmelt. In zehn Jahren erhalten Sie eine ausgezeichnete, mindestens 4,50 m hohe Hecke. Das grau-grüne Laub sollte spät im Frühjahr und im Spätsommer in Form geschnitten werden, vor allem in den ersten Wachstumsjahren.

Zone 6 bis 9, Sonne oder Halbschatten, m. H. 30 m

Davidia involucrata
Taubenbaum

Eine seltene, aber sehr schöne Pflanze, die langsam wächst und in 20 Jahren nur 4,50 m hoch wird. Der junge Baum wächst konisch, wird aber mit der Zeit rundlicher. Die brei-ten eiförmigen Blätter zeigen ein helles, oben frisches, unten etwas blasseres Grün. Beson-derer Blickfang ist jedoch die außerordentli-che Blütenpracht. Die weibliche Blüte befin-det sich zwischen einer Unzahl purpurn-bräunlicher männlicher Blüten, die von zwei 17,5 cm langen, papierdünnen weißen Kelch-blättern umgeben sind. Benötigt einen ge-schützten Standort.

Zone 6 bis 8, Sonne, m. H. 18 m

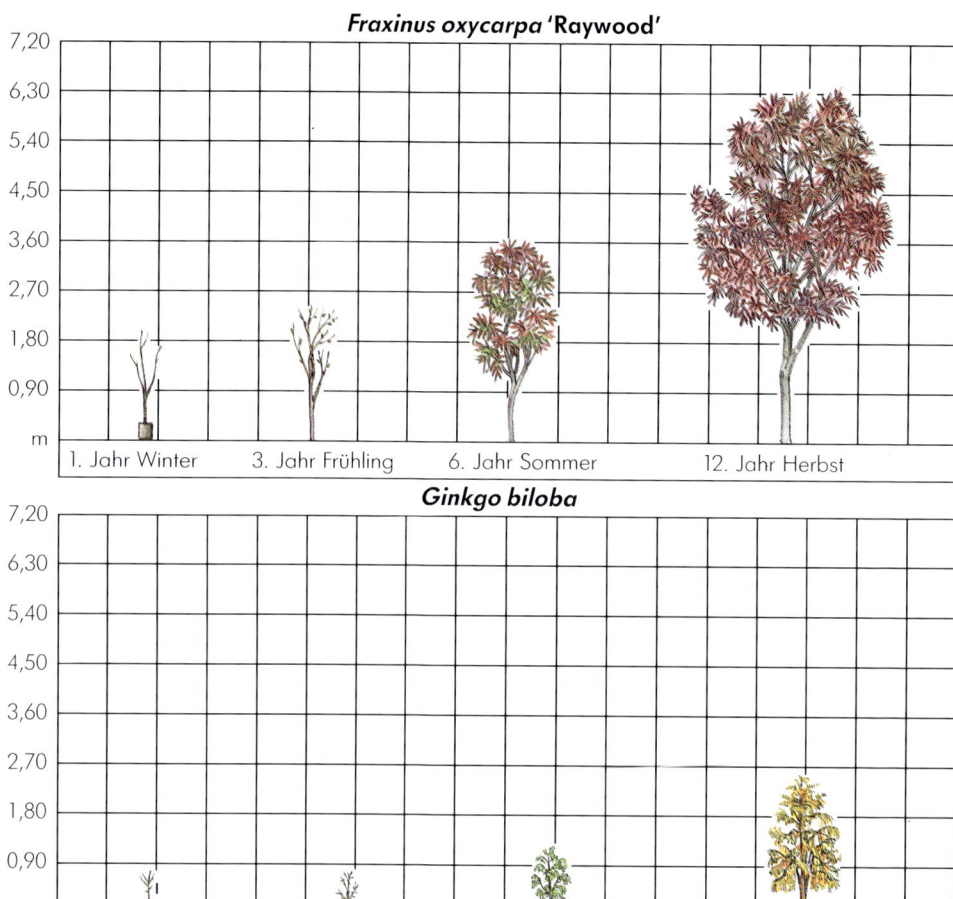

Fraxinus oxycarpa 'Raywood'

| 1. Jahr Winter | 3. Jahr Frühling | 6. Jahr Sommer | 12. Jahr Herbst |

Ginkgo biloba

| 1. Jahr Winter | 3. Jahr Frühling | 6. Jahr Sommer | 12. Jahr Herbst |

Fraxinus oxycarpa 'Raywood'
Kaukasusesche

Diese Esche wird mit etwa 10,50 m in 20 Jahren schnell zu einem schönen Baum. Die schmale Krone verbreitert sich später und ist besonders dekorativ, wenn sich im Herbst die sommergrünen gefiederten Blätter rötlich-purpurfarben verfärben. Die blütenblattlosen Blüten sind nahezu unsichtbar. Die Mannaesche *(F. ornus)* ist bei weitem nicht so wüchsig und wird in 20 Jahren nur 5 m hoch. Sie trägt im Frühsommer unzählige schmutzigweiße duftende Blütenrispen. Im Herbst gibt es orangebraune Samenbüschel und purpurnes Laub.

Zone 6 bis 8, Sonne, m. H. 19,5 m

Ginkgo biloba
Ginkgobaum

Die älteste noch lebende Konifere. Sie gewöhnt sich nur langsam ein, wächst dann aber stetig und erreicht in 20 Jahren etwa 6 m. Die Blätter sind sommergrün, fächerförmig und in der Mitte unterteilt; im Frühjahr sind sie blaßgrün, im Herbst gelb. Zweihäusig. Winzige weibliche Blüten; männliche Blüten sind 2,5 cm große Kätzchen. Die Früchte gleichen harten gelben Pflaumen und riechen, wenn sie reif sind, nach ranziger Butter – daher pflanzt man am besten nur männliche Bäume. Die nußartigen Samen sind eßbar. Der Ginkgo ist abgasfest.

Zone 3 bis 9, Sonne, m. H. 24 m

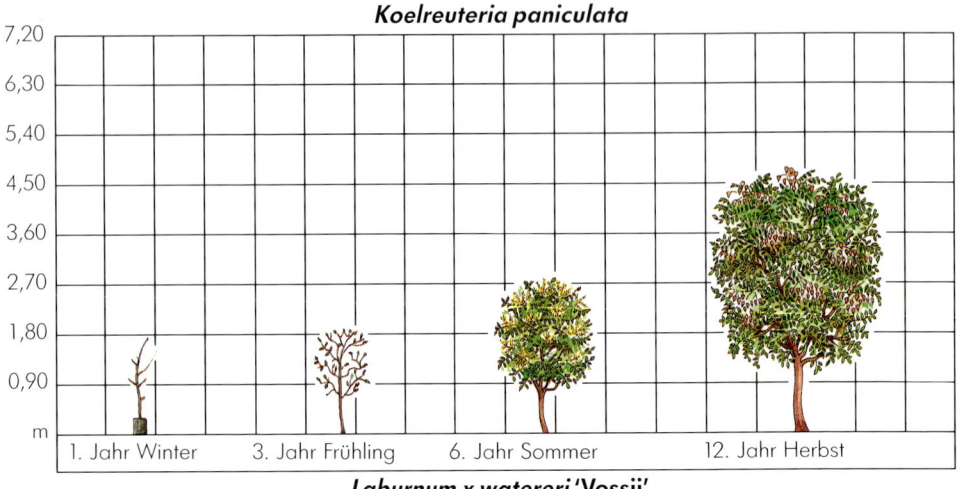

Koelreuteria paniculata

1. Jahr Winter 3. Jahr Frühling 6. Jahr Sommer 12. Jahr Herbst

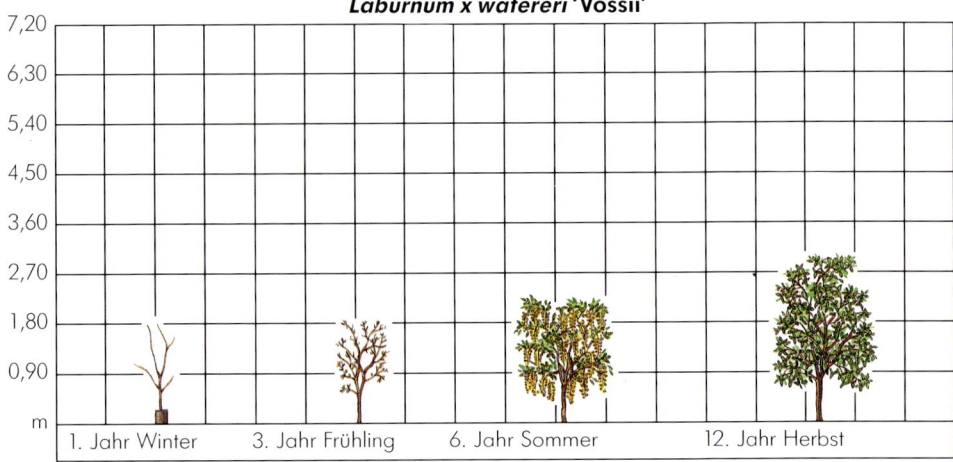

Laburnum x watereri 'Vossii'

1. Jahr Winter 3. Jahr Frühling 6. Jahr Sommer 12. Jahr Herbst

Koelreuteria paniculata
Blasenesche

Als Solitärbaum für Stadtgärten geeignet, da er in 20 Jahren nur etwa 6 m erreicht. Die gefiederten (manchmal zweifach gefiederten) Blätter mit roten Stielen sind erst blaßgelb, dann dunkelgrün und im Herbst wieder gelb. Im Hoch- bis Spätsommer öffnen sich kleine gelbe Blüten in etwa 30 cm langen Rispen an den Astenden. Die blasenförmigen Früchte sind erst grün, dann gelb und in einem schönen Herbst braun. Eine robuste Pflanze, die in gut durchlässigem Boden gedeiht, Hitze und Trockenheit ebenso verträgt wie basischen Boden und sogar verschmutzte Luft.

Zone 5 bis 9, Sonne, m. H. 9 m

Laburnum x watereri 'Vossii'
Voss' Goldregen

Besonders häufige Form eines Goldregens. Als Baum gezogen erreicht er in 20 Jahren 4,50 m, kann aber auch zu einem äußerst attraktiven Rundbogen gezogen werden. 60 cm lange Trauben tiefgelber Schmetterlingsblüten im Frühsommer und Blätter aus drei Fiederblättchen. Diese Sorte produziert keine Samen; bei Sorten mit Samenhülsen sollte man diese direkt nach dem Abblühen entfernen, da sie die Wüchsigkeit des Baumes beeinträchtigen können und giftig sind. Gedeiht in jedem einigermaßen durchlässigen Boden.

Zone 6 bis 7, Sonne, m. H. 7,5 m

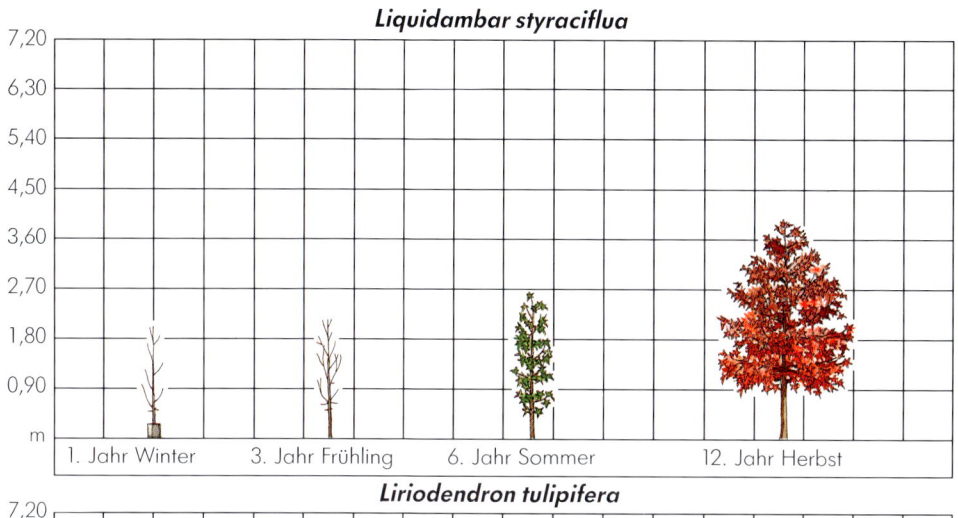

Liquidambar styraciflua

| 7,20 | 6,30 | 5,40 | 4,50 | 3,60 | 2,70 | 1,80 | 0,90 | m |

1. Jahr Winter   3. Jahr Frühling   6. Jahr Sommer   12. Jahr Herbst

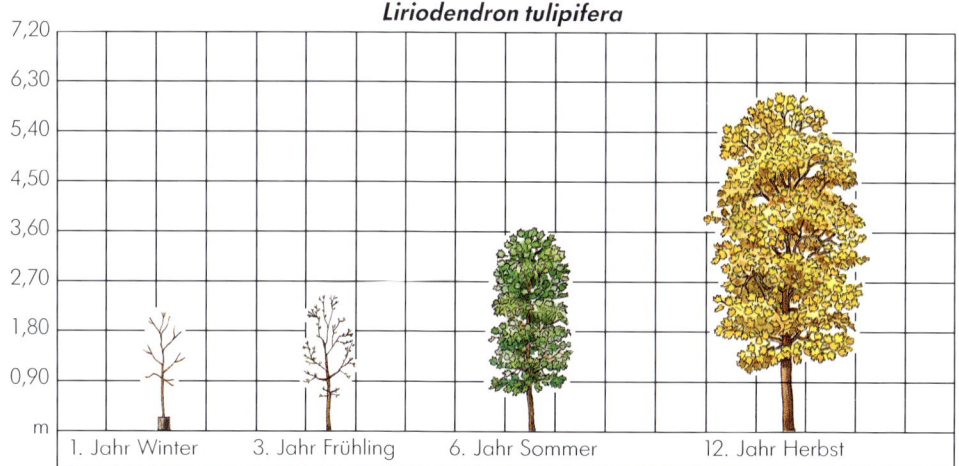

Liriodendron tulipifera

| 7,20 | 6,30 | 5,40 | 4,50 | 3,60 | 2,70 | 1,80 | 0,90 | m |

1. Jahr Winter   3. Jahr Frühling   6. Jahr Sommer   12. Jahr Herbst

Liquidambar styraciflua
Amberbaum

Dieser sommergrüne Baum stammt aus den USA und gedeiht in feuchten, neutralen bis sauren Böden am besten; dort erreicht er in 20 Jahren 4,50 bis 6 m. Konische Krone aus gelappten, ahornartigen Blättern, die im Sommer sattgrün und im Herbst hellrot mit purpurnen, gelben und orangen Spritzern sind. Der Wald-Tupelobaum (*Nyssa sylvatica*) ist im Herbst fast genauso dekorativ, bleibt aber etwas kleiner (maximal 30 m hoch). Die ovalen Blätter werden orange und gelb.

Zone 6 bis 9, Sonne oder Halbschatten, m. H. 45 m

Liriodendron tulipifera
Tulpenbaum

Dieser schnell wachsende sommergrüne Baum ist freistehend in einem Garten sehr dekorativ; er wird in 20 Jahren 12 m hoch. Ein stattlicher, robuster und damit sehr schöner Baum. Die Blätter sind deutlich viermal gelappt, glänzend grün und im Herbst buttergelb. Die spektakulären grünlich-gelben Blüten haben orange Augen und erinnern an Tulpen – daher der Name. Alternativ gibt es die panaschierte Form 'Aureomarginatum', deren Blätter goldene Ränder haben. Ihre Blüten öffnen sich vor jenen der Grundform.

Zone 4 bis 9, Sonne, m. H. 60 m

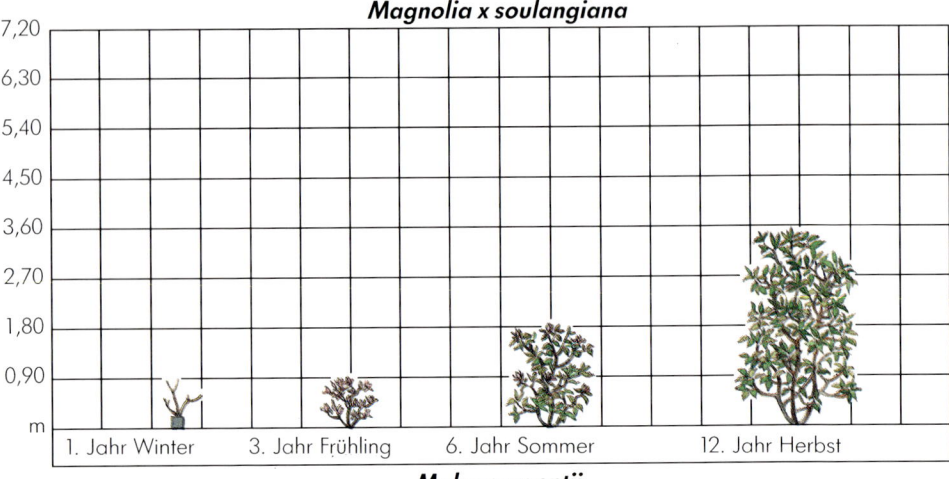

Magnolia x soulangiana

1. Jahr Winter   3. Jahr Frühling   6. Jahr Sommer   12. Jahr Herbst

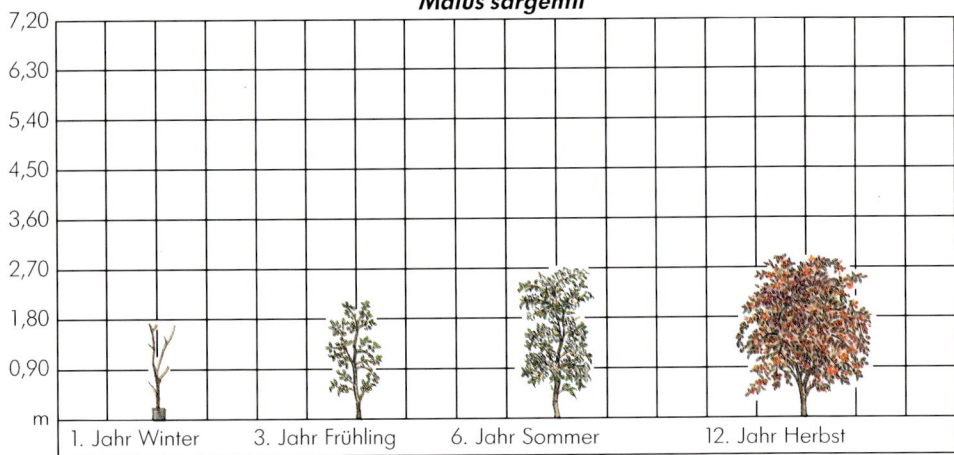

Malus sargentii

1. Jahr Winter   3. Jahr Frühling   6. Jahr Sommer   12. Jahr Herbst

Magnolia x soulangiana
Tulpenmagnolie

Riesige Blüten charakterisieren diese sommergrüne Pflanze. Sie ergibt einen kleinen, in 20 Jahren bis zu 5 m hohen Baum, wächst jedoch meist als großer Strauch. Die aufrechten, tulpenförmigen, wachsweißen und duftenden Blüten öffnen sich zeitig im Frühjahr; sie sind fast 15 cm groß. Dunkelgrüne ovale Blätter, 7,5 bis 15 cm lang, entfalten sich später. Unter den rosa Formen ist 'Lennei' vorzuziehen, da ihre Blüten außen purpurrosa und innen cremeweiß sind. Die Blätter sind größer als bei M. *soulangiana*, die Pflanze ist jedoch kleiner.

Zone 5 bis 8, Sonne oder Halbschatten, m. H. 10 m

Malus sargentii
Holzapfel

Eine der kleinsten Zierformen der sommergrünen Holzäpfel, die in 15 Jahren nur etwa 3 m erreicht. Im Frühjahr trägt sie eine Wolke kleiner weißer duftender Blüten, im Herbst winzige rote Früchte. Die Sorte 'Rosea' ist etwas robuster und hat blaßrosa Blüten, deren Knospen rosig sind. 'Red Jade' ist etwas größer und wächst oft leicht einseitig; dadurch wirkt sie orientalisch. Rötlich-rosa Blüten und kleine rote Äpfel. Die Sorte 'Golden Hornet' trägt gelbe Früchte, die bis weit in den Winter hängen bleiben.

Zone 4 bis 8, Sonne oder Halbschatten, m. H. 3 m

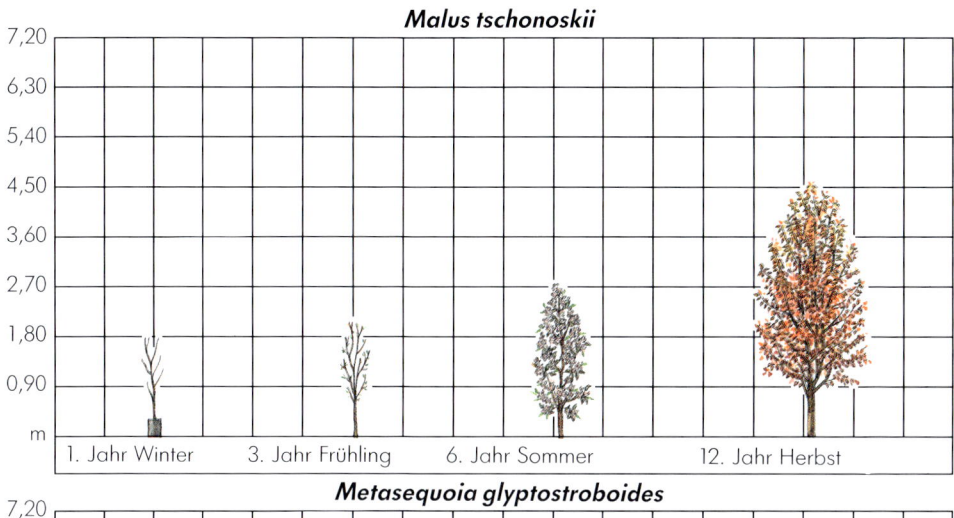

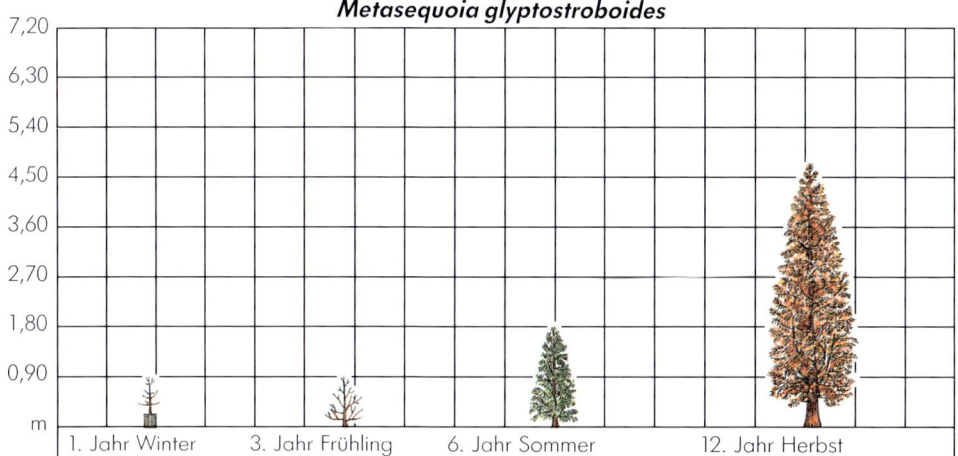

Malus tschonoskii
Wollapfel

Dieser große sommergrüne Baum erreicht in
20 Jahren 6 m oder mehr. Von Bedeutung ist
seine Herbstfärbung. Er wird oft als Straßen-
baum angepflanzt, da er als junger Baum
besonders aufrecht und pyramidenförmig
wächst, später dann breiter wird. Junge Triebe sind dekorativ wollig weiß. Die ovalen
oder rundlichen Blätter, 5 bis 10 cm lang,
sind an der Oberseite samtig weiß, verfärben
sich aber im Herbst in attraktiven Orange-,
Rot-, Purpur- und Gelbtönen. Die rosa über-
hauchten, weißen Blüten werden manchmal
von orange-gelben Früchten abgelöst.

Zone 4 bis 8, Sonne oder Halbschatten, m. H. 12 m

Metasequoia glyptostroboides
Metasequoie

Bis zur Mitte des 20. Jahrhunderts, als sie in
China wiederentdeckt wurde, war diese sommergrüne Konifere nur als Fossil bekannt.
Als Solitär wächst sie schmal und regelmäßig
pyramidenförmig bis zu 11 m in 25 Jahren.
Ihre Krone besteht aus fedrigem Laub, das
im Frühjahr hellgrün, im Herbst goldgelb ist.
Der Stamm verjüngt sich nach oben hin und
ist von zimtbrauner Rinde umgeben. Gedeiht
am besten an einem feuchten Standort und
verträgt verschmutzte Luft gut. Für sumpfige
Gegenden eignet sich *Taxodium distichum*,
die Sumpfzypresse, am besten.

Zone 5 bis 8, Sonne, m. H. 30 m

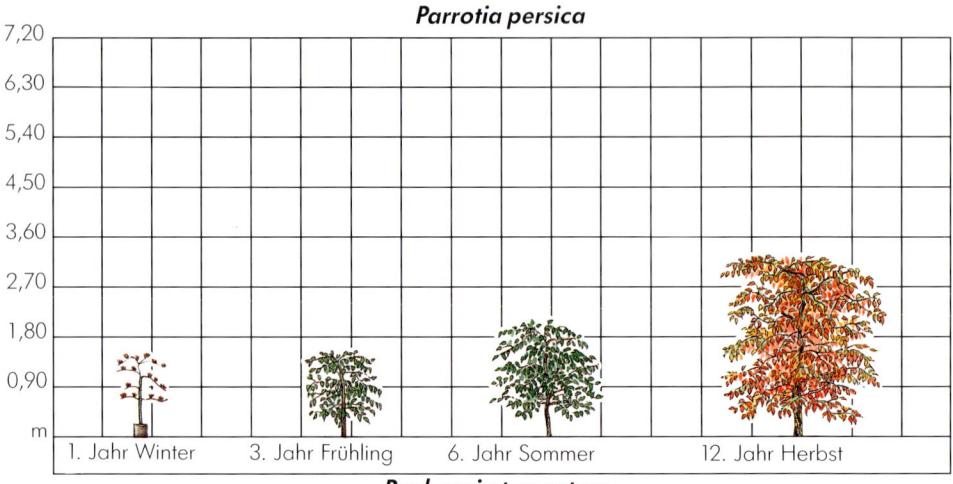

Parrotia persica

1. Jahr Winter   3. Jahr Frühling   6. Jahr Sommer   12. Jahr Herbst

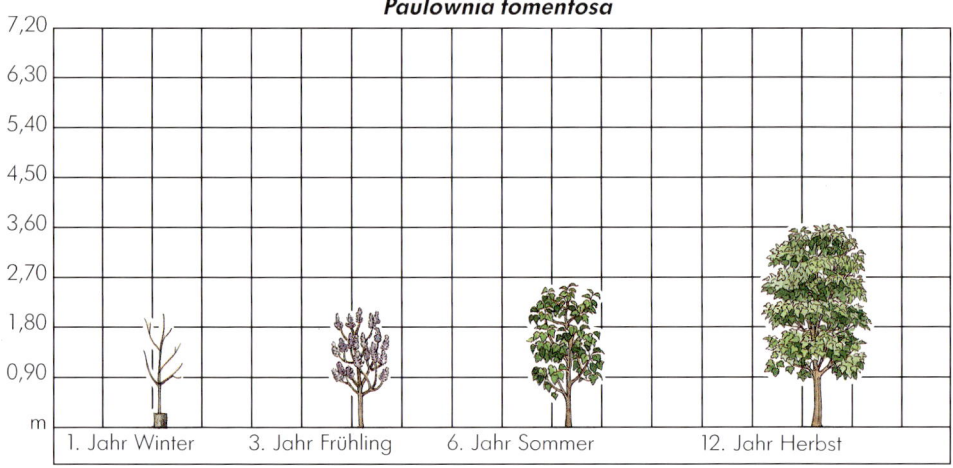

Paulownia tomentosa

1. Jahr Winter   3. Jahr Frühling   6. Jahr Sommer   12. Jahr Herbst

Parrotia persica
Parrotie

Dieser Baum hat besonders starre Äste. Er wird in 20 Jahren 5 m hoch und 4,50 m breit. Unauffällige Blüten mit roten Staubgefäßen öffnen sich spät im Winter, ein guter Kontrast zur grauen flockigen Rinde. Im Frühjahr entfalten sich die Blätter rötlich-purpurn und werden dann dunkelgrün. Dieser sommergrüne Baum ist vor allem seiner Herbstfärbung wegen beliebt: kräftige Schattierungen von Gelb, Karminrot und Rostorange. Er verträgt basischen Boden, seine Farbenpracht ist jedoch in feuchten, gut durchlässigen und sauren Böden besonders ausgeprägt.

Zone 8, Sonne, m. H. 12 m

Paulownia tomentosa
Paulownie

Kahler Baum mit 5 m Höhe in 20 Jahren. Gelappte, bis 25 cm lange Blätter, die oft erst nach den Blüten erscheinen. Diese sind bläulich-malvenfarben und fingerhutförmig und entstehen erst auf reifen Bäumen spät im Frühjahr und nur nach milden Wintern. Der Baum benötigt viel Schutz. Auch als Blattpflanze eignet er sich, muß dann aber im Frühjahr stark geschnitten werden. Alternativ gibt es den Trompetenbaum (*Catalpa bignonioides*) mit ausladenden Zweigen, herzförmigen Blättern, weißen Blütenrispen und bohnenförmigen Samenkapseln.

Zone 7 bis 9, Sonne, m. H. 15 m

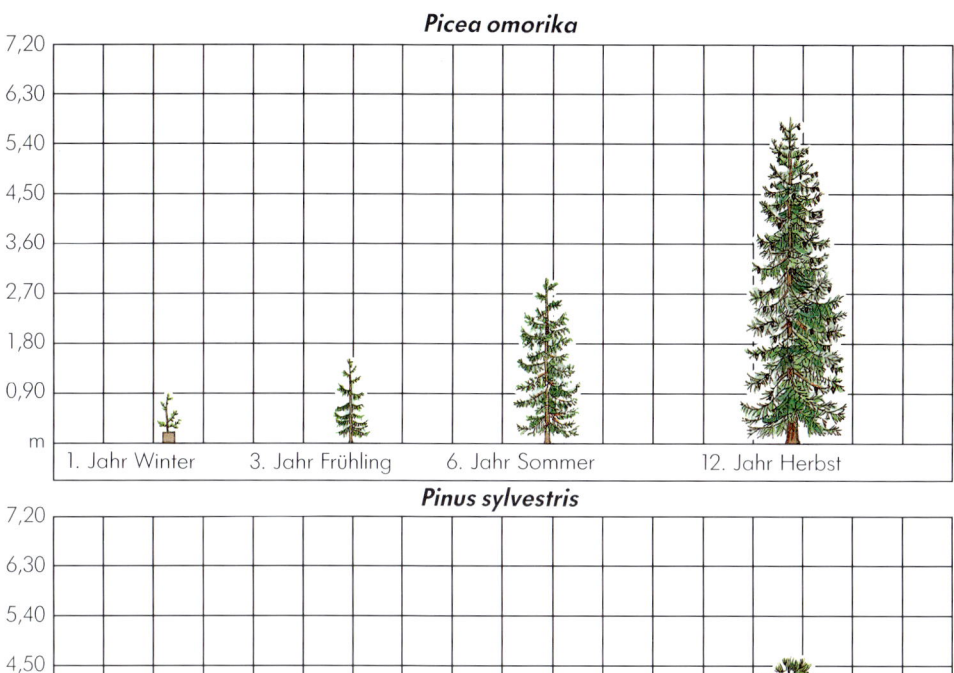

Picea omorika

1. Jahr Winter	3. Jahr Frühling	6. Jahr Sommer	12. Jahr Herbst

Pinus sylvestris

1. Jahr Winter	3. Jahr Frühling	6. Jahr Sommer	12. Jahr Herbst

Picea omorika
Serbische Fichte

Eine der anmutigsten und robustesten immergrünen Koniferen, die in 20 Jahren etwa 6 m hoch wird. Schlankes Profil mit kurzen, kurvenförmig nach oben weisenden Zweigen. Die Nadeln sind etwa 1,2 cm lang, oben dunkelgrün, unten mit einem weißen Mittelstrich und oft einer blauen Spitze. Die dunklen bläulichen Zapfen sind etwa 5 cm lang. Die Blaufichte *(P. pungens)* wächst langsamer, ergibt aber einen größeren, eher konisch gewachsenen Baum. Sie hat blaue, kantige Nadeln und 10 cm lange purpurn-braune Zapfen.

Zone 4 bis 8, Sonne oder Halbschatten, m. H. 27 m

Pinus sylvestris
Waldkiefer

Schon unzählige Waldkiefern wurden als Windschutz angepflanzt; man erkennt sie an den großen, kahlen, rötlichbraunen Stämmen und der flachen Krone aus schwarzgrünen Nadeln. Die Bäume wachsen schnell und erreichen in 20 Jahren 9 m oder mehr. Jung wachsen sie konisch, mit der Zeit verlieren sie aber die unteren Äste. Die dunklen gräulich-grünen Nadeln stehen paarig, sind 5 bis 7,5 cm lang und oft verdreht. Die braunen Zapfen sind 2,5 bis 7,5 cm lang. Kiefern werden in gut durchlässigen, humusreichen Böden am größten.

Zone 3 bis 8, Sonne, m. H. 30 m

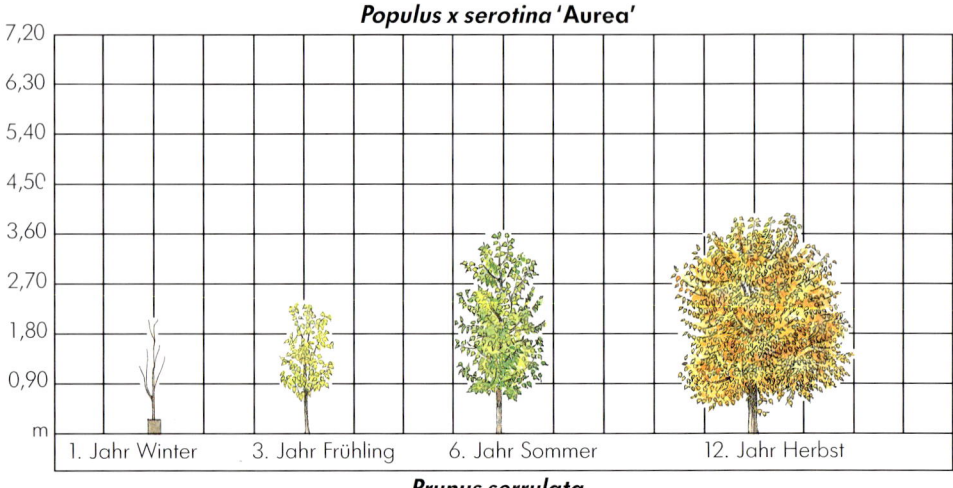

Populus x serotina 'Aurea'

1. Jahr Winter	3. Jahr Frühling	6. Jahr Sommer	12. Jahr Herbst

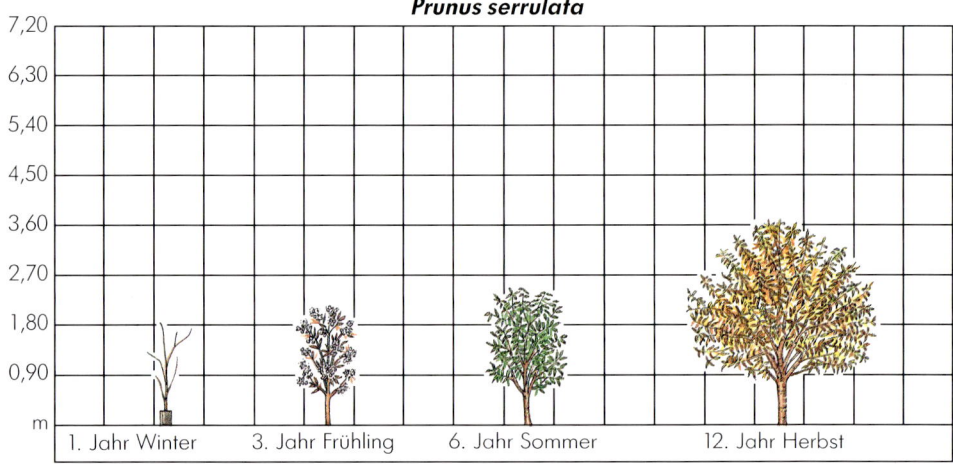

Prunus serrulata

1. Jahr Winter	3. Jahr Frühling	6. Jahr Sommer	12. Jahr Herbst

Populus x serotina 'Aurea'
Italienische Schwarzpappel

Manchmal findet man diesen Baum auch unter dem Namen *P. x canadensis* 'Serotina Aurea'. Er ist wüchsig, erreicht in 20 Jahren 9 m. Pappeln lieben viel Feuchtigkeit, und ihre Wurzeln können Fundamente und Kanalisation beschädigen. Die jungen pyramidenförmigen Bäume entwickeln mit der Zeit eine dicht mit Zweigen besetzte rundliche Krone. Die breiten ovalen und zugespitzten Blätter sind im Frühjahr hellgelb, werden im Sommer grün und im Herbst wieder kräftig gelb. Die etwas aufrechtere *P. balsamifera* wird in 20 Jahren 12 m hoch.

Zone 4 bis 8, Sonne, m. H. 45 m

Prunus serrulata
Tibetkirsche

Eine kleine blühende Japanische Zierkirsche, die in 20 Jahren 7,50 m hoch wird, gebogene Zweige und eine glänzende mahagoni-braune, sich quer abschälende Rinde hat. Die Grundform hat ovale zugespitzte Blätter und im Frühjahr kleine weiße oder rosa Blüten. Sehr schön sind 'Kanzan', mit besonders schönen gefüllten rosa Blüten, 'Tai Haku', die große weiße Kirsche (mit ungefüllten Blüten), und 'Shiro-fugen', vielleicht die schönste mit ihren als Knospen bläulich-rosa, frisch geöffnet weißen und später wieder rosa Blüten.

Zone 5 bis 8, Sonne oder Halbschatten, m. H. 10 m

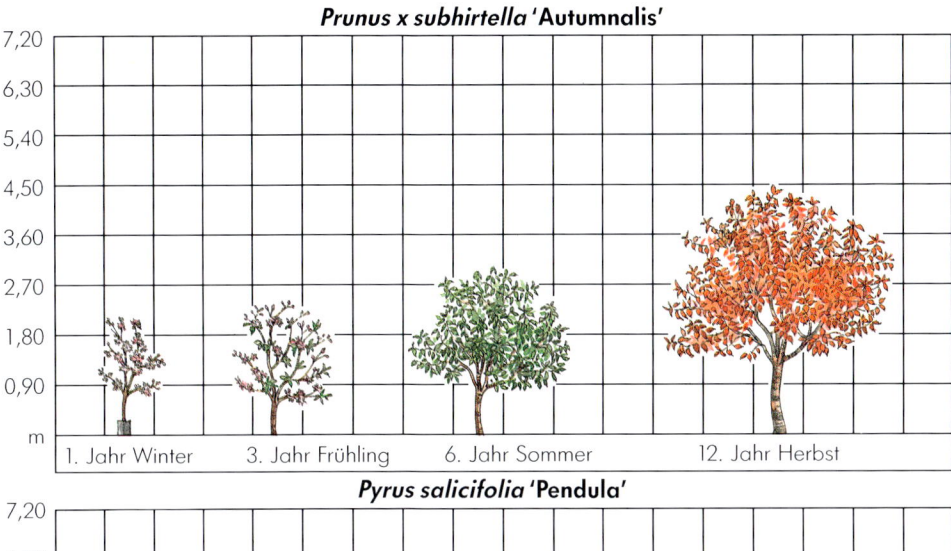

Prunus x subhirtella 'Autumnalis'

1. Jahr Winter   3. Jahr Frühling   6. Jahr Sommer   12. Jahr Herbst

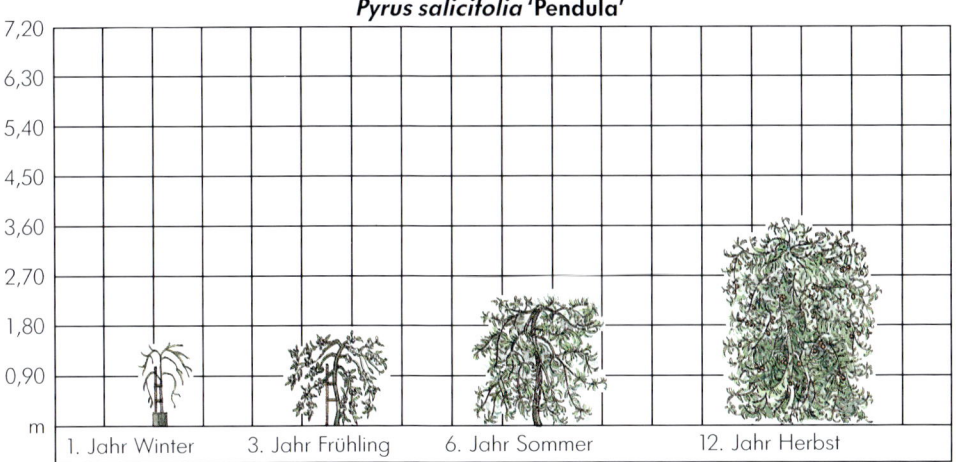

Pyrus salicifolia 'Pendula'

1. Jahr Winter   3. Jahr Frühling   6. Jahr Sommer   12. Jahr Herbst

Prunus x subhirtella 'Autumnalis'
Winterkirsche

Dieser Baum ist meist einstämmig (6 m in 20 Jahren) vorzufinden, kann aber auch als mehrstämmiger Strauch gezogen werden. Die kleinen weißen Blüten (als Knospen rosa) öffnen sich unter Umständen schon vereinzelt im Spätherbst; sie überstehen die Winterkälte natürlich nicht. Aber schon, nachdem die erste Frostperiode des Winters vorbei ist, zeigen sich mitunter bereits wieder die ersten Blüten. Die lichte sommergrüne Krone aus mittelgrünem Laub verfärbt sich im Herbst orange und bronzefarben.

Zone 5 bis 8, Sonne oder Halbschatten, m. H. 7,5 m

Pyrus salicifolia 'Pendula'
Weidenblättrige Birne

Die Zweige dieses kleinen Baumes (in 15 Jahren 4,50 m) hängen bis zum Boden herab; daher eignet er sich am besten als Solitärbaum im Rasen oder in einem Innenhof. Die schmalen, weidenartigen Blätter sind im Frühjahr von grauem Flaum bedeckt und werden im Sommer zartgrün. Cremeweiße Blüten, danach kleine pfirsichförmige Früchte. *P. calleryana* ist groß und schmal und eignet sich auch für kleine Gärten. Sie bringt weiße Blüten hervor sowie im Herbst purpurrote Blätter und kleine runde hellorange Früchte.

Zone 5 bis 8, Sonne, m. H. 4,5 m

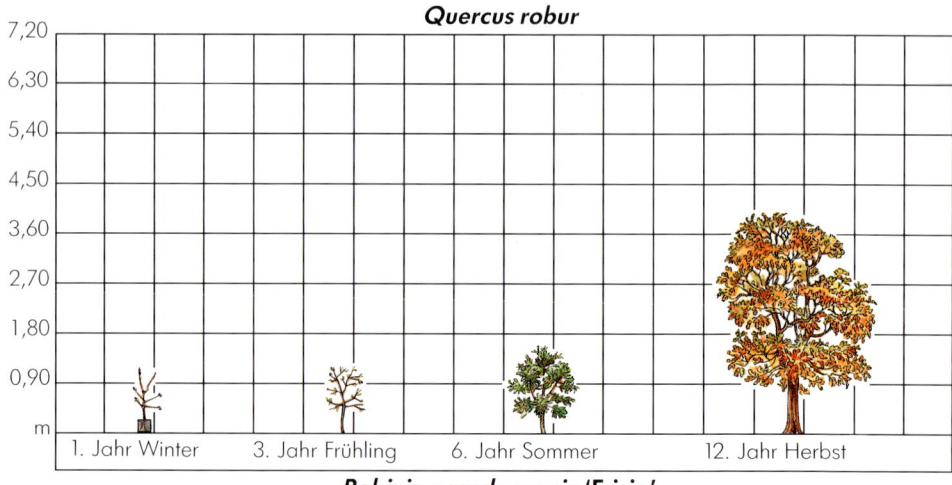

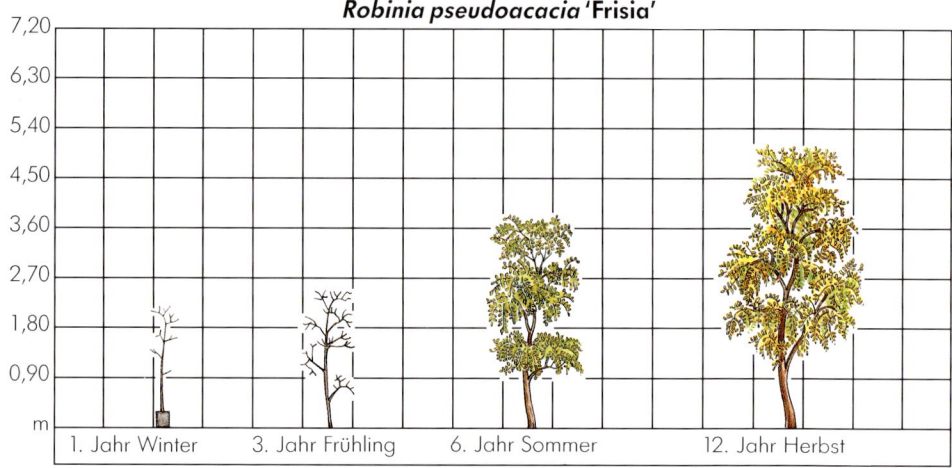

Quercus robur
Stieleiche

Dieser Baum beginnt erst etwa nach acht Jahren richtig zu wachsen, erreicht dann aber 10 bis 12 m in 20 Jahren. *Q. cerris*, die Zerreiche, und *Q. rubra*, die Roteiche, wachsen schneller an und erreichen in 20 Jahren bereits 14 m. Die immergrüne *Q. ilex*, die Steineiche, wird in der gleichen Zeit nur 6 m hoch. Alle Arten sind recht stattlich und eignen sich nur für große Gärten. *Q. robur* hat eine weite Krone aus gelappten blaßgrünen Blättern, die sich im Herbst rostbraun verfärben und bis in den Winter hängen bleiben. Ältere Bäume produzieren Eicheln.

Zone 5 bis 8, Sonne oder Halbschatten, m. H. 30 m

Robinia pseudoacacia 'Frisia'
Robinie

Ein schlanker kantiger, nicht sehr großer Baum, hervorragend für kleine Gärten geeignet. Wächst zu Beginn schnell und wird in 20 Jahren 6 m hoch. Die gefiederten, zunächst blaßgelben, im Sommer grünen und im Herbst kräftig buttergelben Blätter entfalten sich spät. Sie haben orange Stiele. Der Baum hat rote Dornen und weiße Schmetterlingsblüten, die nicht so gefüllt sind wie bei der Grundform. Der Christusdorn *Gleditsia triacanthos* 'Sunburst' wächst langsamer an, wird jedoch etwa genauso hoch; er produziert keine Dornen und wächst eher rundlich.

Zone 6 bis 9, Sonne, m. H. 15 m

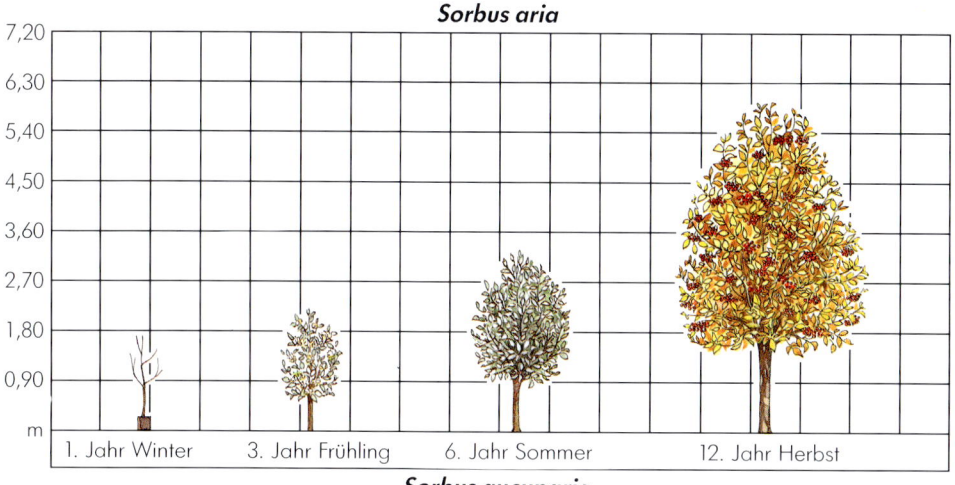

Sorbus aria

7,20			
6,30			
5,40			
4,50			
3,60			
2,70			
1,80			
0,90			
m			

1. Jahr Winter   3. Jahr Frühling   6. Jahr Sommer   12. Jahr Herbst

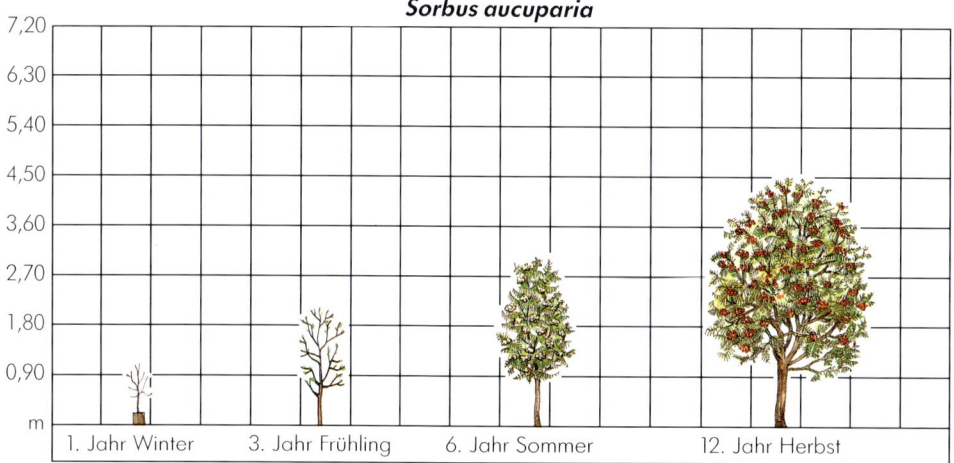

Sorbus aucuparia

7,20			
6,30			
5,40			
4,50			
3,60			
2,70			
1,80			
0,90			
m			

1. Jahr Winter   3. Jahr Frühling   6. Jahr Sommer   12. Jahr Herbst

Sorbus aria
Mehlbeere

Die Mehlbeere zeichnen aufrechter Wuchs und eine gerundete Krone aus großen (12,5 cm langen), oben hellgrünen und unten wollig grauen Blättern aus. Die im Frühsommer vorhandenen weißen Blütenrispen sind etwa 10 cm lang und werden von auffälligen Büscheln scharlachroter Früchte abgelöst. *S. hostii* ist wesentlich kleiner (bis 4 m), hat rosa Blüten und orange Beeren. Für Gegenden, in denen Krankheiten, die das Holz befallen, häufig sind, eignet sich *S. alnifolia* besser. Diese Pflanzen vertragen trockene Böden.

Zone 6 bis 9, Sonne oder Halbschatten, m. H. 19,5 m

Sorbus aucuparia
Eberesche, Vogelbeere

Ihre gefiederten Blätter bestehen aus gezähnten Fiederblättchen, die sich im Herbst orange verfärben. Wird in 20 Jahren 7 m hoch, wächst aufrecht mit einer schmalen ovalen oder rundlichen Krone. Auf weiße Blütenrispen im Frühjahr folgen im Hoch- bis Spätsommer große Büschel roter und oranger Beeren. Die Hybride 'Joseph Rock' hat blaßrosa Blüten, gelblich bis rostfarbene Beeren und purpurn bis kupfernes Herbstlaub. Die Früchte von *S. cashmiriana* sind weiß und bleiben, da sich Vögel kaum dafür interessieren, bis zum Winter hängen.

Zone 2 bis 8, Sonne oder Halbschatten, m. H. 15 m

45

Rechts: Die immergrüne Hybride *Photinia x fraseri* 'Birmingham' wurde erst vor kurzem eingeführt; sie produziert glänzend rote junge Triebe, ähnlich wie *Pieris*. Anders als *Pieris* benötigt sie jedoch keinen sauren Boden und wird auch größer (2,10 x 1,50 m in 10 Jahren).

Links: Die moderne Strauchrose 'Marguerite Hilling' ist ein Sport von 'Nevada' und erreicht schnell 1,60 m und mehr. Dunkelrosa Knospen erblühen zu duftenden, halbgefüllten, mehrfach blühenden rosa Blüten.

STRÄUCHER

Sträucher haben zahlreiche Eigenschaften, die sie dazu befähigen, sozusagen das Rückgrat eines Gartens zu bilden. Im allgemeinen sind sie genügsam und recht langlebig; einige sind das ganze Jahr über oder in einer bestimmten Jahreszeit besonders dekorativ. Es gibt sie in den unterschiedlichsten Größen. Meist sind sie groß genug, um dem Garten Substanz zu verleihen und können kleineren, langsamer wachsenden Arten als Hintergrund dienen.

Einige Sträucher werden so groß wie kleine Bäume, andere bleiben winzig. Sogar innerhalb einer Art gibt es alle möglichen Varianten. *Cotoneaster* 'Cornubia' wird zum Beispiel in zwölf Jahren 3 m hoch, die Zwergform *C. dammeri* erreicht nur 10 cm. Die meisten Arten sind jedoch ausgewachsen etwa 2,50 m hoch, vorausgesetzt, Klima und Boden sind gut. Es gibt Sträucher für beinahe jede Bodenart. In gut durchlässigen basischen Böden fühlen sich Ginster, Zistrose, Seidelbast und Lavendel am wohlsten; Rhododendron, Pieris, Kalmia und Kamelie hingegen lieben organisch reiche, saure und feuchtigkeitsspeichernde Böden.

Die dekorativen Qualitäten der Sträucher sind ebenfalls sehr unterschiedlich: attraktiver Wuchs, Laub, Blüten, Früchte und Rinde können durch geschickte Kombination noch unterstrichen werden. Das dichte purpurne Laub von *Cotinus coggygria* 'Notcutt's Variety' zum Beispiel hebt sich schön vom silbern panaschierten *Cornus alba* 'Elegantissima' ab und wird im Frühsommer von den tief purpurroten Blüten des Flieders *Syringa vulgaris* 'Katherine Havemeyer' betont.

Sträucher sind sehr vielseitig. Sie können zu Gebüschen zusammengefaßt werden, einzeln stehen oder in gemischten Rabatten mit Stauden, Bodendeckern, Zwiebelgewächsen und Einjährigen kombiniert werden. Einige kann man erfolgreich von Kletterpflanzen überranken lassen, wobei eine Pflanze dann die andere noch verschönt. Im Sommer blühende Clematis eignet sich hier sehr gut. *Clematis* 'Lasurstern' in Kombination mit den weißen kugeligen Blüten des *Viburnum opulus* 'Sterile' ist zum Beispiel ein Blickfang; die rosa-malvenfarbenen und weißen Blüten von *C. viticella* 'Minuet' harmonieren perfekt mit dem purpurnen Laub von *Cotinus coggygria* 'Royal Purple'. Clematis machen

Sträucher, die nur kurze Zeit dekorativ sind, interessanter: *C.* 'Perle d'Azur' verschönt das dunkelgrüne Laub von *Corylus avellana* 'Contorta' im Sommer; die weiße 'Marie Boisselot' schmückt im Sommer das eintönige Laub der im Winter blühenden Heckenkirsche *Lonicera fragrantissima*; die zeitig blühende *C. macropetala* öffnet ihre nickenden Blüten dekorativ im erst im Herbst blühenden *Clerodendron trichotomum*. Weitere Kletterer, die gut durch Sträucher ranken können, sind zum Beispiel Wicken und *Tropaeolum speciosum*, die Kapuzinerkresse.

Sträucher sind zwar pflegeleicht,

Die immergrüne *Pyracantha* 'Mohave' und die sommergrüne purpurblättrige *Berberis atrocarpa* sind robuste Sträucher, deren Beeren bis weit in den Winter hinein hängenbleiben. Sie eignen sich als große Hintergrundpflanzen in Gesträuchen großer Gärten. Im Vordergrund steht der immergrüne *Viburnum tinus* 'Gwenllian', der spät im Winter blaßrosa Blüten hervorbringt, danach viele schwarze Beeren. All diese Sträucher benötigen Schatten und eignen sich daher gut für Standorte unter großen Bäumen.

müssen jedoch regelmäßig geschnitten werden, um in Form zu bleiben und Jahr für Jahr dekorativ zu sein. Wenn die Pflanze nach vier oder fünf Jahren gut in den Garten eingewöhnt ist, müssen Sie nur noch einmal pro Jahr schneiden. Im allgemeinen sollten Sträucher, die im Sommer und somit auf dem Holz des laufenden Jahres blühen, gegen Ende des Sommers geschnitten werden oder, in Gebieten mit harten Wintern, zu Beginn des Frühjahres; dann können Sie auch gleich frostgeschädigtes Holz entfernen. Im Frühjahr und damit auf dem Holz des vergangenen Jahres blühende Sträucher sollten Sie direkt nach dem Abblühen schneiden, damit die Pflanze möglichst viel Zeit hat, genug Holz für die Blüte des nächsten Jahres auszubilden. Entfernen Sie jedoch alle Blütenstiele, so erhalten Sie im Herbst keine Früchte! Sind diese dekorativ, sollten Sie einen Kompromiß schließen und nur die Hälfte oder ein Drittel der Blüten entfernen. Sträucher, die Sie ihrer im Winter dekorativen Rinde wegen anpflanzen, so zum Beispiel *Cornus alba* 'Sibirica', *C. stolonifera* und *Salix alba* 'Britzensis', sollten Sie im Frühjahr schneiden.

Schwache, kranke oder abgestorbe-

ne Äste müssen ständig entfernt werden. Am einfachsten sind sie im Spätsommer zu entdecken, wenn die Pflanze noch Blätter trägt, das Wachstum jedoch allmählich zum Stillstand kommt. Unerwünschte Zweige schneiden Sie am besten ab und verbrennen sie, um die Verbreitung von Krankheiten zu vermeiden. Ungünstig gewachsene Zweige sollten bis zum Ansatz abgeschnitten werden, damit sie die Ausgewogenheit des Strauches nicht stören. Auch hier sollten Sie im Sommer aktiv werden, denn starker Schnitt im Winter fördert kräftigen Wuchs im nächsten Jahr. Möchten Sie den Wuchs fördern, dann schneiden Sie auf jeden Fall im Winter.

Bedenken Sie während des Schneidens stets die Wirkung, die Sie bei der Pflanze erzielen wollen. Wenn Sie einfach mit der Schere auf einen Strauch losgehen, um ihn im Zaum zu halten, läßt das Ergebnis höchstwahrscheinlich sehr zu wünschen übrig. Am besten schneiden Sie die wüchsigsten Triebe bis zum Boden ab und lassen nur einige gut plazierte Zweige stehen, die das geplante Maximum nicht übersteigen. Die Pflanze wird sich bald zu einer ausgewogenen Form entwickeln.

Ein Gebüsch wird nach fünf bis sechs Jahren eine schöne Größe und nach zehn bis zwölf Jahren seinen Höhepunkt erreicht haben. Nach dieser Zeit sollte jede Pflanze die ihr benachbarte gerade berühren, jedoch ihre eigene Form behalten haben. Etwa weitere fünf Jahre sieht das Gebüsch gut aus,

Oben: Der langsam wachsende Strauch *Elaeagnus pungens* 'Maculata' bringt längliche Blätter mit großen gelben Flecken hervor. Dieses dekorative Laub ist ein Lichtblick bei schlechtem Wetter oder an Standorten im Halbschatten.

Links: Das kräftige Laub des Perückenbaumes (*Cotinus coggygria* 'Notcutt's Variety') wird im Sommer noch durch das schaumig wirkende, purpurne Blütenmeer ergänzt. Diese Pflanze wird in 10 Jahren 1,80 m hoch, kann jedoch kleiner gehalten werden, schneidet man sie zeitig im Frühjahr stark zurück.

51

Kerria japonica 'Flore pleno' ist im Frühjahr mit kräftig gelben gefüllten Blüten bedeckt. Dieser wüchsige Strauch hat große aufrechte Zweige, die in zehn Jahren 1,80 bis 2,40 m hoch wachsen und sich durch Schößlinge vermehren. Er eignet sich gut für eine schattige Mauer. Die Zweige der ungefüllten *K. japonica* sind gebogen; sie ist auch nicht so wüchsig.

danach wirkt es überreif und beginnt abzubauen, da einige Sträucher zu groß werden und andere verdrängen. Zu diesem Zeitpunkt müssen entweder die kleineren Pflanzen entfernt werden, wenn Sie ein hohes Gebüsch wünschen, oder die dominanten Sträucher müssen weichen, damit die kleineren nachwachsen können. Zur Vermeidung größerer Umwälzungen sollten Sie in Etappen neu pflanzen. Überlegen Sie also, welche Pflanzen im nächsten Jahr ersetzt werden müssen!

Die Lebenserwartung eines Strauches hängt von der eigenen Wachstumsrate ebenso ab wie von der Pflanzdichte. Idealerweise sollte die voraussichtliche Ausbreitung in zwölf Jahren als Leitsatz für den Pflanzabstand zwischen den Sträuchern dienen; um jedoch schnelleren Erfolg zu erzielen, ist eine etwas dichtere Pflanzung oft sinnvoller. Dann müssen die wüchsigsten Exemplare sehr stark beschnitten werden, um nicht aus der Form zu geraten. Befinden sich die Pflanzen erst am Beginn ihres Wachstums, können die freien Flächen zwischen ihnen einstweilen mit Bodendeckern, Zwiebelgewächsen und einigen Einjährigen aufgefüllt werden, auch um die Ausbreitung von Unkraut zu verhindern, das mit den jungen Sträuchern in Konkurrenz tritt. Diese Lückenfüller müssen rechtzeitig wieder entfernt werden.

Sobald die Sträucher gut angewachsen sind, verhindert eine Mulchschicht aus Rindenschrot das Aufkommen von Unkräutern.

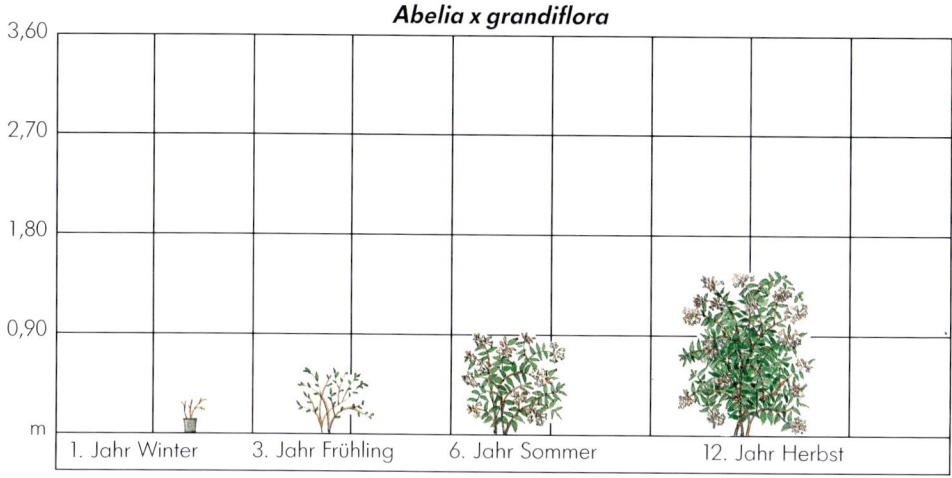

Abelia x grandiflora

1. Jahr Winter 3. Jahr Frühling 6. Jahr Sommer 12. Jahr Herbst

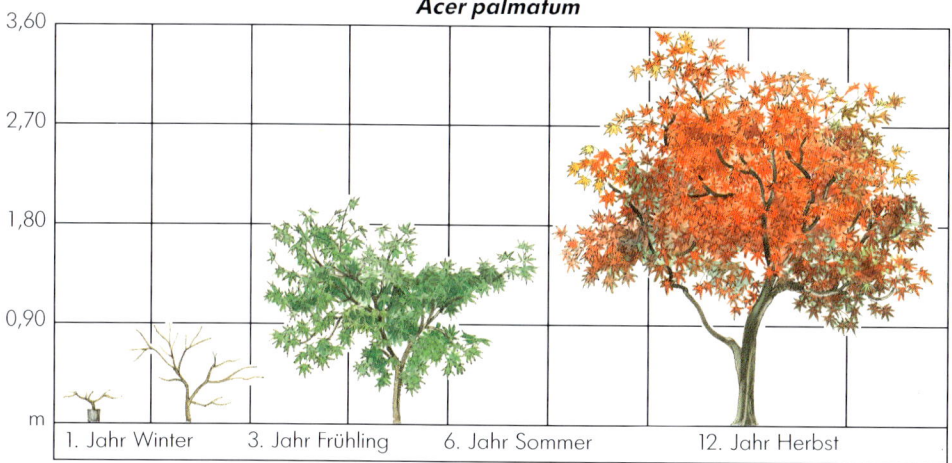

Acer palmatum

1. Jahr Winter 3. Jahr Frühling 6. Jahr Sommer 12. Jahr Herbst

Abelia x grandiflora
Abelia

Ein nützlicher Strauch, der vom Spätsommer bis in den Herbst hinein blüht, also zu einer Zeit, in der sonst kaum Blüten zu finden sind. Er hat elegant geschwungene Zweige, die ihn in zehn Jahren etwa 1,20 m hoch und ebenso breit werden lassen. Er ist, außer in sehr milden Gegenden, sommergrün und gedeiht an geschützten Standorten. Die hellrosa, zart duftenden Blüten heben sich mehrere Wochen lang schön vom hellgrünen Laub ab. Es gibt eine gelb panaschierte Form ('Variegata').

Zone 6, Sonne, m. H. 1,5 bis 2 m, a

Acer palmatum
Fächerahorn

In seinem Ursprungsland wird diese Pflanze ein Baum, andernorts wächst sie so langsam, daß man sie am besten als Strauch zieht. Die Grundform hat große handförmige Blätter, die fünf- oder siebenmal gelappt sind (5 bis 10 cm) und sich im Herbst scharlachrot verfärben. Die winzigen Blüten im Sommer sind purpurrot, ihnen folgen geflügelte Samen. 'Atropurpureum' wird 1,80 m hoch und hat kräftig purpurrotes Laub; 'Dissectum' wächst sehr langsam bis zu 60 x 120 cm und hat sehr fein gesägte hellgrüne Blätter, die sich bräunlich-gelb verfärben.

Zone 5 bis 9, Halbschatten, m. H. 12 m, a

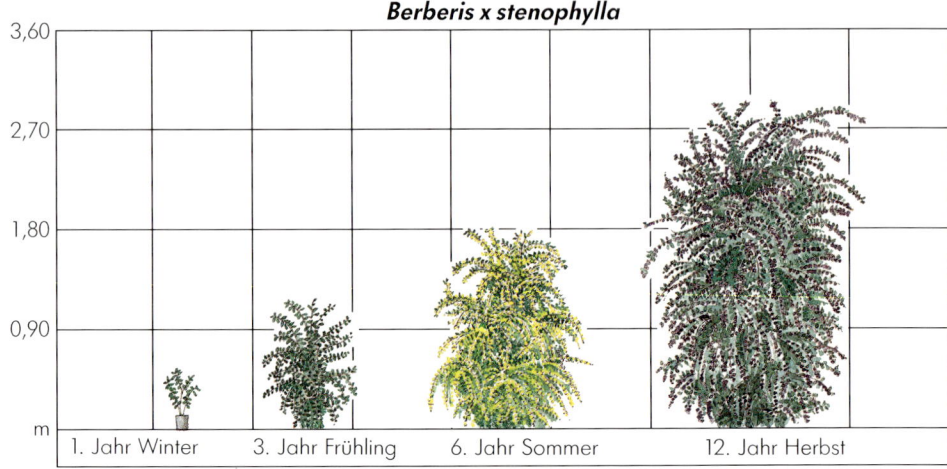

Berberis x stenophylla

1. Jahr Winter   3. Jahr Frühling   6. Jahr Sommer   12. Jahr Herbst

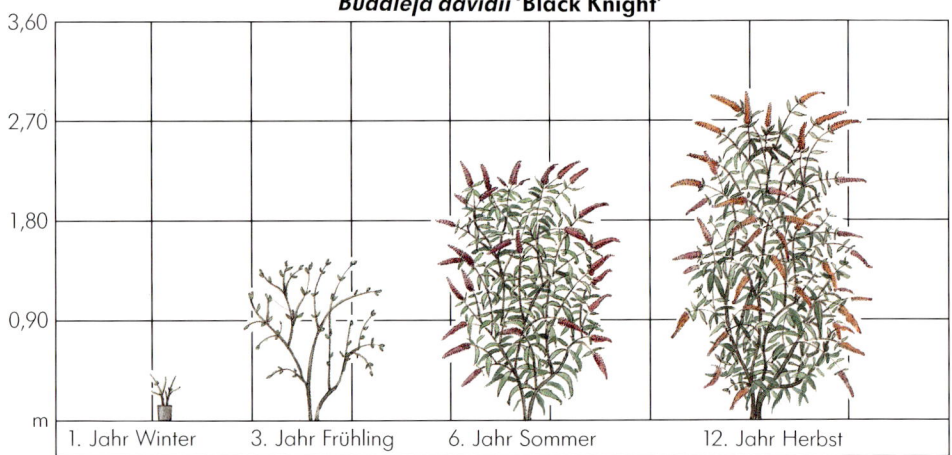

Buddleja davidii 'Black Knight'

1. Jahr Winter   3. Jahr Frühling   6. Jahr Sommer   12. Jahr Herbst

Berberis x stenophylla
Sauerdorn, Berberitze

Die gebogenen Zweige dieser immergrünen Berberitze sind spät im Frühjahr dicht mit winzigen glockenförmigen, duftenden, orangegelben Blüten besetzt. Ihnen folgen im Herbst blauschwarze Früchte. Wächst schnell auf 3 x 2 m und ergibt ein gutes Dickicht oder eine freiwachsende Hecke, die durch die schmalen, 2,5 cm langen, stacheligen, dunkelgrünen Blätter undurchdringbar wird. Für kältere Gebiete bietet sich die sommergrüne *B. x ottawensis* 'Atropurpurea' an, die genauso hoch wird, dunkel purpurnes Laub und blaßgelbe Blüten hat.

Zone 5 bis 8 Sonne oder Halbschatten, m. H. 3 m, c

Buddleja davidii 'Black Knight'
Schmetterlingsstrauch

Buddleja wächst auch in sehr mageren Böden und ist oft so hartnäckig wie Unkraut. Am meisten verbreitet ist *B. davidii* mit dunkelgrünen ovalen Blättern und Blüten, die viele Schmetterlinge anlocken (daher auch der Name) und deren Farbspektrum von kräftig samtig Dunkelpurpurn ('Black Knight') über Veilchenblau ('Empire Blue') zu Weiß ('White Profusion' oder 'Peace') reicht. *B. alternifolia* hat im Frühsommer blaß malvenfarbene duftende Blüten. Schneidet und formt man sie nicht, gerät Ihr Wuchs leicht außer Kontrolle.

Zone 5 bis 9, Sonne oder Halbschatten, m. H. 3 bis 5 m, b

54

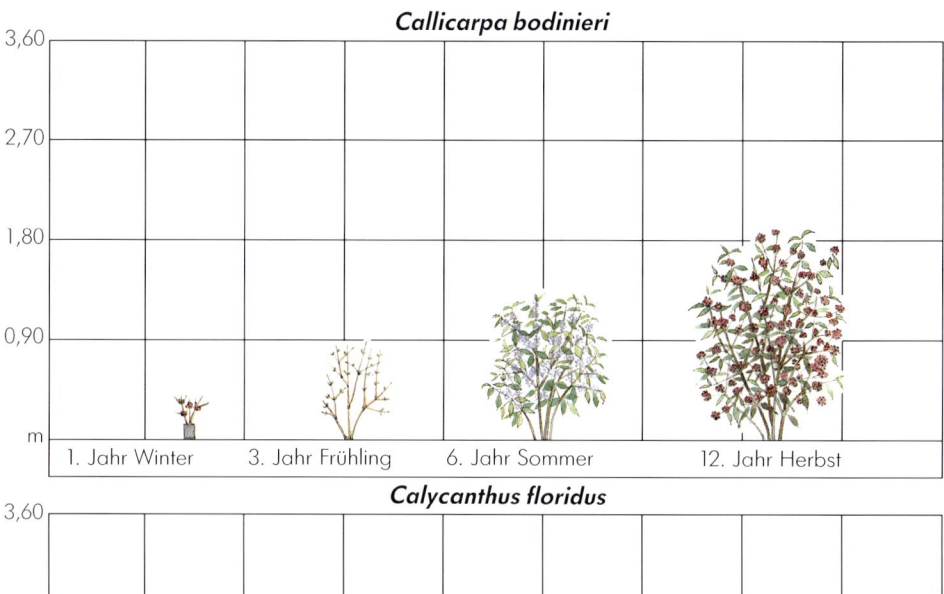

Callicarpa bodinieri

| 1. Jahr Winter | 3. Jahr Frühling | 6. Jahr Sommer | 12. Jahr Herbst |

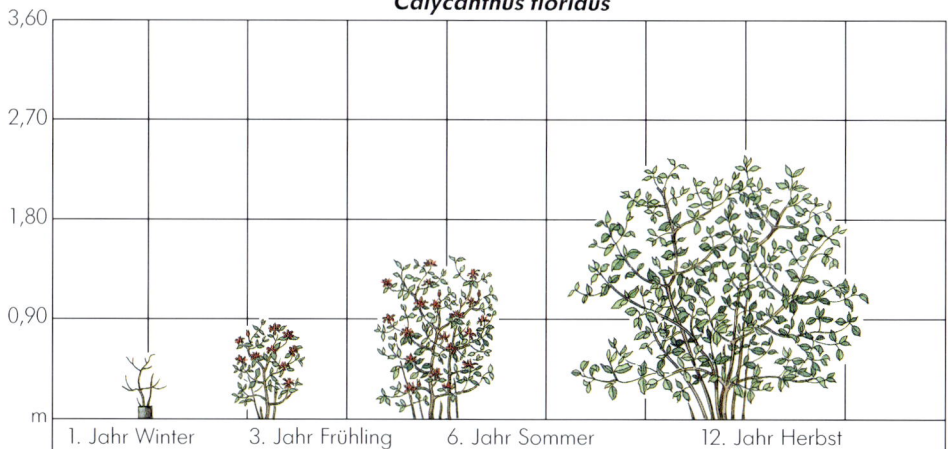

Calycanthus floridus

| 1. Jahr Winter | 3. Jahr Frühling | 6. Jahr Sommer | 12. Jahr Herbst |

Callicarpa bodinieri
Schönfrucht, Liebesperlenstrauch

Der wüchsige Strauch ist buschig und aufrecht; mit seinen starrigen Ästen wird er in zehn Jahren über 1,80 m hoch und 1,20 m breit. Lanzenförmige Blätter, 5 bis 12,5 cm lang, dunkelgrün und im Herbst mit einem Spritzer purpur. Büschel kleiner malvenfarbener Blüten öffnen sich im Sommer: Es folgen die vielgepriesenen purpurnen Beeren, die noch einige Monate nach dem Abfallen der Blätter hängen. Die Sorte 'Profusion' blüht besonders üppig. Diese Pflanzen ziehen saure Böden vor, magere Böden sollten mit etwas Kompost verbessert werden.

Zone 6 bis 8, Sonne oder Halbschatten, m. H. 2 m, a

Calycanthus floridus
Gewürzstrauch

Ein wunderbar ordentlicher Strauch, der mit seiner hübschen gerundeten Form bis zu 2 m hoch und 2,40 m breit wird. Glänzende ovale apfelgrüne Blätter (5 bis 15 cm lang) – ein schöner Hintergrund für die kleinen burgunderfarbenen Blüten mit ihren vielen bandförmigen Petalen und ihrem unvergeßlichen würzigen Duft. *C. occidentalis* gleicht ihm sehr, ist aber nicht so robust. Beide Formen benötigen feuchtigkeitsspeichernde Böden.

Zone 4 bis 9, Sonne, m. H. 3 m, a

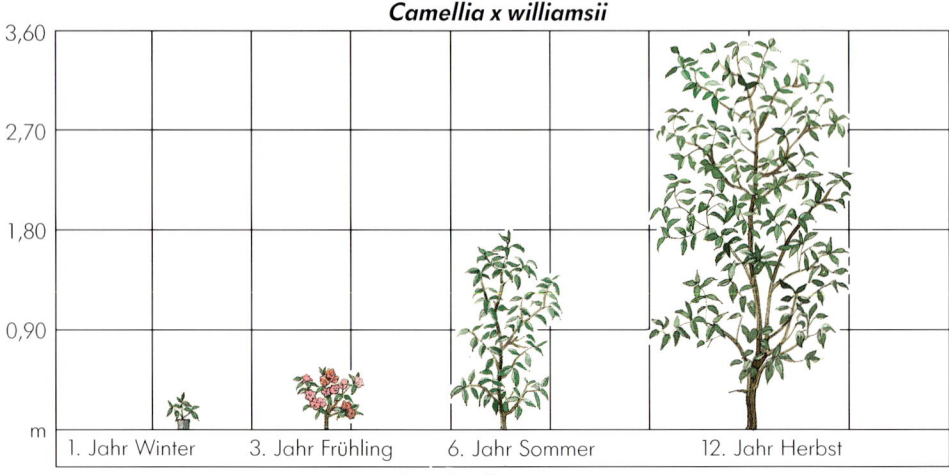

Camellia x williamsii

3,60				
2,70				
1,80				
0,90				
m	1. Jahr Winter	3. Jahr Frühling	6. Jahr Sommer	12. Jahr Herbst

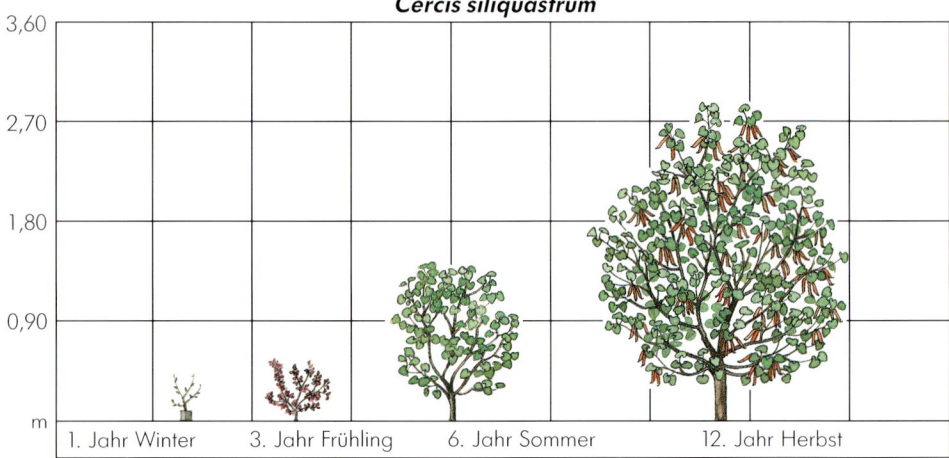

Cercis siliquastrum

3,60				
2,70				
1,80				
0,90				
m	1. Jahr Winter	3. Jahr Frühling	6. Jahr Sommer	12. Jahr Herbst

Camellia x williamsii
Kamelie

Kamelien benötigen Schutz oder mildes Klima und saure Böden. Im Winter oder zeitig im Frühjahr stehen vor immergrünem glänzend dunklem Laub samtige rot, rosa und weiß getönte Blüten. Williamsii-Hybriden *(C. japonica x C. saluenensis)* sind besonders gut und robust und erreichen in zehn Jahren 3 m Höhe. Die Farbpalette der Blüten reicht von Weiß ('Francis Hanger') über Zartrosa ('J. C. Williams') bis zu kräftigem Rosa ('Donation'). In kälteren Gegenden sollten Sie Kamelien in Gefäße pflanzen und sie frostfrei überwintern.

Zone 7 bis 9, Halbschatten, m. H. 6 m, a

Cercis siliquastrum
Judasbaum

Im warmen Klima ihrer Heimat ist diese Pflanze als kleiner Baum, andernorts meist als großer mehrstämmiger Strauch zu finden, der in zehn Jahren 2,40 x 2 m erreicht. Büschel leuchtend purpurroter Schmetterlingsblüten öffnen sich im Frühjahr auf den Zweigen und sogar am Stamm. Die herzförmigen graugrünen Blätter folgen im Frühsommer. *C. chinensis* und *C. canadensis* sind robuster und stammen aus Zone 6 bzw. Zone 4. Gedeihen in gut durchlässigem Boden, vor kaltem Wind geschützt.

Zone 7 bis 9, Sonne, m. H. 12 m, a

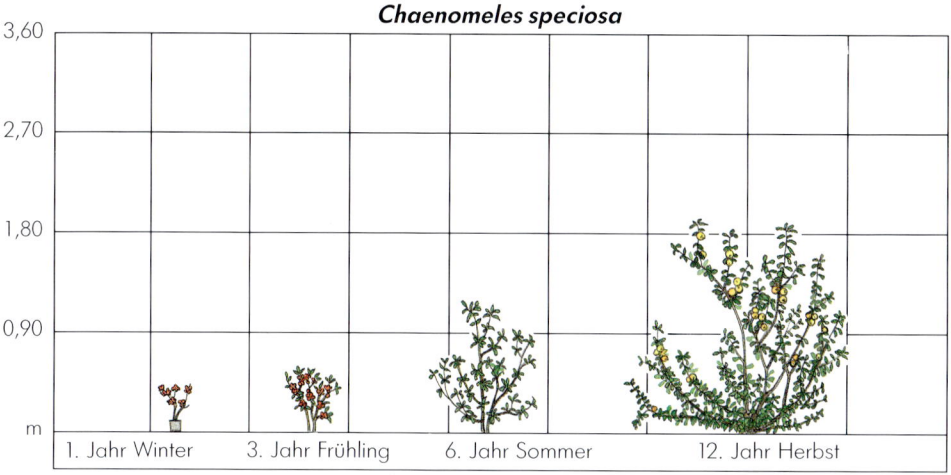

Chaenomeles speciosa

3,60

2,70

1,80

0,90

m

1. Jahr Winter   3. Jahr Frühling   6. Jahr Sommer   12. Jahr Herbst

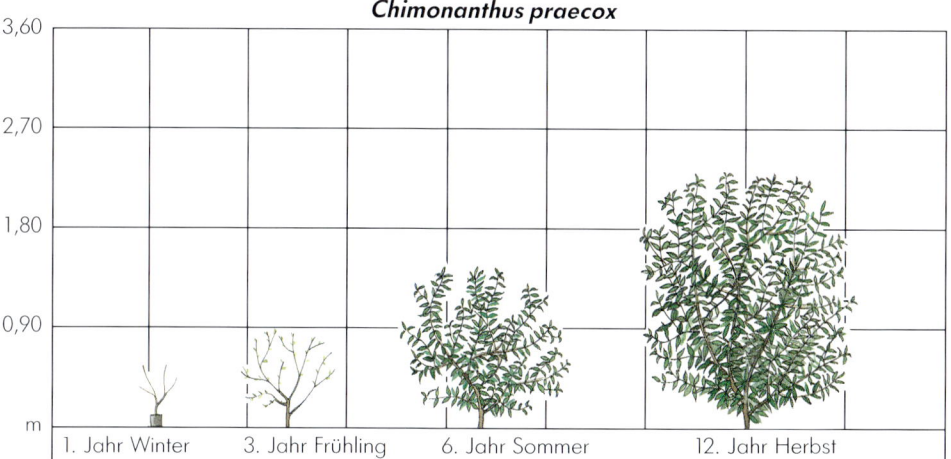

Chimonanthus praecox

3,60

2,70

1,80

0,90

m

1. Jahr Winter   3. Jahr Frühling   6. Jahr Sommer   12. Jahr Herbst

Chaenomeles speciosa
Scheinquitte

Die Scheinquitte fühlt sich an einer Mauer wohl und erreicht in zehn Jahren 1,80 m. Die kräftig zinnoberroten Blüten öffnen sich zeitig im Frühjahr; oft folgen ihnen im Herbst plumpe gelbe Früchte. An Sorten werden angeboten 'Nivalis', weiß und bis zu 2,40 m hoch, 'Moerloesii', zartrosa und weiß mit gebogenem Wuchs bis zu 1,20 x 1,50 m und 'Simonii', halbgefüllt karminrot und mit 90 cm recht niedrig. Schneiden Sie im Frühjahr nach der Blüte, um aufrechten Wuchs zu induzieren, da die Zweige ansonsten nur in die Breite wachsen.

Zone 4 bis 8, Halbschatten, m. H. 2 m, c

Chimonanthus praecox
Winterblüte

Dieser schöne Strauch gedeiht gut an einer warmen Mauer und blüht in den kältesten Wintermonaten. Er ist sommergrün, wird in zehn Jahren 2 m hoch und hat sattgrüne schmale Blätter, die im Frühjahr und Sommer einen guten Hintergrund für Clematis abgeben. Die zarten, duftenden, sehr blaß cremefarbenen Blüten haben eine kastanienbraune bis purpurrote Mitte und blühen auf kahlen Zweigen. 'Grandiflorus' hat kräftiger gelbe Blüten mit einem größeren Fleck, 'Luteus' später sich öffnende wächsern gelbe Blüten ohne Fleck.

Zone 6 bis 9, Sonne, m. H. 2,40 m, a

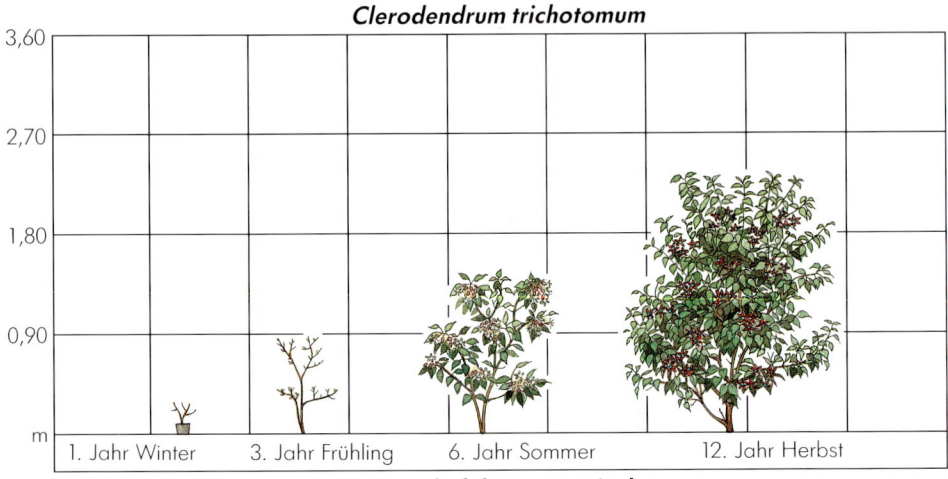

Clerodendrum trichotomum

3,60

2,70

1,80

0,90

m

| 1. Jahr Winter | 3. Jahr Frühling | 6. Jahr Sommer | 12. Jahr Herbst |

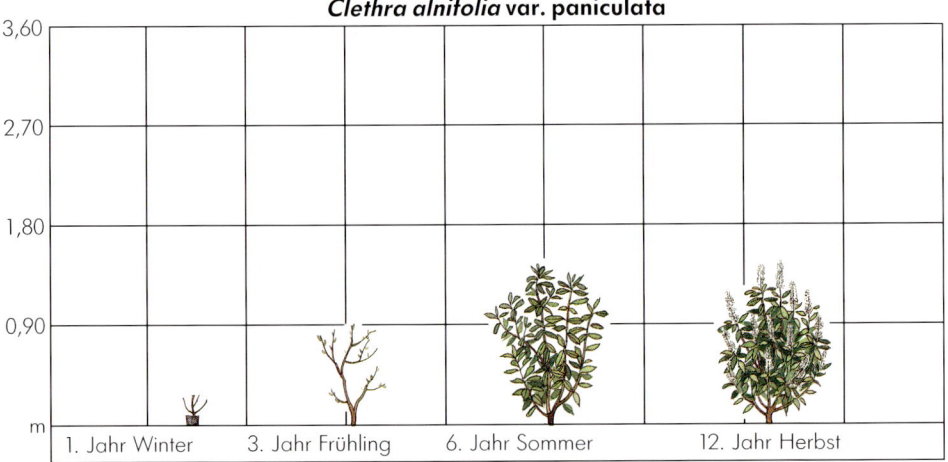

Clethra alnifolia var. paniculata

3,60

2,70

1,80

0,90

m

| 1. Jahr Winter | 3. Jahr Frühling | 6. Jahr Sommer | 12. Jahr Herbst |

Clerodendrum trichotomum

Dieser sommergrüne Strauch wächst in zehn Jahren rundlich und Schößlinge bildend auf 2,40 bis 1,80 m. 15 cm lange ovale Blätter auf oft sehr kräftigen Zweigen sind dunkelgrün, im Herbst mit einem Spritzer Purpur, und riechen stark. Blüten öffnen sich im Spätsommer: kleine weiße Sterne, die sich deutlich von kastanienbraunen Kelchen abheben. Am bemerkenswertesten sind jedoch die Früchte, die direkt auf die Blüten folgen. Aufreizend blaue Beeren vor den jetzt hellroten Kelchen. Die Unterart *fargesii* ist robuster und trägt mehr Früchte. Beide brauchen gut durchlässige Böden.

Zone 6 bis 9, Sonne, m. H. 6 m, a

Clethra alnifolia var. paniculata
Scheineller

Eine aus sumpfigen Böden und feuchten Wäldern stammende Pflanze, die im Spätsommer blüht und leichte, feuchte saure Böden liebt. Ergibt in zehn Jahren ein enges, Schößlinge bildendes Dickicht von etwa 1,50 m x 90 cm. Das dekorative sommergrüne Laub ist im Frühjahr und Sommer hellgrün, im Herbst orange und gelb. Aufrechte weiße Blütenrispen erfüllen im Spätsommer und Herbst die Luft mit einem intensiven Duft; in warmen Regionen folgen ihnen schwarze Früchte, die Pfefferschoten gleichen. Es gibt auch rosa Formen.

Zone 3 bis 9, Halbschatten, m. H. 1,80 bis 3 m, a

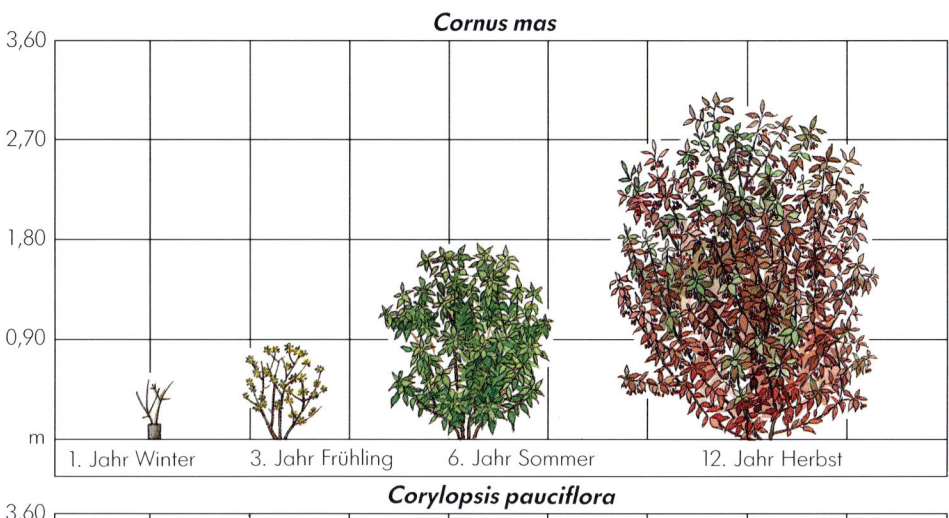

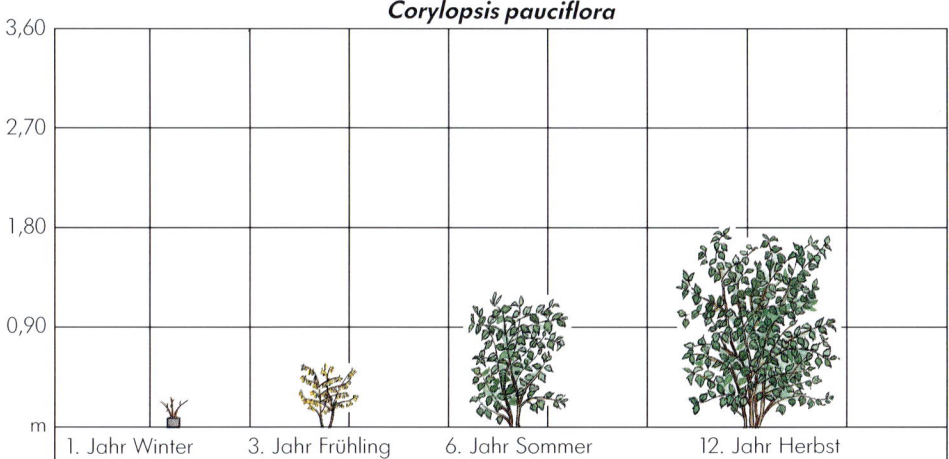

Cornus mas
Kornelkirsche

Dies ist einer meiner Lieblingssträucher. Er wächst offen und bildet mit vielen Zweigen eine breite Pflanze von 3 x 1,80 m in zehn Jahren. Kleine gelbe Blüten bedecken zeitig im Frühjahr die kahlen Zweige. Die ovalen Blätter sind 5 bis 10 cm lang, dunkelgrün und verfärben sich im Herbst orangerot. In warmen Gebieten entstehen im Herbst kleine eßbare kirschenähnliche Früchte. Dieser Hartriegel eignet sich auch als Hecke, die im Frühsommer geschnitten werden sollte.

Zone 4 bis 8, Sonne oder Halbschatten, m. H. 7 m, a

Corylopsis pauciflora
Scheinhasel

Elegant geschwungener Wuchs charakterisiert diesen langsam wachsenden Strauch. Er wird in zehn Jahren 1,80 m hoch und 1,50 m breit. Zeitig im Frühjahr, noch bevor sich das rosa Laub entfaltet, öffnen sich die blaßgelben, glockenförmigen und duftenden Blüten in Trauben. Die eher matten Blätter, die jenen der Haselnuß gleichen, können im Sommer mit einer durch den Strauch rankenden großblütigen Clematis belebt werden. Benötigt humusreichen Boden.

Zone 5 bis 9, Halbschatten, m. H. 2 m, a

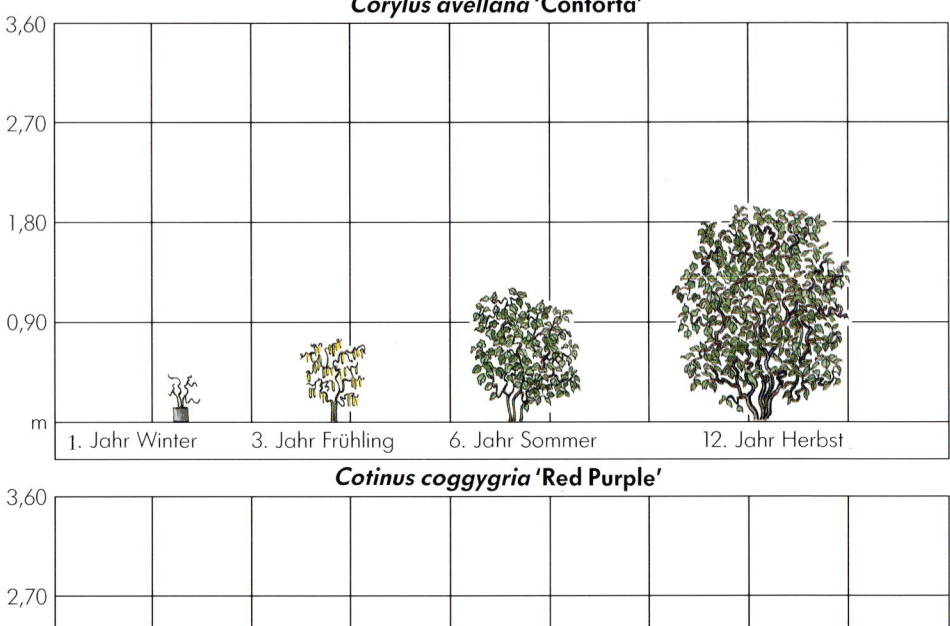

Corylus avellana 'Contorta'
Korkenzieherhasel, Hexenhasel

Diese Hasel ergibt einen dichten Strauch von 2 x 1,50 m in zehn Jahren. Sie hat stark verdrehte Zweige, die sich dekorativ vom Schnee abheben. Zeitig im Frühjahr ist sie übersät mit gelben Kätzchen. Danach ist die Krone schwer mit dunkelgrünen Blättern beladen, die in der Form jenen der Gemeinen Hasel gleichen, jedoch schrumpelig sind. Es gibt auch eine Form der Chinesischen Baumweide mit solchen gewundenen Zweigen: *Salix matsudana* 'Tortuosa', die Korkenzieherweide, ergibt einen 10 bis 12 m hohen Baum.

Zone 3 bis 8, Sonne oder Schatten, m. H. 3 m, a

Cotinus coggygria 'Red Purple'
Perückenstrauch

Diese auffällig purpurfarbene Pflanze bildet in zehn Jahren ein hübsches Kissen von 1,80 x 1,50 m. Die wechselständigen rundlichen Blätter sind etwa 6,5 cm lang, entfalten sich in warmem hellen Purpurrot und dunkeln allmählich nach bis zu dunklem samtigen Kastanienbraun. Fedrige rosa Blütenrispen schmücken die Pflanze im Hoch- bis Spätsommer. Ein perfekter Hintergrund für silbern panaschierte Pflanzen und purpurn blühende Sträucher! Gedeiht in gut durchlässigen Böden.

Zone 4 bis 8, Sonne, m. H. 3 m, d

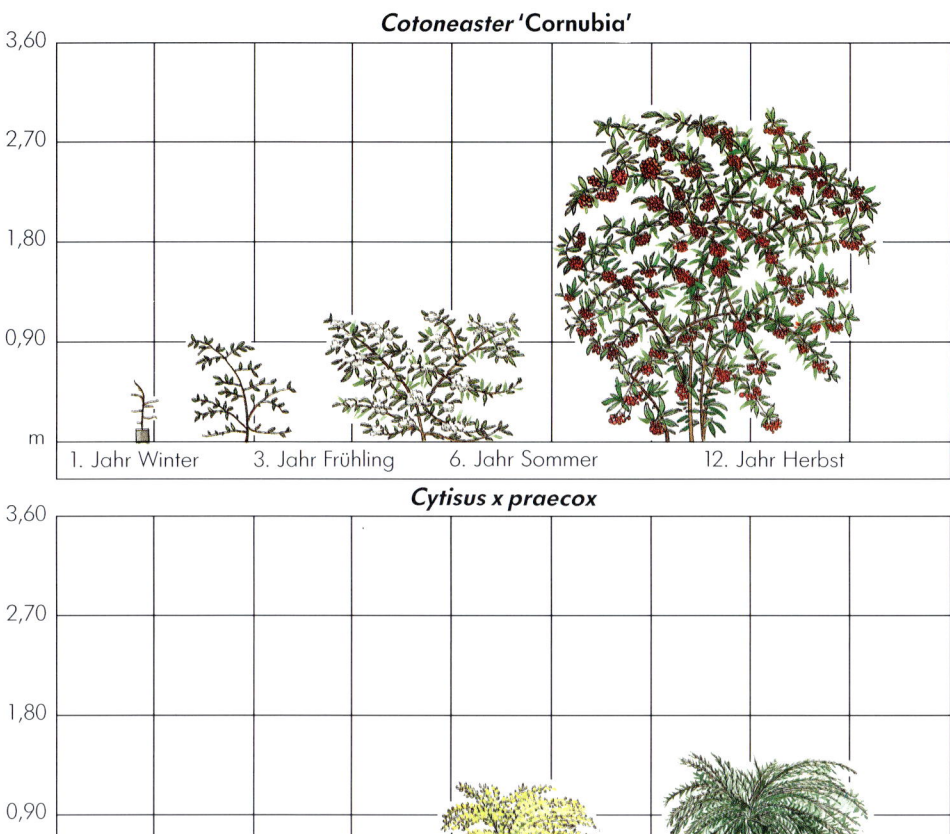

Cotoneaster 'Cornubia'

1. Jahr Winter	3. Jahr Frühling	6. Jahr Sommer	12. Jahr Herbst

Cytisus x praecox

1. Jahr Winter	3. Jahr Frühling	6. Jahr Sommer	12. Jahr Herbst

Cotoneaster 'Cornubia'
Zwergmispel

Es gibt zahlreiche Zwergmispelarten, einige sind immergrün, einige sommergrün. Sie bilden große, meist elegante Sträucher, so zum Beispiel *C. franchettii*, oder kleinere beinahe kriechende wie *C. horizontalis* und *C. dammeri*. Meist blühen sie im Frühsommer weiß und haben dann viele orange bis rote Beeren. Die halb-immergrüne Hybride 'Cornubia' erreicht in zehn Jahren 3 x 3 m. Sie hat 10 cm lange tiefgrüne Blätter und im Herbst große Büschel roter Beeren. *C.* 'Rothschildianus' hat gelbe Früchte und *C. divaricatus* scharlachrotes Herbstlaub.

Zone 7 bis 9, Sonne oder Schatten, m. H. 6 m, a

Cytisus x praecox
Elfenbeinginster

Dieser Ginster bildet einen rundlichen Strauch aus kantigen grünen Ästen, der wie ein zerzauster Haarschopf wirkt. Er wird in acht Jahren 1,20 x 1,50 m groß. Spät im Frühjahr für mindestens drei Wochen lang ein Blickfang, da zartgelbe, nicht sehr angenehm duftende Blüten die kaskadenartig herabhängenden dünnen Zweige bedecken. Neue Triebe sind seidig grün; die kleinen sommergrünen Blätter fallen recht früh ab. Zu den Sorten gehören die echten Hybriden 'Warminster' und 'Allgold', etwas intensiver gefärbt, und die blassere 'Moonlight'.

Zone 6 bis 8, Sonne, m. H. 1,5 bis 1,8 m, c

61

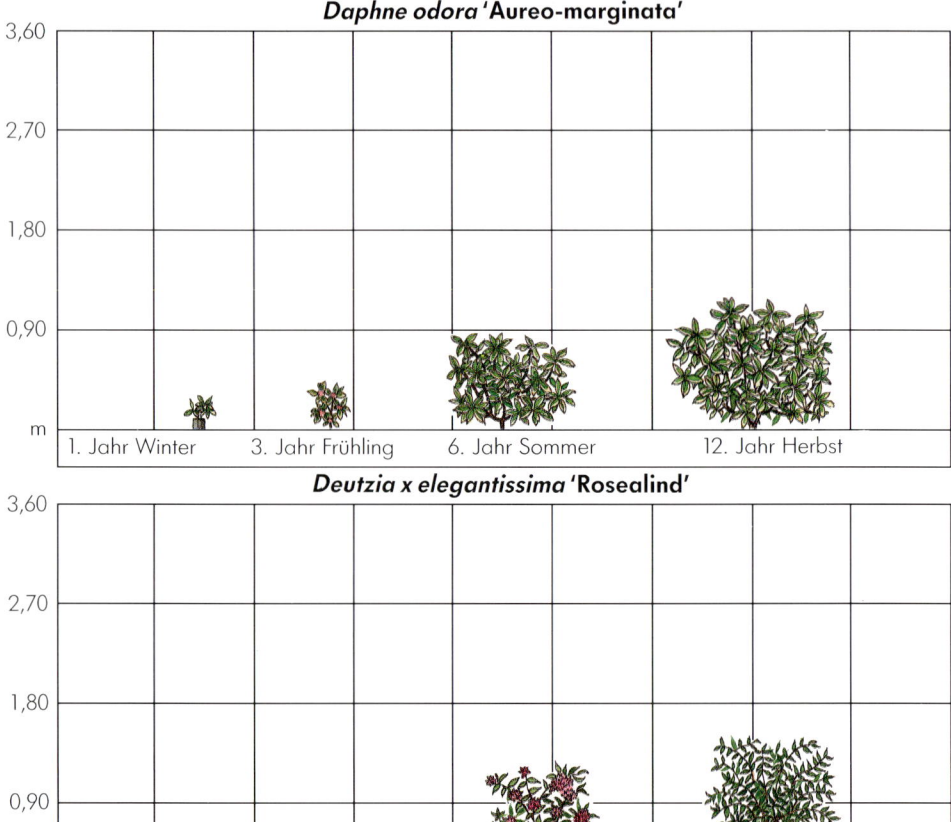

Daphne odora 'Aureo-marginata'

3,60
2,70
1,80
0,90
m

1. Jahr Winter   3. Jahr Frühling   6. Jahr Sommer   12. Jahr Herbst

Deutzia x elegantissima 'Rosealind'

3,60
2,70
1,80
0,90
m

1. Jahr Winter   3. Jahr Frühling   6. Jahr Sommer   12. Jahr Herbst

Daphne odora 'Aureo-marginata'
Seidelbast

Alle Seidelbast-Arten duften zeitig im Früh-jahr, diese aber besonders aromatisch. Sie wächst rundlich auf 1,20 x 1,50 m in zehn Jahren. Die immergrünen Blätter sind blaß-gelb panaschiert; die Blüten öffnen sich rosa und verblassen dann zu weiß. Der Gemeine Seidelbast *(D. mezereum)* ist besonders win-terfest (bis -30 °C), wächst aber langsamer. Er hat graugrüne Blätter, im Frühjahr pur-purrote Blüten und giftige rote Beeren. *D. x burkwoodii* 'Carol Mackie' hat goldgerän-derte Blätter und ist noch robuster. Seidel-bast liebt feuchte, durchlässige Böden.

Zone 8 bis 10, Sonne, m. H. 1,20 bis 1,50 m, a

Deutzia x elegantissima 'Rosealind'
Deutzie

Dieser pflegeleichte zuverlässige Strauch blüht im Sommer üppigst. Die gebogenen Zweige wachsen vom Boden weg schön breit nach außen und werden 1,20 m hoch. Im Frühjahr sind sie bedeckt von dichten Schirmdolden der karminrosa, sternförmigen Blüten. Die schlanken mittelgrünen Blätter, 5 bis 7,5 cm lang, fallen im Herbst ab. Deut-zien sollten vor späten Frühjahrsfrösten ge-schützt stehen und nach der Blüte geschnit-ten werden; schneiden Sie einige Zweige bis zum Boden ab.

Zone 5 bis 8, Sonne oder Halbschatten, m. H. 1,80 m, c

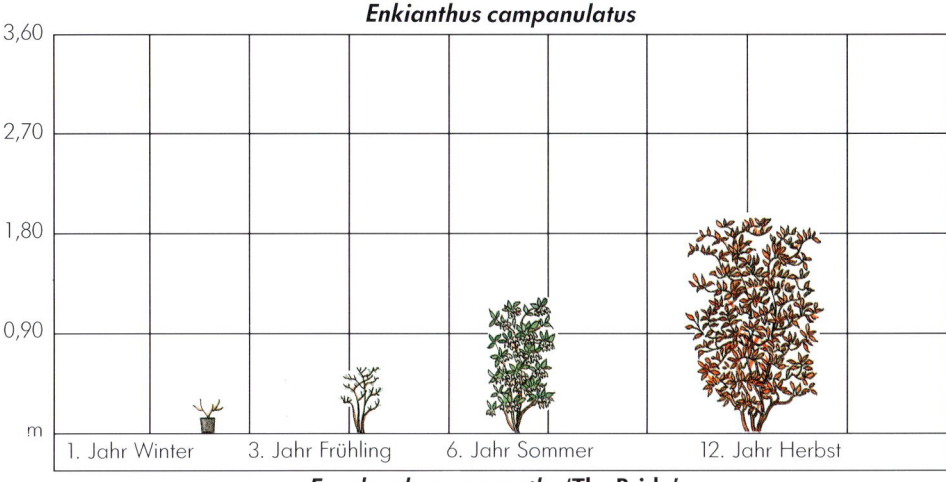

Enkianthus campanulatus

1. Jahr Winter | 3. Jahr Frühling | 6. Jahr Sommer | 12. Jahr Herbst

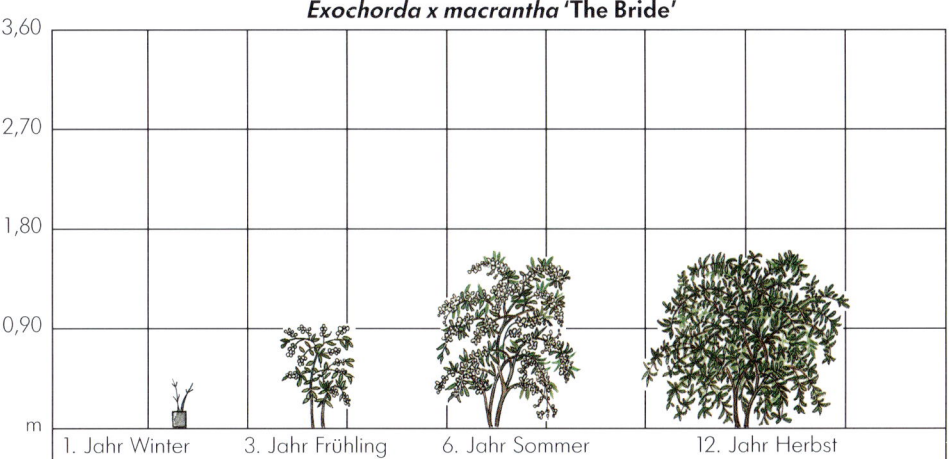

Exochorda x macrantha 'The Bride'

1. Jahr Winter | 3. Jahr Frühling | 6. Jahr Sommer | 12. Jahr Herbst

Enkianthus campanulatus
Prachtglocke

Dieser Strauch gehört zu den Ericaceae (Heidekrautgewächse) und benötigt daher feuchtigkeitspeichernden sauren Boden. Er wächst aufrecht und buschig bis zu 2 m hoch und 1,20 m breit. Spät im Frühjahr bringt er Trauben wächserner glockenförmiger Blüten hervor: cremig-gelb mit roten Streifen. Die absolute Hochzeit dieser Pflanze ist der Herbst; dann verfärben sich die schmalen sommergrünen glänzenden Blätter zu strahlenden Gelb- und Scharlachtönen. Die Streifen auf den Blüten der Sorte 'Red Bells' sind kräftiger.

Zone 4 bis 8, Halbschatten oder Sonne, m. H. 5 m, a

Exochorda x macrantha 'The Bride'

Diese Hybride bildet einen niedrigen rundlichen Strauch, der recht offen und breit wächst; 1,50 m hoch und mindestens ebenso breit. Im Frühjahr öffnen sich perlenförmige Knospen zu einem Meer weißer Blüten. Sie bilden dichte hängende Trauben, die mehrere Wochen überdauern und deren Endblüten sich zuerst öffnen. Jede Traube kann aus bis zu zehn Blüten bestehen. Die frisch grünen, schmalen, ovalen Blätter sind 5 bis 7,5 cm lang und sommergrün. Diesen Strauch kann man wunderbar von Clematis-Hybriden durchranken lassen, die ihn im Sommer zu schmücken.

Zone 5 bis 9, Sonne oder Halbschatten, m. H. 1,50 m, a

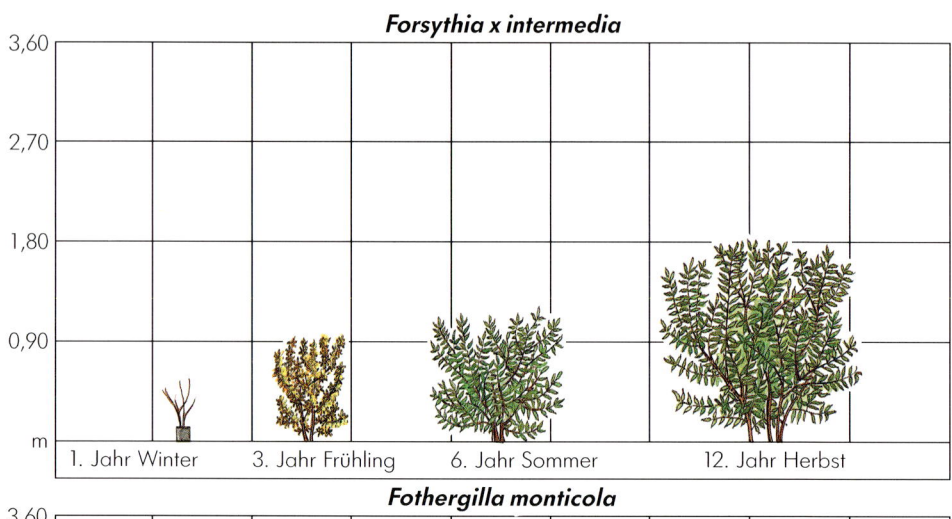

Forsythia x intermedia

| 1. Jahr Winter | 3. Jahr Frühling | 6. Jahr Sommer | 12. Jahr Herbst |

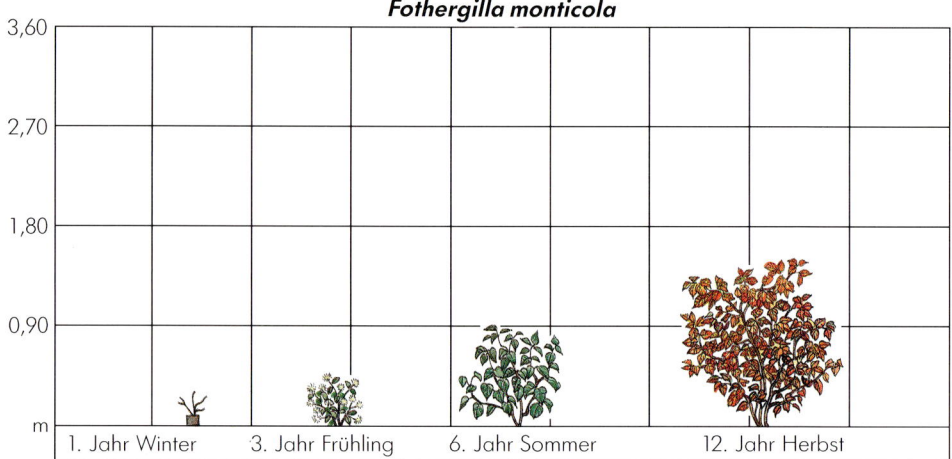

Fothergilla monticola

| 1. Jahr Winter | 3. Jahr Frühling | 6. Jahr Sommer | 12. Jahr Herbst |

Forsythia x intermedia
Forsythie, Goldflieder

Die hellgelben Blüten der Forsythie sind zeitig im Frühling ein Lichtblick. Diese besonders blütenreiche sommergrüne Hybride hat kräftig gelbe glockenförmige Blüten und wird in zehn Jahren etwa 1,80 m hoch. 'Lynwood', 'Spring Glory', 'Spectabilis' und 'Beatrix Farrand' sind schöne Sorten, letztere ist besonders wüchsig. *F. suspensa* hat lange hängende Zweige, die schnell ein Durcheinander bilden, wenn man sie nicht sorgfältig zieht. Sie wird in zehn Jahren 3,60 x 3 m groß.

Zone 5 bis 9, Sonne oder Halbschatten, m. H. 2,40 bis 4 m, c

Fothergilla monticola
Federbuschstrauch

Dieser Strauch hat in zwei Jahreszeiten interessante Höhepunkte. Im Frühjahr ist er bedeckt mit Ähren süß duftender, 2,5 cm großer cremeweißer Flaschenbürsten-Blüten. Die sommergrünen Blätter gleichen jenen der Hasel, sind 5 bis 10 cm lang, dunkelgrün und im Frühjahr ledrig. Im Herbst – das ist der zweite Höhepunkt – nehmen sie warme Orange- und Gelbtöne an. Der Strauch wächst rundlich und wird in zehn Jahren oder schon früher 1,50 x 1,50 m groß. Gut durchlässiger saurer Boden!

Zone 5 bis 8, Sonne oder Halbschatten, m. H. 1,50 bis 2,40 m, a

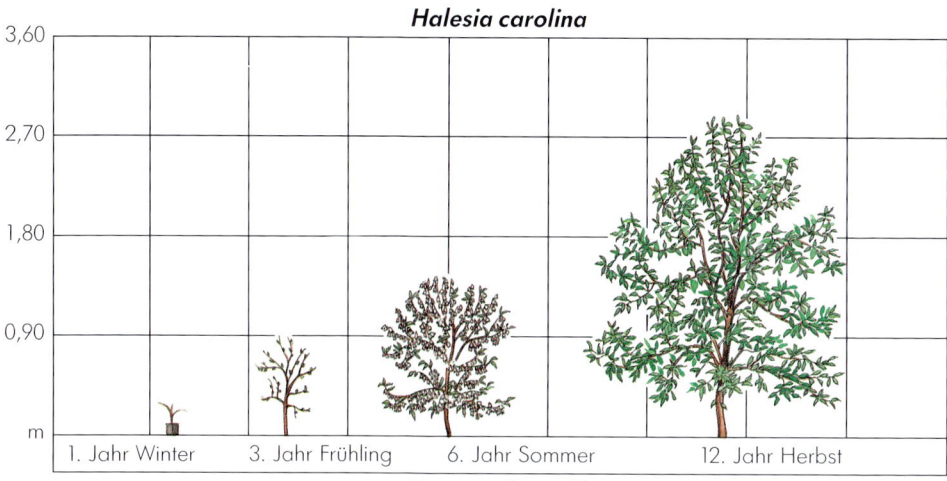

Halesia carolina

| 1. Jahr Winter | 3. Jahr Frühling | 6. Jahr Sommer | 12. Jahr Herbst |

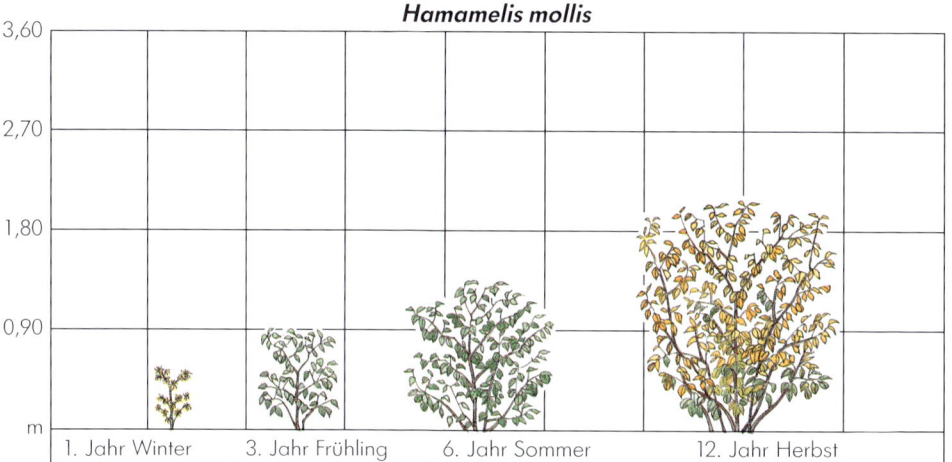

Hamamelis mollis

| 1. Jahr Winter | 3. Jahr Frühling | 6. Jahr Sommer | 12. Jahr Herbst |

Halesia carolina
Maiglöckchenbaum

Wild wachsend ein kleiner Baum, im Garten ein großer breiter Strauch, der in zehn Jahren schnell 3,60 m hoch wird. Idealerweise sollte er feuchten, sauren Boden mit viel organischem Material haben und vor starkem austrocknendem Wind geschützt stehen. Das buschige Laub besteht aus sehr hellen sommergrünen Blättern, die 5 bis 12,5 cm lang sind und vor dunklen immergrünen Pflanzen besonders hübsch wirken. Reinweiße Glockenblüten hängen im Frühsommer in Büscheln daran, danach holzige viereckige Früchte, die beinahe 5 cm lang sind.

Zone 4 bis 8, Sonne oder Halbschatten, m. H. 9 m, a

Hamamelis mollis
Zaubernuß

Ein robuster sommergrüner Zierstrauch, der spät im Winter blüht. Die duftenden Blüten mit ihren schmalen, bandförmigen, blaßgelben Petalen halten sich beinahe einen Monat. Die großen rundlichen, weich behaarten Blätter verfärben sich im Herbst buttergelb. Dieser offene, leicht eckige Strauch wird in zehn Jahren 2 m hoch und 1,80 m breit. Gekreuzt mit *H. japonica* ergab er die Hybride *H. x intermedia* mit Sorten wie 'Diane', deren Blüten und Herbstlaub orangerot sind.

Zone 5 bis 8, Halbschatten oder Sonne, m. H. 2,40 m, a

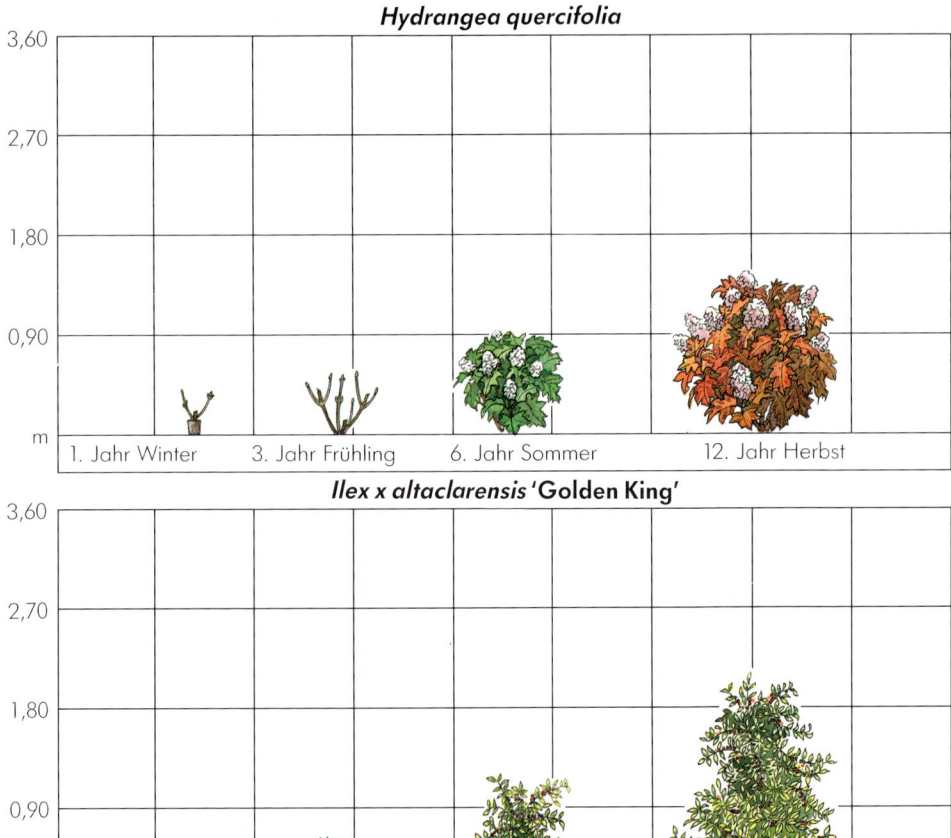

Hydrangea quercifolia

| 1. Jahr Winter | 3. Jahr Frühling | 6. Jahr Sommer | 12. Jahr Herbst |

Ilex x altaclarensis **'Golden King'**

| 1. Jahr Winter | 3. Jahr Frühling | 6. Jahr Sommer | 12. Jahr Herbst |

Hydrangea quercifolia
Hortensie

Ein langsam wachsender Strauch, der in zehn Jahren 1,20 m x 90 cm erreicht. Die eichenblattartigen Blätter sind 20 cm lang und färben sich im Herbst orange, karminrot oder purpurn. Vom Spätsommer an bis weit in den Herbst gibt es viele konische weiße Blütenrispen. Besonders interessant ist die im Sommer blühende *H. paniculata* 'Grandiflora', die eine 2 x 1,80 m große Pflanze bildet. Ihre riesigen cremeweißen Blütenrispen verfärben sich mit der Zeit rosa. Hortensien bevorzugen schwere feuchte Böden, akzeptieren aber auch trockenere Bedingungen.

Zone 5 bis 9, Schatten, m. H. 1,80 m, ◑

Ilex x altaclarensis **'Golden King'**
Großblättrige Stechpalme

Diese Hybride wird in zehn Jahren zu einen 1,80 x 1,20 m großen Strauch mit goldgelb panaschierten, kaum stacheligen Blättern und roten Beeren. Wie die Gemeine Stechpalme *(I. aquifolium)* gedeiht sie in gut durchlässigen, leichten Böden am besten. Die nordamerikanischen Arten benötigen saure Böden, kalte, trockene Winter und heiße Sommer. Von ihnen ist *I. verticillata* (Zone 4 bis 8) interessant, besonders die Sorte 'Christmas Cheer', sowie die blauen Stechpalmen *I. x meservea* 'Blue Princess' und 'Blue Stallion' (Zone 4 bis 9).

Zone 7 bis 9, Schatten, m. H. 5,40 m, ◑

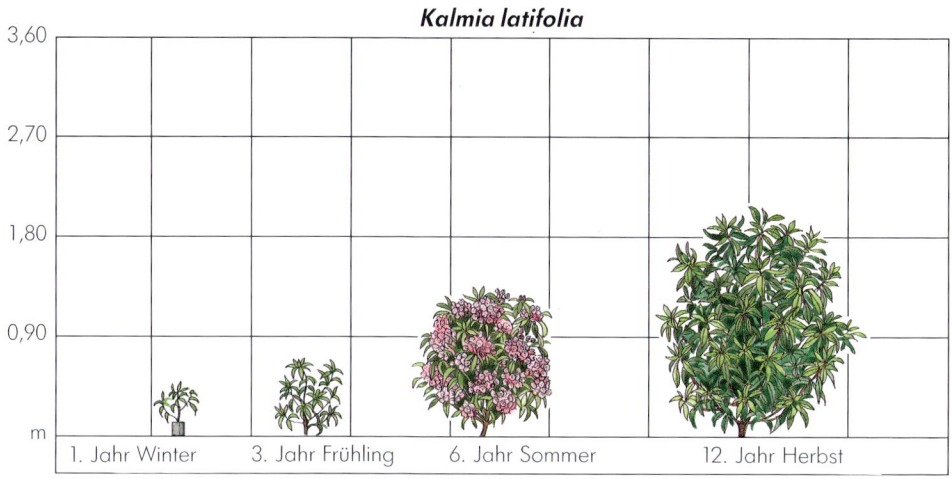

Kalmia latifolia

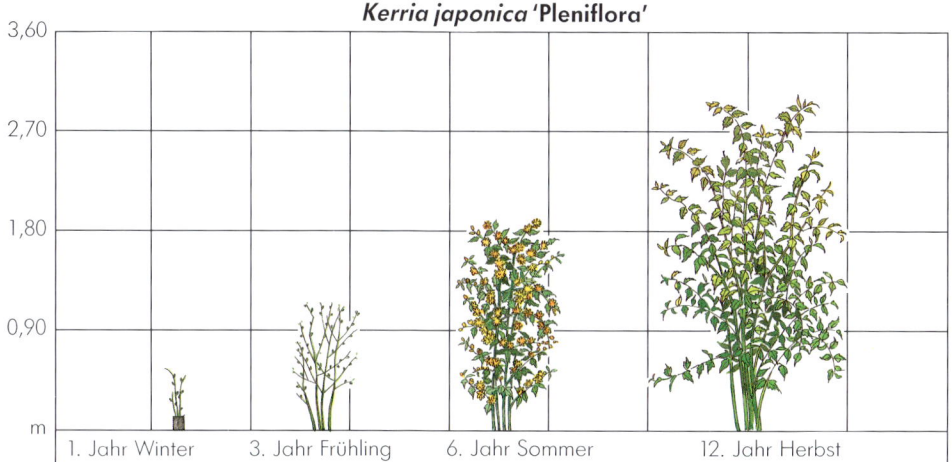

Kerria japonica 'Pleniflora'

Kalmia latifolia
Berglorbeer

Dieser immergrüne Strauch braucht die gleichen feucht-sauren Bedingungen wie Rhododendren. Er wird zu einer rundlichen, in zehn
Jahren 1,80 x 1,50 m großen Pflanze. Die
glänzendgrünen, schmalen, ovalen Blätter
sind 5 bis 10 cm lang. Im Frühsommer dienen sie als ausgezeichneter Hintergrund für
die zartrosa Knospen, die sich zu fünfseiti-
gen, glockenförmigen, tiefrosa Blüten öffnen; sie halten einige Wochen.

Zone 4 bis 8, Sonne oder Halbschatten, m. H. 3 m, a

Kerria japonica 'Pleniflora'
Kerrie

Diese gefüllte Kerrie bildet einen recht starrigen, aufrechten Strauch, der in zehn Jahren 2
bis 3 m hoch und 1,80 m breit wird. Blattrei-
che, kräftig goldgelbe Frühlingsblüten. Die
zahlreichen Schößlinge und grünen Zweige
sollten bald nach dem Abblühen entfernt
werden, damit der Strauch nicht zu massig
wird und Platz für die Zweige bleibt, die im
nächsten Jahr Blüten tragen. Die attraktivere
aber seltenere ungefüllte Form mit offenen
hellgelben, fünfblättrigen Blüten ist nicht so
robust und erreicht in zehn Jahren 1,80 x
1,50 m. Für nicht zu trockene Böden.

Zone 4 bis 9, Sonne oder Schatten, m. H. 3 m, c

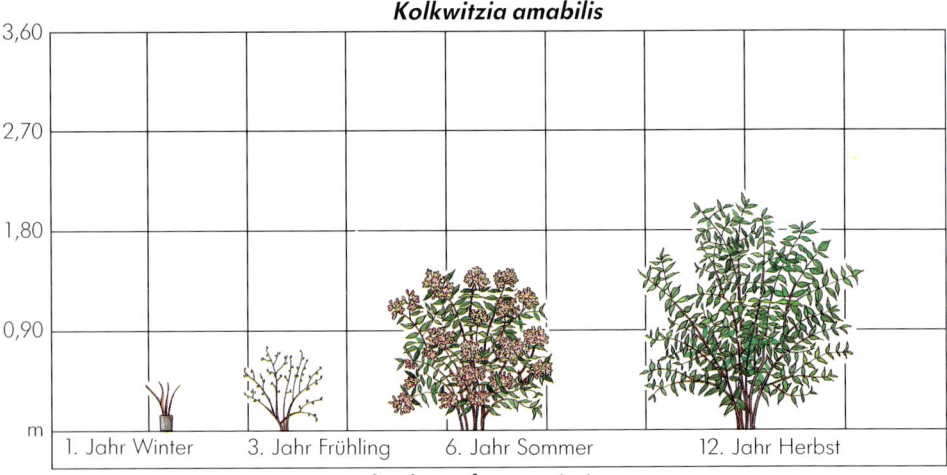

Kolkwitzia amabilis

3,60

2,70

1,80

0,90

m

1. Jahr Winter   3. Jahr Frühling   6. Jahr Sommer   12. Jahr Herbst

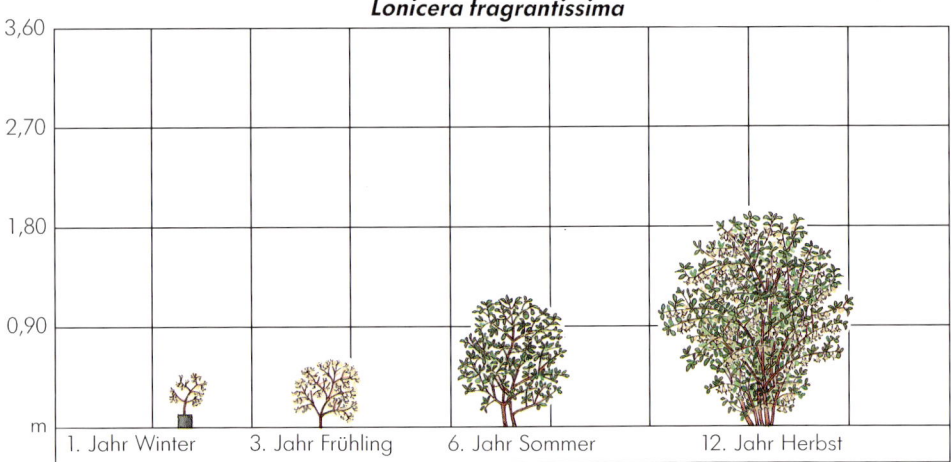

Lonicera fragrantissima

3,60

2,70

1,80

0,90

m

1. Jahr Winter   3. Jahr Frühling   6. Jahr Sommer   12. Jahr Herbst

Kolkwitzia amabilis
Kolkwitzie

Dieser zuverlässige Strauch ist im Frühsommer übersät mit glockenförmigen rosa Blüten mit gelben Kelchblättern. Er wächst elegant vasenförmig und wird in zehn Jahren mindestens 1,80 m hoch. Im Winter ist die sich abschälende braune Rinde attraktiv. Für mildere Gegenden (Zone 5) bietet sich *Weigela florida* an, die im Sommer ähnliche Blüten hervorbringt. 'Foliis Purpureis' hat tief purpurnes Laub und wächst besonders langsam: 1,20 m in zehn Jahren. 'Variegata' hat cremefarben panaschierte Blätter und ergibt einen dichten, 1,50 m hohen Strauch.

Zone 4 bis 8, Sonne, m. H. 2 bis 3 m, c

Lonicera fragrantissima
Geißblatt

Die Blüten dieser Pflanze sind zwar klein und unbedeutend, ihr Duft, den sie in den kältesten Monaten des Jahres verströmen, macht diesen Nachteil aber mehr als wett. Diese halb-immergrüne Art, oft mit der sommergrünen *L. standishii* und der Hybride *L. x purpusii* verwechselt, wächst in zehn Jahren zu einem spärlichen offenen Strauch von 1,80 m Höhe heran. Nach den Blüten entfalten sich blaßgrüne, ledrige, ovale Blätter. Geißblatt wächst zwar auch im Schatten, benötigt jedoch lange warme Sommer, damit das blütentragende Holz reifen kann.

Zone (5) 6 bis 9, Sonne oder Schatten, m. H. 2,40 m, a

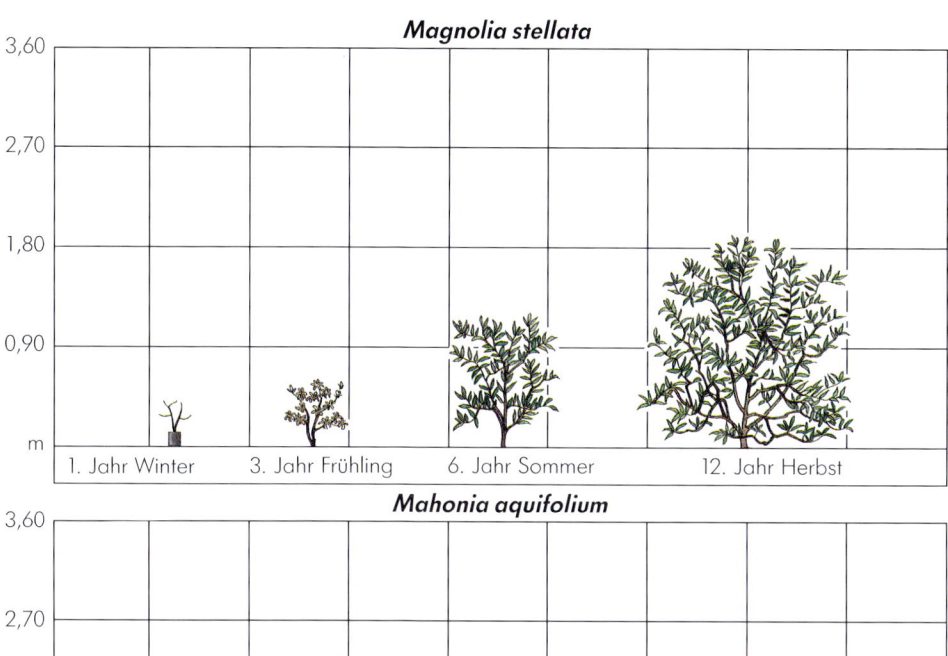

Magnolia stellata

| 1. Jahr Winter | 3. Jahr Frühling | 6. Jahr Sommer | 12. Jahr Herbst |

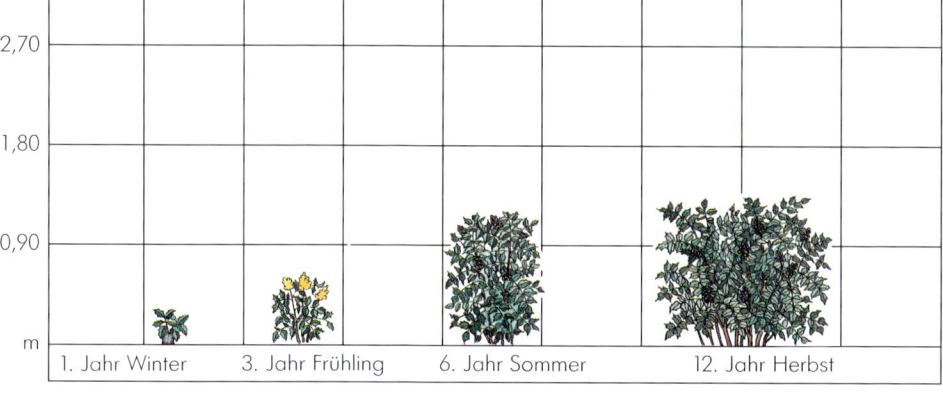

Mahonia aquifolium

| 1. Jahr Winter | 3. Jahr Frühling | 6. Jahr Sommer | 12. Jahr Herbst |

Magnolia stellata

Diese Magnolie ist ihrer süß duftenden weißen Blüten wegen beliebt, die auch auf jungen Bäumen in großer Zahl blühen. Wird in
zehn Jahren allmählich 1,20 x 1,20 m groß
und wächst offen und mit wenigen Zweigen.
Die pelzigen grauen Winterknospen öffnen
sich im Frühjahr noch vor den Blättern zu
sternförmigen Blüten mit mindestens 12
schmalen Petalen. Einige Knospen können
von Spätfrösten geschädigt werden. Diese
Magnolie verträgt (anders als viele andere)
Kalk, gedeiht in basischen Böden aber besser,
wenn man sie beim Einpflanzen mit etwas
Torf versorgt. Verträgt verschmutzte Luft.
Zone 5 bis 9, Sonne oder Schatten, m. H. 3 m, a

Mahonia aquifolium
Stechdornblättrige Mahonie

Dieser immergrüne, Schößlinge bildende
Strauch ist seiner Form wegen das ganze Jahr
über dekorativ. Er wird in maximal zehn
Jahren 60 cm hoch und 1,20 m breit. Die
30 cm langen gefiederten Blätter haben bis zu
neun Fiederblättchen und wechseln im
Herbst von Metallischgrün zu Bronzerot.
Auf duftende gelbe Blüten im Frühjahr folgen im Sommer blaue Beeren. *M. x media*
'Charity' ist größer und robuster, bringt längere Blätter und im Winter große Blütenrispen hervor. Mahonien benötigen gut durchlässige Böden.
Zone 5 bis 8, Schatten, m. H. 90 cm bis 1,80 m, a

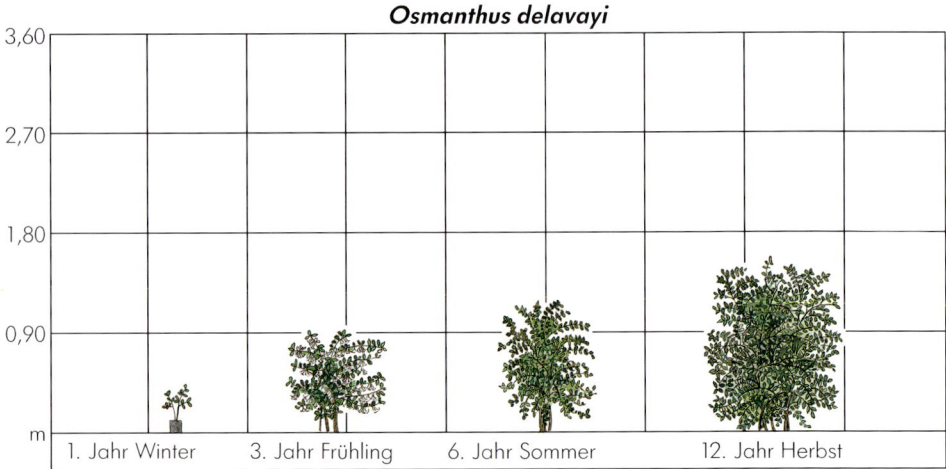

Osmanthus delavayi

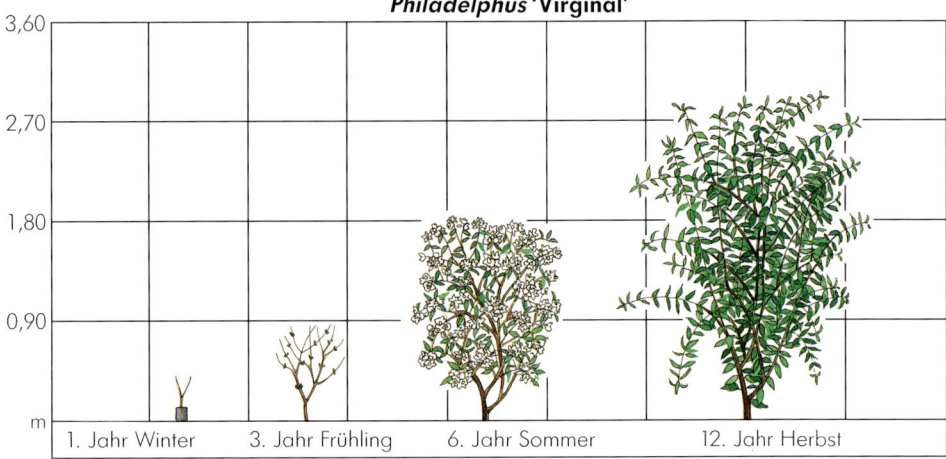

Philadelphus 'Virginal'

Osmanthus delavayi
Duftblüte

Dieser anmutige immergrüne Strauch ist recht empfindlich und benötigt Schutz sowie gut durchlässigen Boden, wenn er – langsam – in zehn Jahren 1,50 x 1,20 m groß werden soll. Er hat kleine, ovale, ledrige Blätter, die etwas über 2,5 cm lang und ganz fein gezähnt sind. Die süßlich duftenden Blüten sind cremeweiß und haben die Form winziger (1,2 cm) Trompeten. Ergibt eine gute Hecke und sollte direkt nach dem Abblühen gestutzt werden.

Zone 6 bis 9, Sonne oder Halbschatten, m. H. 2 m, a

Philadelphus 'Virginal'
Pfeifenstrauch, Falscher Jasmin

Dieser Strauch bietet mit seinen duftenden weißen Blüten im Frühsommer einen wunderbaren Anblick. 'Virginal' (und 'Minnesota Snowflake') ist besonders robust und erreicht in zehn Jahren 3 x 1,50 m. Er bringt 10 cm lange Blätter und große Büschel halbgefüllter, reinweißer Blüten hervor. 'Belle Etoile' erreicht nur 1,50 bis 1,80 m und ist recht robust. Er hat ungefüllte weiße Blüten, die am Grund rosa überhaucht sind, und gelbe Staubblätter. Der golden panaschierte P. coronarius 'Aureus' (1,20 m x 90 cm) verträgt besonders viel Schatten.

Zone 5 bis 8, Sonne oder wenig Schatten, m. H. 3 m, c

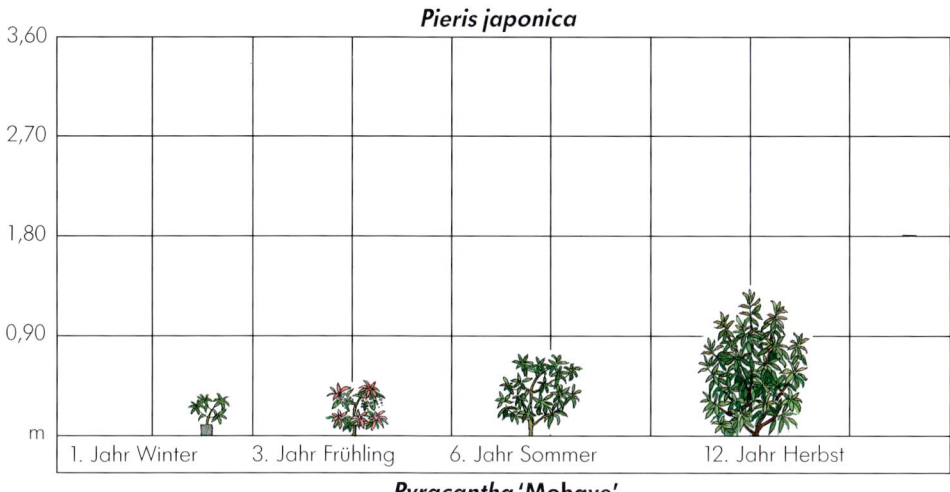

Pieris japonica

3,60				
2,70				
1,80				
0,90				
m	1. Jahr Winter	3. Jahr Frühling	6. Jahr Sommer	12. Jahr Herbst

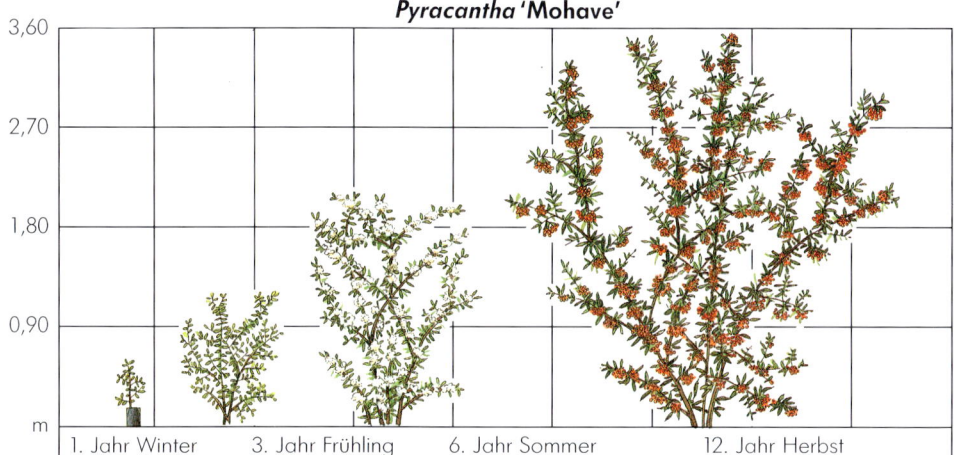

Pyracantha 'Mohave'

3,60				
2,70				
1,80				
0,90				
m	1. Jahr Winter	3. Jahr Frühling	6. Jahr Sommer	12. Jahr Herbst

Pieris japonica

Ein schöner kompakter buschiger Strauch von 1,20 m Höhe in zehn Jahren. Immergrüne Blätter entfalten sich im Frühjahr in Rosatönen und werden später glänzend dunkelgrün. Das Laub der Sorte 'Bert Chandler' ist zuerst lachsrosa, dann cremefarben und weiß und dann erst grün; das junge Laub von 'Red Mill' ist hellrot, wird mahagonifarben und danach dunkelgrün. Die haltbaren, hängenden Rispen aus vasenförmigen weißen oder rosa Blüten öffnen sich vom späten Frühjahr bis in den Frühsommer. Pieris benötigen feuchten, sauren Boden und Schutz vor kalten Winden und frühen Frosteinbrüchen.

Zone 5 bis 9, Schatten, m. H. 3 m, a

Pyracantha 'Mohave'
Feuerdorn

Ein sparriger Strauch, der, außer in sehr kalten Regionen, immergrün ist und freistehend aufrecht-vasenförmig wächst, jedoch auch an einer Mauer emporgezogen werden kann. Erreicht in zehn Jahren 2 m und hat kleine glänzend dunkelgrüne Blätter. Im Frühsommer schmücken kleine weiße Blüten den Strauch, im Herbst orange Beeren, die bis weit in den Winter hängen bleiben, vorausgesetzt, die Vögel fressen sie nicht. Widersteht Schorf und Feuerbrand gut. *P. rogersiana* 'Flava' hat gelbe Beeren.

Zone 5 bis 10, Sonne und Schatten, m. H. 5 m, a

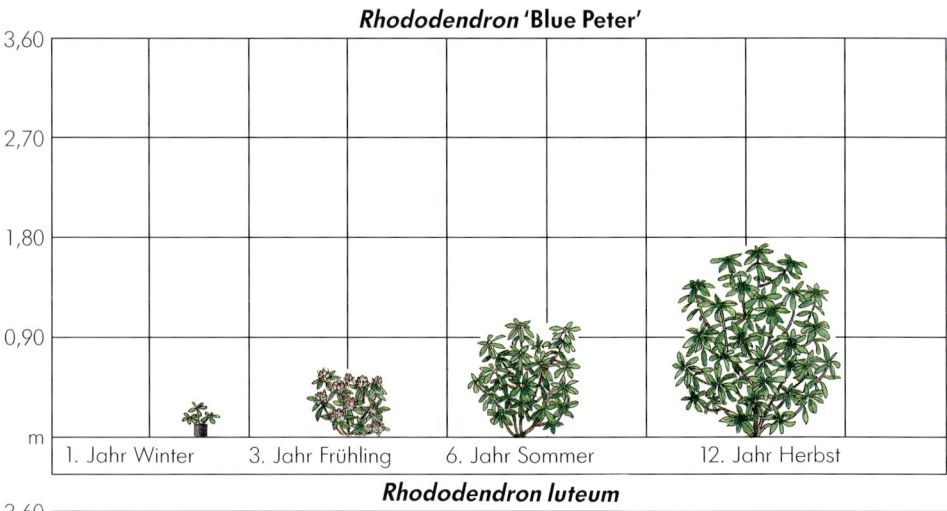

Rhododendron 'Blue Peter'

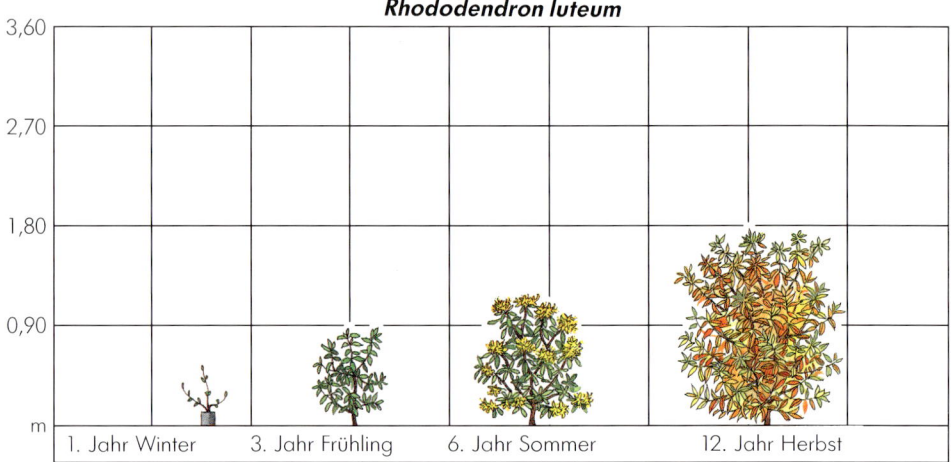

Rhododendron luteum

Rhododendron 'Blue Peter'

Dieser immergrüne Rhododendron wird in zehn Jahren maximal 1,80 m hoch und 1,20 bis 1,50 m breit. Das glänzend dunkelgrüne Laub bildet den Hintergrund für die riesigen Büschel großer gekräuselter Blüten in den Farben purpur, kobalt-violett und weiß. Jede Trompete hat ein dunkles geflecktes Auge. Hybriden von *R. yakushimanum* (Zone 4 bis 8) wachsen sehr langsam und werden in zehn Jahren 90 cm bis 1,20 m groß. Schmale Blätter mit hellbraunen, filzigen Unterseiten und große weiße, rosa, rote und gelbe Blüten. Humusreicher, nicht staunasser aber feuchtigkeitsspeichernder saurer Boden.

Zone 5 bis 8, Schatten, m. H. 1,50 bis 1,80 m, a

Rhododendron luteum

Dieser Rhododendron, früher *Azalea pontica* genannt, ist ungewöhnlich, da er anders als die meisten sommergrünen Azaleen in trockenen und mageren Böden wächst. Ergibt in zehn Jahren einen offenen, astreichen Strauch von 1,50 x 1,50 m. Spät im Frühjahr und im Frühsommer erfüllen gelbe (von blaß- bis kräftig dottergelb) Trompetenblumen die Luft mit ihrem süßen Duft. Im Herbst verfärben sich die nach den Blüten erscheinenden Blätter rot und orange. Die sommergrüne Azalee 'Gibraltar' (Zone 5 bis 8) hat große Büschel kupferroter duftender Blüten mit ausgefransten Petalen.

Zone 5 bis 9, Halbschatten, m. H. 2,40 m, a

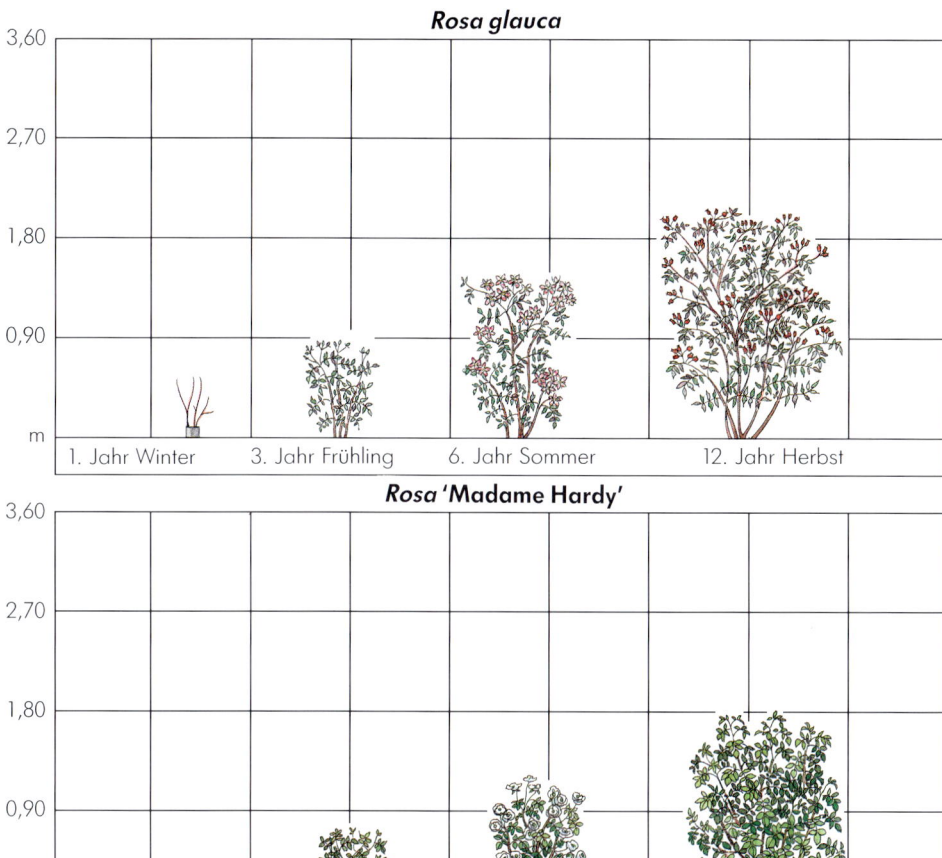

Rosa glauca

| 3,60 | 2,70 | 1,80 | 0,90 | m |
| 1. Jahr Winter | 3. Jahr Frühling | 6. Jahr Sommer | 12. Jahr Herbst |

Rosa 'Madame Hardy'

| 3,60 | 2,70 | 1,80 | 0,90 | m |
| 1. Jahr Winter | 3. Jahr Frühling | 6. Jahr Sommer | 12. Jahr Herbst |

Rosa glauca

Vielen ist *R. glauca* noch unter ihrem alten Namen, *R. rubrifolia* bekannt. Dieser anmutige Strauch hat lange Zweige und erreicht mit seinem offenen vasenförmigen Wuchs 2,10 m. Er wird in erster Linie des hellen blaugrauen Laubes wegen gepflanzt. Im Frühsommer harmonieren ungefüllte blaurosa Blüten mit weißem Auge gut mit dem Laub. Es folgen kräftig braun-rote Hagebutten. Wie viele andere Rosenarten gedeiht auch diese in jedem Gartenboden.

Zone 4 bis 9, Sonne oder Halbschatten, m. H. 2,10 m, b

Rosa 'Madame Hardy'

Eine wüchsige Damaszenerrose, die in maximal zehn Jahren 1,50 m hoch wird. Sie hat helles zartgrünes Laub und einen wunderbaren ersten Flor aus gefüllten Blüten. Diese bestehen aus perfekten Kreisen überlappender reinweißer Petalen mit einem grünen Auge. Der herrlich frische Duft erfüllt die Frühsommer-Luft mit einem Hauch Limone. Ab dem zweiten Flor ungefüllte Blüten. Es gibt viele robuste pflegeleichte Strauchrosen, zum Beispiel 'Gertrude Jekyll' (rosa), 'William Shakespeare' (karmin- und später purpurrot) und 'Graham Thomas' (gelb).

Zone 4 bis 10, Sonne, m. H. 1,20 bis 1,80 m, b

73

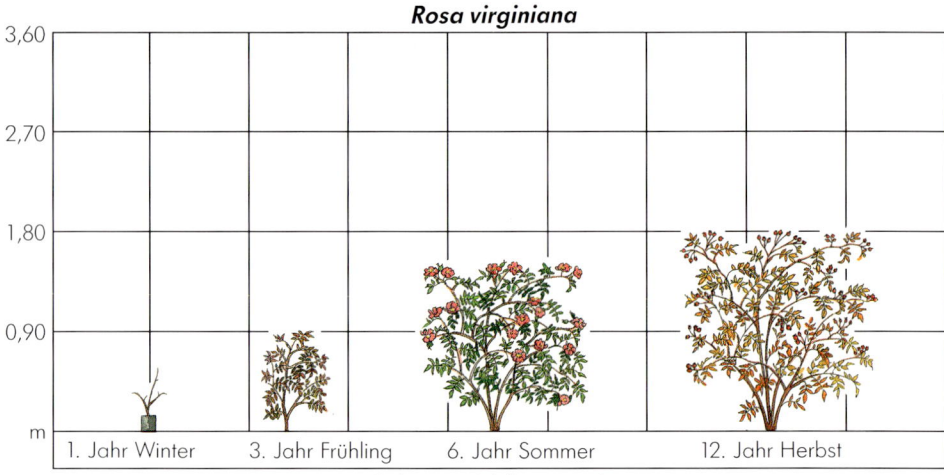

Rosa virginiana

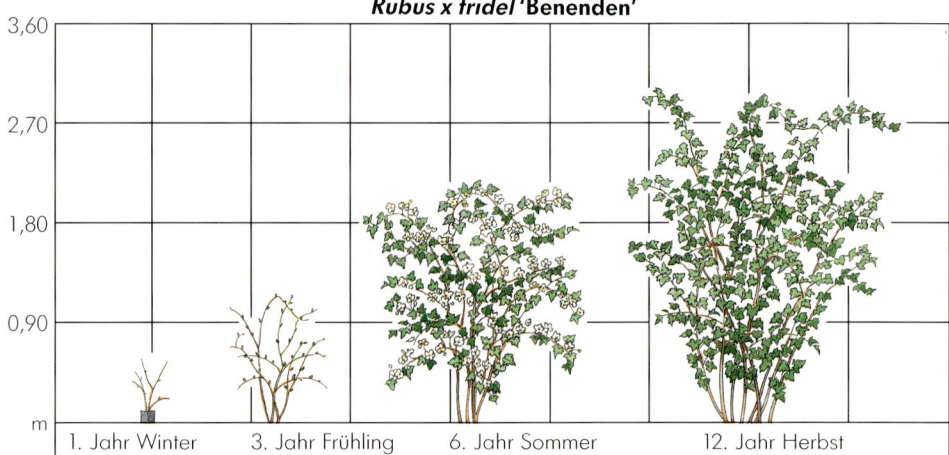

Rubus x tridel 'Benenden'

Rosa virginiana

Dieser Strauch wird in weniger als zehn Jahren mindestens 1,80 m hoch. Bösartig gebogene Stacheln am Ansatz der gefiederten Blätter; letztere sind erst bronzefarben, im Sommer hellgrün und im Herbst intensiv orange, passend zu den hellroten runden Hagebutten. Die wenigen hellrosa Blüten öffnen sich im Hochsommer und duften kaum. *R. sericea* var. *pteracantha* ist vor allem ihrer großen orangeroten Stacheln wegen beliebt, die durchsichtig wirken und im Winter besonders reizvoll sind. Farnartige Fiederblättchen, kleine weiße vierblättrige Blüten und schwarze Hagebutten.

Zone 4 bis 8, Sonne, m. H. 2 m, b

Rubus x tridel 'Benenden'

Dieser sommergrüne Strauch hat anmutig geschwungene, dornlose, rötliche Zweige und wächst, sobald er angewachsen ist, bis zu 1,80 m pro Jahr. Die gelappten, Brombeerblättern ähnlichen Blätter sind beinahe 10 cm lang. Zahlreiche ungefüllte reinweiße Blüten, die gut 5 cm messen, mit gelben Staubblättern und schwachem Duft. Die Art *R. cockburnianus* hat kräftige weiße Zweige und ist damit das ganze Jahr über sehr dekorativ. Die zartgrünen Blätter sind auf der Unterseite flaumig weiß; auf purpurne Blüten folgen schwarze Früchte.

Zone 5 bis 9, Sonne oder Halbschatten, m. H. 4 m, c

Salix alba 'Chermesina'

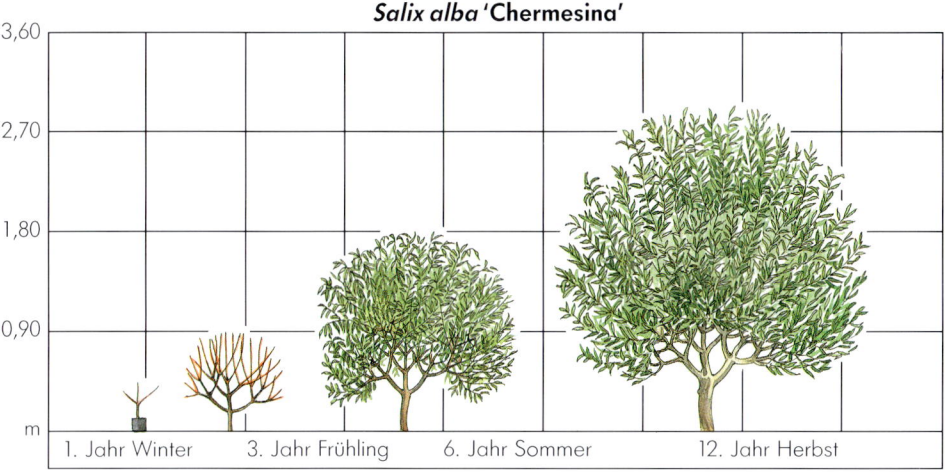

Sambucus racemosa 'Plumosa Aurea'

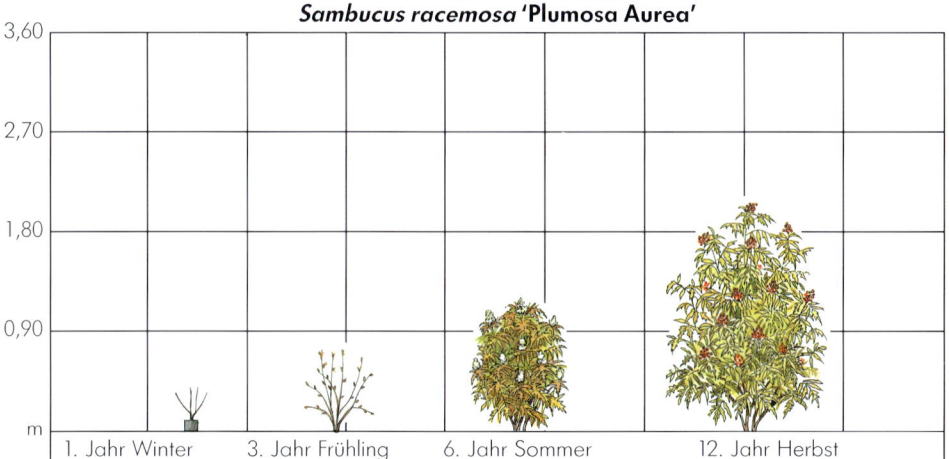

Salix alba 'Chermesina'

Auch als 'Britzensis' bekannt, ist dieser immergrüne Strauch seiner leuchtend orangeroten jungen Triebe im Winter wegen beliebt. Am besten gedeiht er, wenn Sie ihn mindestens alle zwei Jahre im Frühjahr kräftig zurückschneiden; dann wächst er in zehn Jahren schmal und aufrecht mindestens 1,80 m hoch. Die schmalen Blätter sind blaßgrün. 'Vitellina' hat leuchtend gelbe Zweige. Auch einige Hartriegel haben im Winter schön gefärbte Zweige: *Cornus alba* dunkelrot, 'Sibirica' und *C. stolonifera* 'Flaviramea' gelb; sie werden in zehn Jahren 1,50 m hoch.

Zone 3 bis 9, Sonne oder Schatten, m. H. 2,40 m, d

Sambucus racemosa 'Plumosa Aurea'
Zwerg-Holunder, Trauben-Holunder

Die goldgelben Blätter dieses Berg-Holunders eignen sich besonders gut, um eine dunkle Ecke im Garten aufzuhellen. Der Strauch wächst zufriedenstellend und aufrecht und erreicht in zehn Jahren 2 x 1,20 m. Das gefiederte Laub wirkt farnartig und die weißen Blütenrispen, die spät im Frühjahr erblühen, werden im Herbst von großen Büscheln durchscheinender roter Beeren abgelöst. Wie alle Holunder verträgt auch dieser jeden Boden.

Zone 4 bis 7, Halbschatten, m. H. 4 m, d

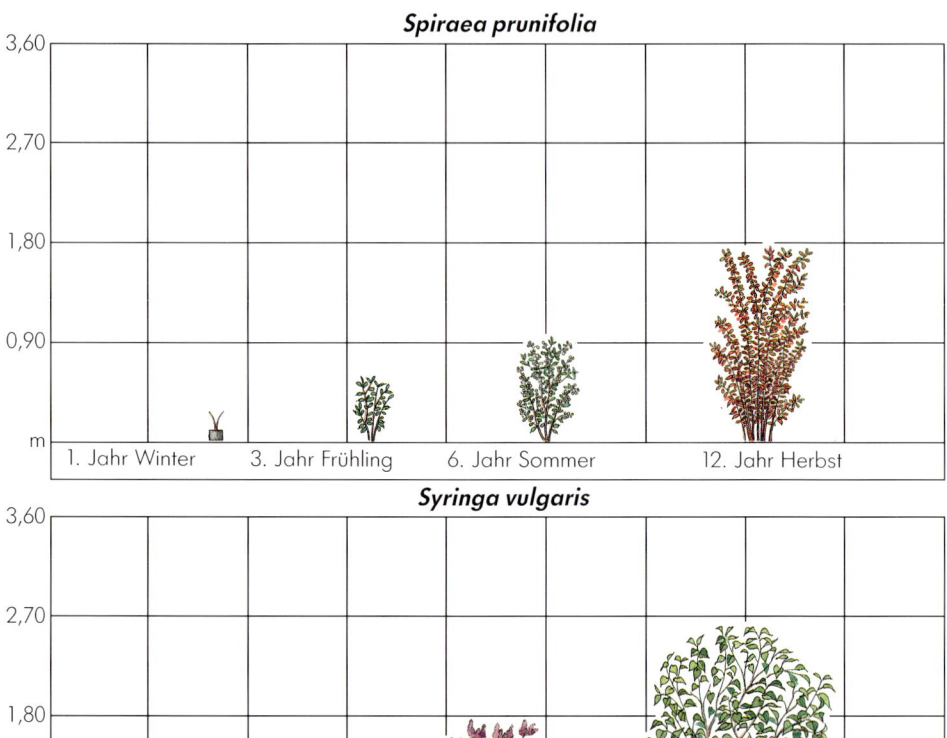

Spiraea prunifolia
Spierstrauch

Sommergrüner Strauch mit aufrechten Zweigen, die eine schmale Vasenform mit 1,80 m x 90 cm bilden. Die gezähnten ovalen Blätter sind 5 cm lang, oben glänzend und unten flaumig. Sie verfärben sich im Herbst von Blaßgrün nach Tiefrot. Büschel weißer knopfartiger gefüllter Blüten ziehen die Zweige im Sommer nach unten und halten mehrere Wochen lang. *S. nipponica* 'Snowmound' wächst langsamer und eher rundlich und ist im Frühsommer mit weißen Blüten übersät. *S. japonica* 'Anthony Waterer' produziert im Hochsommer rosa Blütenrispen.

Zone 4 bis 9, Sonne oder Halbschatten, m. H. 1,80 m, c

Syringa vulgaris
Flieder

Flieder bietet im Sommer eine solche Farbenpracht und duftet so intensiv, daß er in keinem Garten fehlen sollte. Die unterschiedlichen *Sorten von S. vulgaris* können in zehn Jahren zwischen 1,50 und 3 m hoch werden. Es gibt aber auch einige kleinere Arten wie *S. meyeri* 'Palibin', die nur 1,20 m hoch werden. Die schönsten Flieder bringen große Blütenbüschel in allen Schattierungen von Weiß, Cremefarben, Purpurn, Malvenfarben oder Rosa hervor. Am besten gedeihen sie in feuchtigkeitsspeichernden, humusreichen Böden; sie sollten nicht zu dicht werden.

Zone 3 bis 7, Sonne, m. H. 3 bis 6 m, a

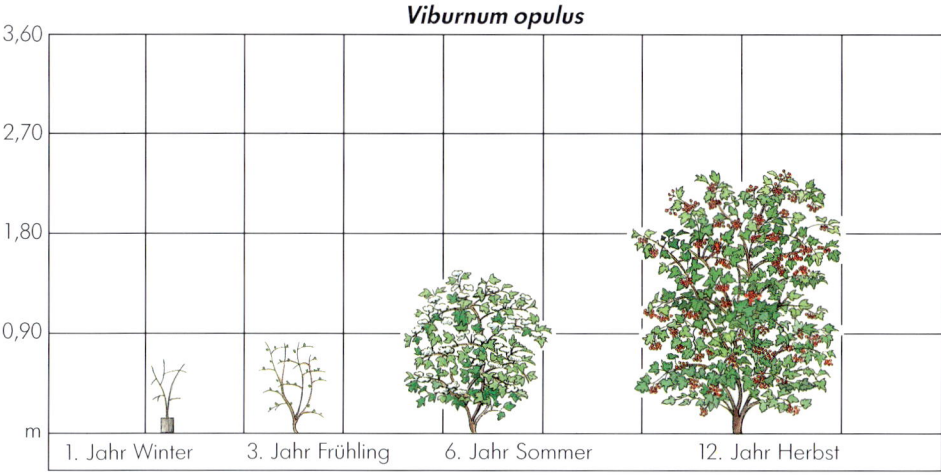

Viburnum opulus

| 1. Jahr Winter | 3. Jahr Frühling | 6. Jahr Sommer | 12. Jahr Herbst |

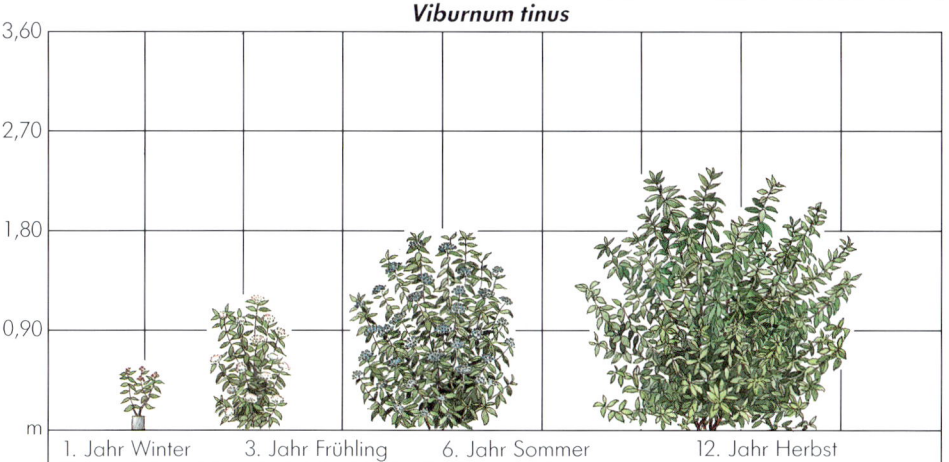

Viburnum tinus

| 1. Jahr Winter | 3. Jahr Frühling | 6. Jahr Sommer | 12. Jahr Herbst |

Viburnum opulus
Gemeiner Schneeball

Dieser wüchsige Strauch wird in zehn Jahren bis zu 2,40 m hoch. Im Sommer bildet er weiße Schirmdolden aus fruchtbaren Einzelblüten, umgeben von größeren sterilen Blüten; im Herbst folgen große Büschel durchscheinender roter Beeren. Zu den besten Sorten gehört 'Roseum' mit großen Blütenständen aus sterilen weißen Einzelblüten. 'Compactum' ist kleiner und weniger wüchsig, er erreicht nur 80 cm in zehn Jahren. 'Aureum' hat das ganze Jahr über goldene Blätter. 'Fructo-luteo' und 'Xanthocarpum' haben gelbe Früchte.

Zone 3 bis 8, Sonne, m. H. 2 bis 4 m, a

Viburnum tinus
Schneeball

Dieser vielseitige immergrüne Strauch verträgt verschmutzte Luft und Salz und wird in zehn Jahren 3 m hoch. Flache Trugdolden weißer Blüten (als Knospen rosa) blühen von Spätherbst bis Mitte Frühling; die blauen Früchte – reif sind sie schwarz – hängen oft zu gleicher Zeit am Strauch. Das Laub ist glänzend dunkelgrün. Die Sorte 'Eve Price' wächst kompakt und dicht, hat kleinere Blätter und zartrosa Blüten (als Knospen kräftiger rosa). Der sommergrüne V. x bodnantense 'Dawn' gedeiht in kälteren Regionen. Er hat zartrosa Blüten, kahle, aufrechte Zweige und goldenes Herbstlaub.

Zone 8 bis 10, Sonne oder Schatten, m. H. 7 m, a

Rechts: *Ficus pumila* ist ein empfindlicher, immergrüner Kletterer, der sich selbst mittels Luftwurzeln verankert und in wärmeren Regionen bis zu 7,50 m hoch wächst. Hier hüllt er eine Mauer ein und betont ihre Struktur; für diesen Zweck muß die Pflanze regelmäßig gestutzt werden, um so ordentlich zu wirken. Am unteren Ende der Mauer wächst eine Einfassung aus *Liriope spicata*.

Links: Die großblütige *Clematis*-Hybride 'Ville de Lyon' blüht den Sommer über und wird jedes Jahr bis zu 3 m hoch. Ihre Blüten entstehen auf dem Holz des laufenden Jahres, daher muß sie zeitig im Frühjahr stark zurückgeschnitten werden.

KLETTER-PFLANZEN

Schnelles Wachstum ist ein großer Pluspunkt vieler Kletterpflanzen. Dadurch kann rasch eine dekorative Wirkung erzielt werden; kahle Wände oder Spaliere werden zum vertikalen Blickfang. Schnelles Wachstum kann auch ein sehr negatives Attribut für eine Kletterpflanze sein, wenn sie andere Pflanzen verdrängt, Stützen, Gitter oder Dachrinnen beschädigt und ein unübersichtliches Wirrwarr ergibt. Weniger wüchsige Arten wachsen vielleicht nur langsam an und enttäuschen, weil sie erst spät eine Zierde für den Garten sind; dennoch wachsen einige besonders schöne Pflanzen langsam.

Es gibt vier Gruppen von Kletterpflanzen, die sich durch die Art, wie sie sich an ihre Stütze festhalten, unterscheiden. Erfolg werden Sie haben, wenn Sie wissen, zu welcher dieser

Gruppen eine Kletterpflanze gehört und wie schnell sie wächst. Diese Kenntnis kombinieren Sie mit der richtigen Stütze und dem korrektem Schnitt, das heißt je nach Bedarf stutzen oder das Wachstum anregen.

Die größte Gruppe bilden Pflanzen, die ihre Haupttriebe um die Stütze winden. Einige gegen den Uhrzeigersinn, andere im Uhrzeigersinn, je nach dem wie es die Erbanlagen der Art vorgeben. *Wisteria sinensis* und *Ipomoea tricolor* winden sich entgegen dem Uhrzeigersinn; *W. floribunda* und *Lonicera periclymenum* im Uhrzeigersinn.

Am besten eignen sich Holzspaliere, Konstruktionen aus Metall oder große Pflanzen, die von der Kletterpflanze nicht unterdrückt werden können, als Stützen. Auch Draht läßt sich verwenden, schneidet aber oft in in die Äste ein. Pergolen, Arkaden, Torbogen, Gartenhäuschen und Bäume sind ebenfalls gute Kletterhilfen.

Kletterpflanzen, die sich selbst durch Ranken festhalten, bilden die zweite Gruppe. Ranken sind speziell angepaßte Triebe, die so lange in die Luft wachsen und dabei auch Suchbewegungen ausführen, bis sie eine passende Stütze erreichen, die sie umklammern können. Zu dieser Kategorie gehören Pflanzen mit einfachen Ranken (Wein)

Links: Die robuste, wüchsige, rankende Kletterpflanze *Wisteria sinensis* wird mindestens 8,40 m hoch. Sie kann an einem Gebäude empor oder über eine Pergola wachsen und ist im Frühsommer in voller Blüte besonders attraktiv. Am besten gedeiht sie, wenn man sie mindestens einmal, besser mehrmals nach der Blüte stutzt. Die langen Wedel sollten entfernt werden. Im Winter sollte sie noch einmal bis auf zwei Knospen zurückgeschnitten werden. 'Alba' ist eine weiße Form, 'Black Dragon' hingegen hat duftende, gefüllte, tief purpurrote Blütentrauben. Diese Sorten werden etwa ebenso hoch wie die Grundform. 'Prolific' ist wesentlich wüchsiger, erreicht 30 m und hat ungefüllte fliederfarbene Blüten in längeren Trauben.

Links: Der großblättrige panaschierte Efeu (*Hedera col-
chica* 'Sulphur Heart') ist ein
selbsthaftender Kletterer.
Hier ergänzt er noch ein Exemplar von *Parthenocissus
henryana*, der sich mit Ranken festhält. Beide sind wüchs-
sig und erreichen etwa 10 m.

und mit Blattranken; bei letzteren sind die Ranken Teil der Blätter (bei *Bigonia*, *Cobaea*, *Eccremocarpus* und *Lathyrus*). Seltener sind Blütenranken, also hakenähnliche Fortsätze am oberen Ende der Blütenstiele (bei *Cardiospermum* und *Antigonon leptopus*) und Stielranken, bei denen die Blattstiele sich um eine Stütze winden (*Clematis*, *Asarina* und *Tropaeolum*).

Die Stützen für diese Kletterpflanzen müssen dünn genug sein, damit die Ranken sie umfassen können. Drähte, Seile oder Drahtgeflecht sind geeignet. Sie sollten mit einem Abstand von 1 cm an einer Mauer befestigt werden, damit die Ranken sich einhaken können. Weniger wüchsige Arten, zum Beispiel *Clematis* und *Tropaeolum* lassen sich durch große Sträucher und durch andere Kletterer ziehen; so verlängern sie die dekorative Erscheinung ihrer Unterlage.

Die dritte Gruppe haftet selbst fest. Einige, wie beispielsweise *Efeu* und *Hydrangea petiolaris*, haften mit zahlreichen kurzen Luftwurzeln an ihrer Stütze; andere, wie die Dreilappige Jungfernrebe (*Parthenocissus tricuspidata*), setzen sich mit klebrigen Haftscheiben fest, die sie am Ende von Ranken ausbilden.

Von selbsthaftenden Kletterpflanzen wird oft behauptet, daß sie Mauern beschädigen; Luftwurzeln sind jedoch sehr kurz und dringen kaum in die Oberfläche ein. Ist die Mauer in Ordnung, wird die Kletterpflanze auch die natürliche Verwitterung nicht beschleunigen. Im Gegenteil sie wird die Mauer vor Schmutz und Witterungseinflüssen schützen. Nur solange die Pflanze noch nicht angewachsen ist, benötigt sie eine Stütze. In dieser Zeit sollte sie zur Mauer hingeführt werden. Danach sollten Sie die Pflanze nur soweit schneiden, daß sie nicht wuchert, Fenster oder Dachrinnen blockiert oder das Dach überwuchert.

Schließlich gibt es Kletterpflanzen, die kriechen. Lange, schnell wachsende Triebe schieben sich empor, suchen sich ihren Weg durch die Stütze und bilden schnell Seitentriebe aus, um sich abzusichern. Rosen, Bougainvilleen und *Rubus* verhaken sich mit Dornen an senkrechten Flächen. Häufig müssen sie festgebunden werden. Andere Kletterer aus dieser Gruppe, zum Beispiel Winterjasmin und *Plumbago auriculata* klettern an sich selbst empor und bilden ein schreckliches Gewirr, wenn man sie nicht rigoros an über eine Mauer gespannte Drähte bindet.

Kletterpflanzen entwickeln sich im tiefsten Schatten schnell aus Samen, wachsen durch andere Pflanzen hindurch und erreichen das Licht. Um beste Ergebnisse zu erzielen, sollte man die Bedingungen des natürlichen Standorts so gut wie möglich nachempfinden. *Ficus pumila* und *Monstera deliciosa* zum Beispiel stammen aus tropischen Regenwäldern und mildem Klima und sollten daher als Gewächshaus- und Zimmerpflanze verwendet werden. In den nordöstlichen Staaten Nordamerikas überwuchern verschiedene Efeuarten die Waldbäume und werden bis zu 27 m hoch; ein Drittel davon erreichen sie in etwa 10 Jahren. Derart kräftiger Wuchs verlangt im Garten nach einer riesigen Fläche; bei Platzmangel sind solche Pflanzen eine Herausforderung. Einige Kletterer sind

krautig, das heißt, sie sterben im Winter bis zum Boden ab und wachsen im nächsten Jahr von neuem empor. Andere sind einjährig oder wenig robust, so daß sie in gemäßigten Klimazonen als einjährige Pflanze behandelt werden können.

Viele Kletterer eignen sich auch als Bodendecker. Am besten greifen Sie auf solche zurück, die Luftwurzeln ausbilden, zum Beispiel Efeu, *Bignonia*, einige der rankenden Kürbispflanzen und *Hydrangea petiolaris*. Viele kriechende Arten, so *Clematis*, *Vitis* und *Partheno-*

cissus bilden auch einen guten Teppich, vorausgesetzt man legt als Unterlage etwas Reisig auf den Boden. Die beiden rankenden buschigen Heckenkirschen *Lonicera japonica* 'Aureo-reticulata' und 'Halliana' können auf die gleiche Weise gezogen werden.

Man kann nicht oft genug betonen, wie wichtig es ist, den Untergrund in Ordnung zu bringen, bevor man Kletterer einpflanzt. Mauern sollten fertig und gestrichen, Spaliere aus gutem Material und fest verankert und Drähte ordentlich gespannt und gesichert sein.

Die moderne Kletterrose 'Bantry Bay' blüht mehrfach bis zu den ersten Frösten. Sie wächst ausgezeichnet in die Breite – erreicht mit Leichtigkeit 3,60 m – und wird 2,70 bis 3 m hoch; somit eignet sie sich hervorragend für eine Hausfront oder eine lange große Gartenmauer.

Andere Pflanzen, die als Kletterhilfe dienen, müssen gesund sein.

Wenn Sie einen Kletterer pflanzen, bedenken Sie, daß Stützen den Regen abschirmen können; es ist also wichtig, daß die Pflanze möglichst schnell und gut anwächst. Mulchen Sie mit viel feuchtigkeitsspeicherndem organischen Material wie Kompost, Laub, gut verrottetem Mist oder Torf (letzterer aus Naturschutzgründen allerdings nach Möglichkeit nicht). Das Pflanzloch sollte mindestens 30 cm von der Basis der Stütze entfernt sein – bei Mauern vielleicht etwas weiter, da in der Nähe des Fundaments Bruchsteine liegen können. Das Loch muß auch groß genug sein, damit sich die Wurzeln ungestört ausbreiten können; breiten sie diese so aus, daß sie von der Stütze weg weisen. Entfernen Sie schwache Triebe und lassen Sie nur zwei bis drei kräftige übrig, die mit einem kleinen Stock zur Stütze hingeführt werden. Es ist unbedingt notwendig, daß die Pflanze in der Anwachsphase ausreichend Wasser und Nährstoffe erhält.

Sobald Kletterpflanzen zu wachsen beginnen, müssen sie nur noch geschnitten und gezogen werden. Damit werden nicht nur Blüten- und Fruchtproduktion angeregt, sondern auch dichter Wuchs; außerdem geraten die wüchsigsten Pflanzen nicht aus der Kontrolle. Ganz zu Beginn sollten die kräftigsten Zweige bis in die gewünschte Höhe wachsen dürfen. Binden Sie sie gut fest, jedoch nicht zu eng, da sie an

Rechts: Die Heckenkirsche (*Lonicera periclymenum*) benötigt feuchtigkeitsspeichernden, humusreichen Boden, um kräftig zu wachsen, und rankt dann bis zu 7 m empor.

Unten: In frostfreien Regionen wird dieser Nachtschatten (*Solanum crispum* 'Glasnevin') sehr kräftig und bis zu 6 m hoch. Er kriecht, benötigt also eine Stütze, und muß während der ersten Hälfte des Frühjahrs gut festgebunden werden.

Umfang zunehmen. Schwache Spitzen und beschädigte, kranke oder abgestorbene Triebe sollten im Winter entfernt werden. Schneiden Sie bei Seitentrieben direkt oberhalb einer dicken Knospe, die in die Richtung weist, in der weiteres Wachstum erwünscht ist. Wird die Pflanze am Fuß kahl, sollten ein oder zwei Äste bis zum Boden zurückgeschnitten werden.

Einmal angewachsen sollten Kletterpflanzen, deren Blüten auf dem Holz des laufenden Jahres entstehen, und immergrüne Pflanzen, die etwas gestutzt gehören, im Frühjahr geschnitten werden. Pflanzen, die auf dem Holz des vergangenen Jahres blühen, sollten im Sommer geschnitten werden. Lassen Sie jedoch einige Zweige übrig, damit auch Früchte reifen können. Wüchsige Arten werden Sie mit Sicherheit während der Wachstumsperiode immer wieder etwas schneiden müssen.

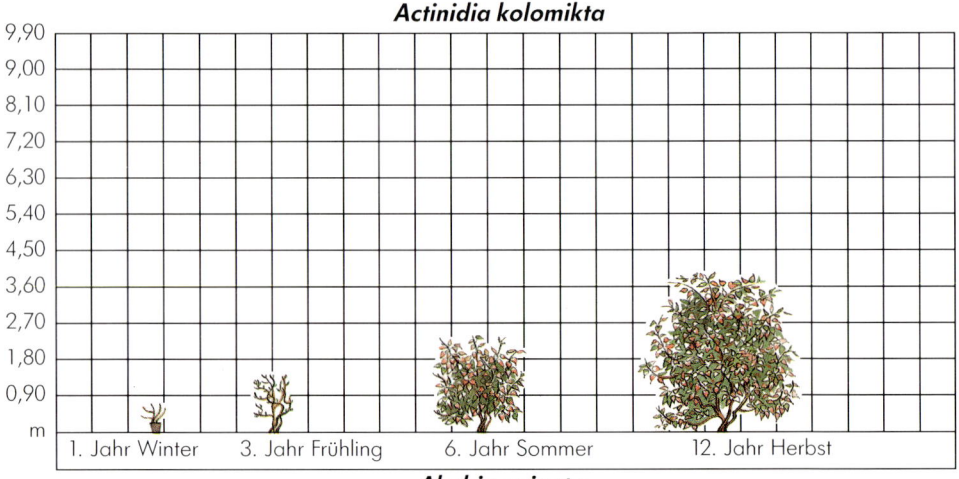

Actinidia kolomikta

Eine robuste Kletterpflanze mit herzförmigen, wunderschön grün, weiß und rosa panaschierten Blättern (15 cm lang). Die windende Pflanze wird in zehn Jahren 3 m hoch und muß im Winter geschnitten werden, um dicht zu wachsen. Leider interessieren sich Katzen für sie und beschädigen mitunter junge Pflanzen. *A. chinensis*, die Kiwipflanze, ist weniger robust, aber wüchsiger; sie hat sehr große mattgrüne Blätter, haarige rötliche Zweige und cremeweiße Blüten. Nach einem heißen Sommer können Früchte entstehen. Zwischen weiblichen Pflanzen sollte dafür mindestens eine männliche stehen.

Zone 4, Sonne, m. H. 4,20 m, b

Akebia quinata

Der kräftig wachsende, windende Strauch wird in zehn Jahren 7,50 m hoch. Robust und immergrün in milden Regionen, sommergrün in kälteren. Benötigt feuchten Boden. Ab Mitte Frühjahr duftende rote bis purpurne Blütentrauben auf dem Holz des vergangenen Jahres. Nach einem milden Frühjahr und einem langen heißen Sommer zeigen sich dunkelpurpurne, wurstförmige Früchte, die aufplatzen und schwarze Samen und saftiges weißes Fleisch zum Vorschein bringen. Pflanzen Sie zwei Pflanzen unterschiedlicher Herkunft, da klonierte Pflanzen steril sein können. Nach der Blüte schneiden.

Zone 4, Sonne oder Schatten, m. H. 12 m, c

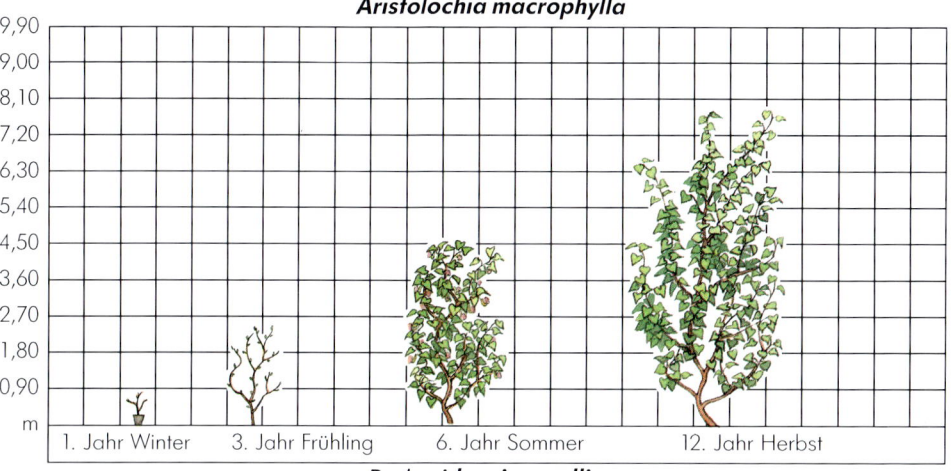

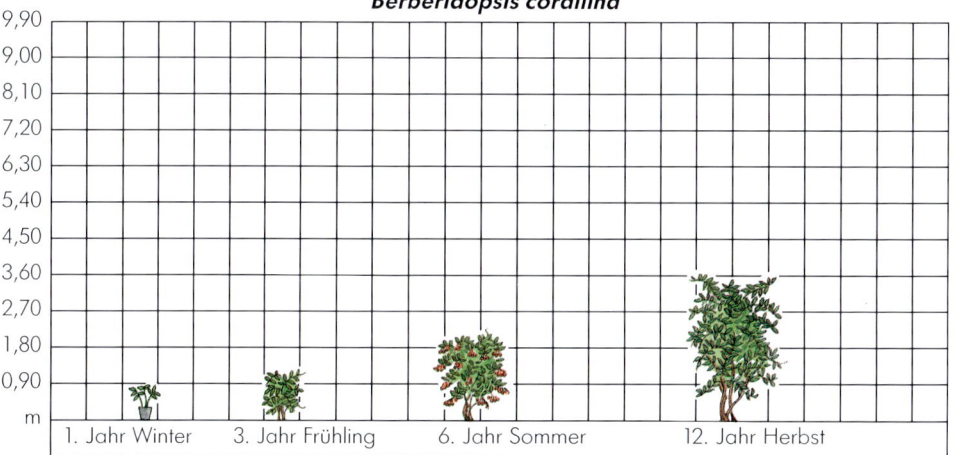

Aristolochia macrophylla
Pfeifenstrauch

Ein wüchsiger sommergrüner Kletterer, der in zehn Jahren 6 m hoch wird. Mit seinen riesigen herzförmigen hellgrünen, 10 bis 25 cm langen Blättern verleiht er dem Garten einen tropischen Einschlag. Hängende, pfeifenförmige, grünlich-gelbe und bräunlich-rosa Blüten öffnen sich im Früh- bis Hochsommer. Benötigt leichten Schnitt im Spätsommer oder zeitig im Frühjahr. *A. tomentosa* wird 1,80 bis 3 m hoch, hat etwa 5 cm lange dunkelgrüne Blätter und gelb bis purpurn gefärbte Blüten; darf keinen Frost bekommen.

Zone 4, Sonne, m. H. 8 m, a

Berberidopsis corallina
Korallenstrauch

Eine immergrüne Kletterpflanze, die ihre holzigen Äste in zehn Jahren 3,60 bis 4,50 m hoch windet. Sie hat 10 cm lange, dicke, glänzend grüne, stachelige, ovale Blätter mit flachem Ansatz. Die tief karminroten kugeligen Blüten öffnen sich im Spätsommer und Frühherbst in hängenden Büscheln. Die ebenfalls attraktive *Lapageria rosea* hat glockenförmige, hängende, fleischrosa bis rote Blüten und wird etwa genauso hoch. Beide Arten stammen aus Südamerika und vertragen keinen Frost.

Zone 8 bis 9, Schatten, m. H. 5 m, a

87

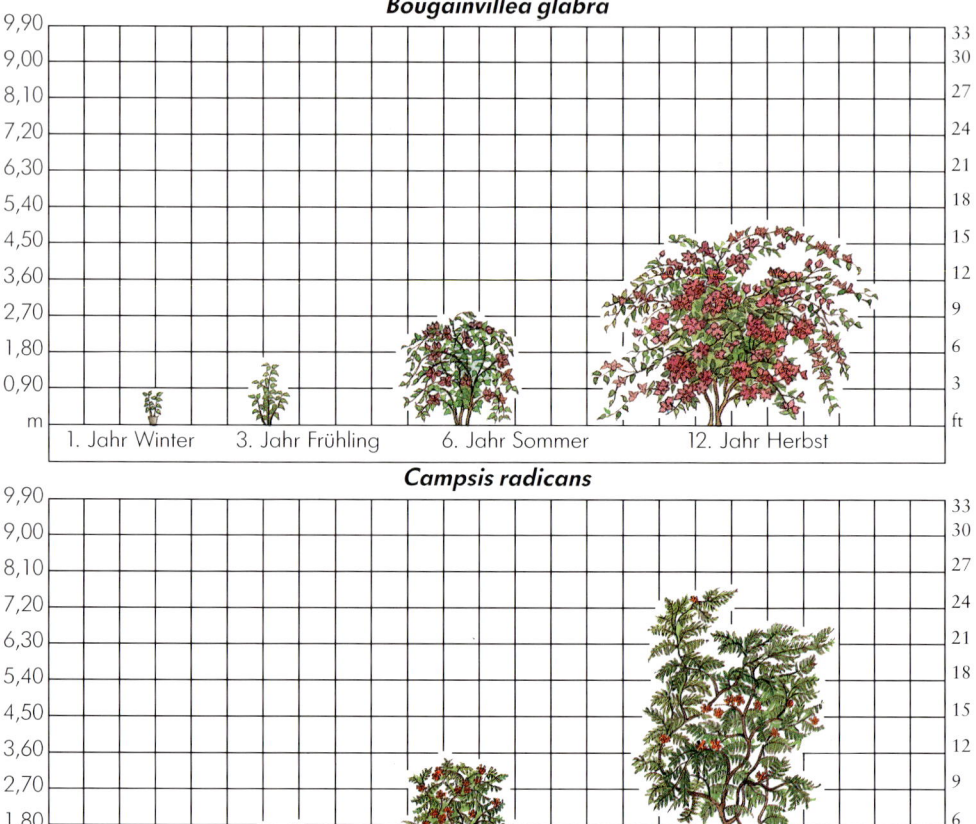

Bougainvillea glabra

| | 1. Jahr Winter | 3. Jahr Frühling | 6. Jahr Sommer | 12. Jahr Herbst |

Campsis radicans

| | 1. Jahr Winter | 3. Jahr Frühling | 6. Jahr Sommer | 12. Jahr Herbst |

Bougainvillea glabra

Attraktiv sind bei dieser Pflanze vor allem die schönen Brakteen. Sie kommt hauptsächlich im Mittelmerraum vor, verträgt keinen Frost, wird an geschützten Standorten aber in etwa zehn Jahren 5 m hoch. Sie hat gefährliche gebogene Stacheln, einige Sorten müssen aber festgebunden werden. Immergrüne runde bis ovale Blätter, im Sommer Büschel purpurn-rosafarbener Scheinblüten; sie umgeben kleine weiße Blüten. Die Sorte 'Snow White' hat weiße Hochblätter mit grünen Adern, 'Magnifica' tief purpurrote. Die Blätter von 'Variegata' sind dunkel mit cremeweißem Rand.

Zone 9, Sonne, m. H. 5 m, b

Campsis radicans
Trompetenblume

Dieser wundervolle sommergrüne Exot übersteht an einer sonnigen Mauer den Winter und erreicht in zehn Jahren 6 m. Er verträgt fast jeden Boden, im Sommer benötigt er aber Feuchtigkeit. Die Haupttriebe haften mit Wurzeln an der Mauer. Blätter aus gezähnten Fiederblättchen; im Spätsommer Büschel orange- bis scharlachroter, trompetenförmiger Blüten. *C. x tagliabuana* 'Mme Galen' hat lachsrote Blüten und ist ebenfalls winterfest, *C. grandiflora* orange bis rosa Blüten, ist aber nicht so robust. Schneiden Sie zeitig im Frühjahr nach den Frösten.

Zone 4, Sonne, m. H. 7,50 bis 12 m, b

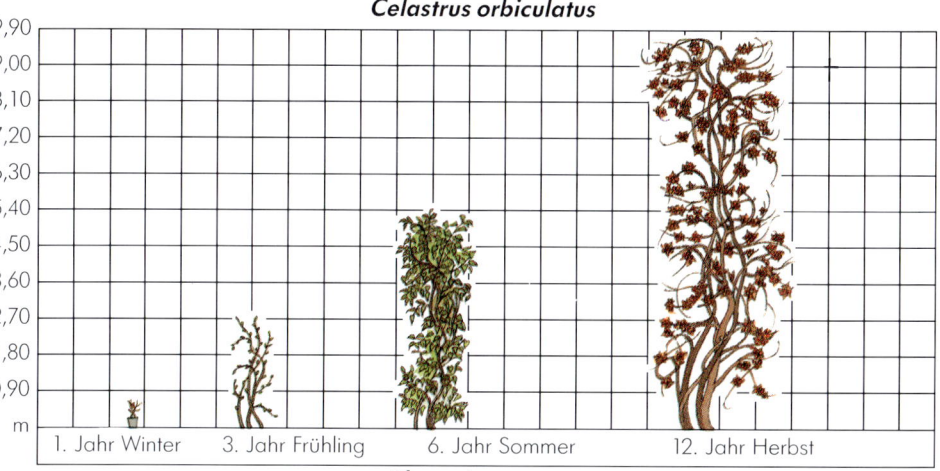

Celastrus orbiculatus

9,90			
9,00			
8,10			
7,20			
6,30			
5,40			
4,50			
3,60			
2,70			
1,80			
0,90			
m			

1. Jahr Winter   3. Jahr Frühling   6. Jahr Sommer   12. Jahr Herbst

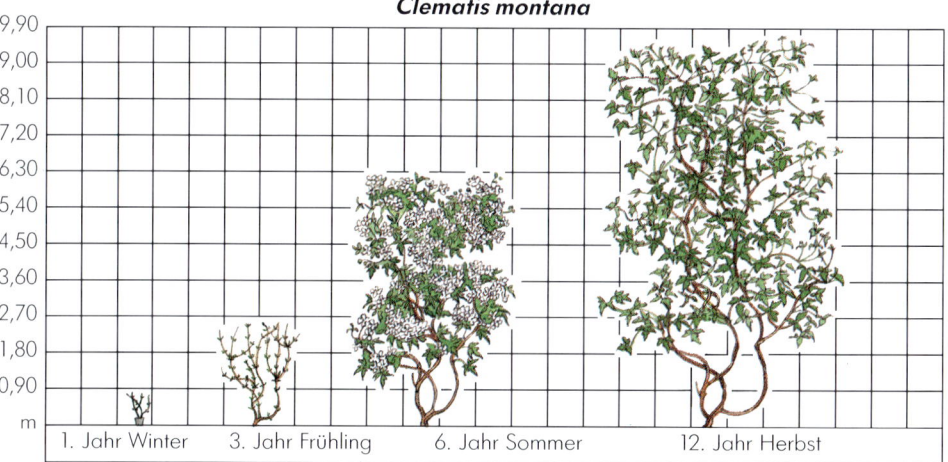

Clematis montana

1. Jahr Winter   3. Jahr Frühling   6. Jahr Sommer   12. Jahr Herbst

Celastrus orbiculatus
Baumwürger

Ein wüchsiger Kletterer, der in zehn Jahren an einem Baum 9 bis 12 m hoch wird, an einer schattigen Mauer 6 m. Die jungen Äste winden sich um ihre Stütze; jeder Ast hat auf beiden Seiten der ersten Knospen kräftige Stacheln. Die rundlichen Blätter verfärben sich im Herbst goldgelb, die gelben Früchte platzen und legen hellrote Samen frei; diese bleiben den Winter über hängen, auch wenn die Blätter längst abgefallen sind. Um Früchte zu erhalten, sollte die zweihäusige Form gepflanzt werden. Der robustere *C. scandens* wuchert leicht.

Zone 4, Sonne oder Schatten, m. H. 12 bis 15 m, a

Clematis montana
Waldrebe

Diese wüchsige Clematis-Art erreicht in zehn Jahren 6 m und bildet einen dichten Teppich aus Zweigen, die im Frühjahr mit vierblättrigen cremeweißen Blüten bedeckt sind. Die Varietät *rubens* und die Sorte 'Elizabeth' haben rosa Blüten und sind noch wüchsiger. Einige Formen duften nach Vanille. Schneiden Sie nach der Blüte, damit die Pflanze nicht zu wuchern beginnt. *C. macropetala* bringt im Frühjahr hängende blaue Blüten hervor; sie erreicht in zehn Jahren 2,40 m. Die immergrüne *C. armandii* ist empfindlicher, aber schnellwüchsig.

Zone 5, Schatten, m. H. 10 m, c

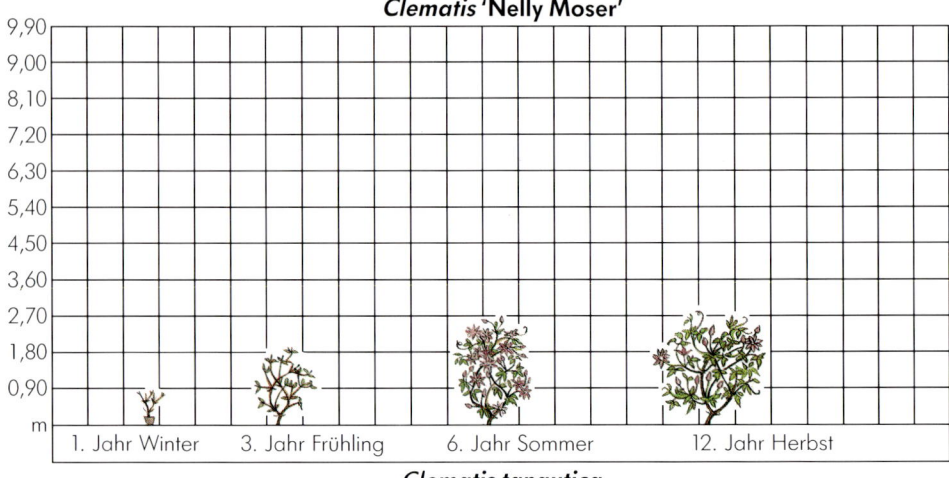

Clematis 'Nelly Moser'

1. Jahr Winter   3. Jahr Frühling   6. Jahr Sommer   12. Jahr Herbst

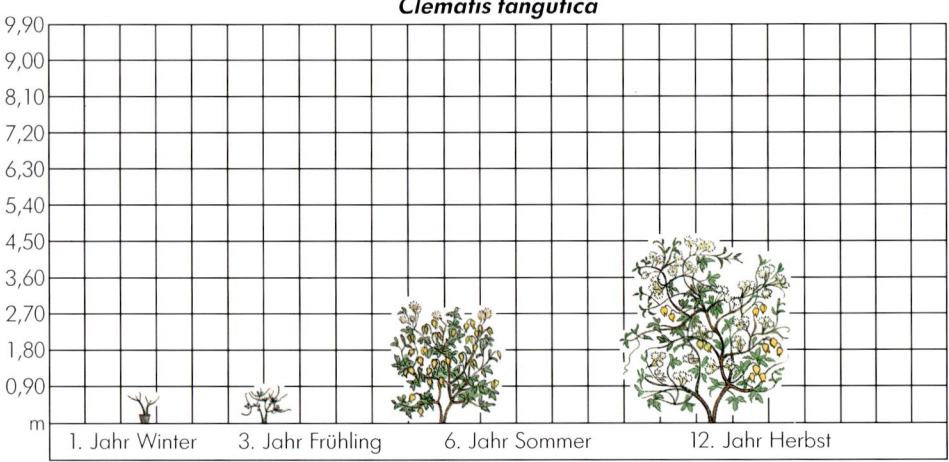

Clematis tangutica

1. Jahr Winter   3. Jahr Frühling   6. Jahr Sommer   12. Jahr Herbst

Clematis 'Nelly Moser'

Eine wüchsige Clematis, die 2,40 m in 6 Jahren erreicht. Flache Blüten (16,5 cm) mit acht blaß malvenrosa Sepalen, jede mit einem purpurnen Streifen in der Mitte, der in der Sonne ausbleicht. Schneiden Sie im Frühjahr: entfernen Sie abgestorbene Ranken und kürzen Sie die meisten Zweige bis zum ersten kräftigen Knospenpaar. An schattigen Standorten sollten einige Ranken bis auf 30 cm abgeschnitten werden, damit viel neuer Wuchs angeregt wird. Durch starken Schnitt im Frühjahr kann die Blüte verzögert werden; es gibt dann einen etwas üppigeren Flor ungefüllter Blüten im Frühherbst.

Zone 6, Schatten, m. H. 2,40 m, b

Clematis tangutica

Eine spät blühende Art mit schlanken Zweigen, die 3 m hoch wird. Das schöne graublaue Laub kontrastiert gut mit den vierblättrigen, hängenden, tiefgelben Blüten. Die ersten seidigen Samenfäden erscheinen, bevor sich die letzten Blüten geöffnet haben. Oft wird sie mit C. orientalis verwechselt; es gibt zahlreiche Sorten wie 'Bill Mackenzie' und 'Drake's Form', die alle die gleichen typischen orangen Blütenblätter haben. Sollte im Frühjahr leicht geschnitten werden.

Zone 5, Halbschatten, m. H. 4,50 bis 6 m, b

Euonymus fortunei var. radicans

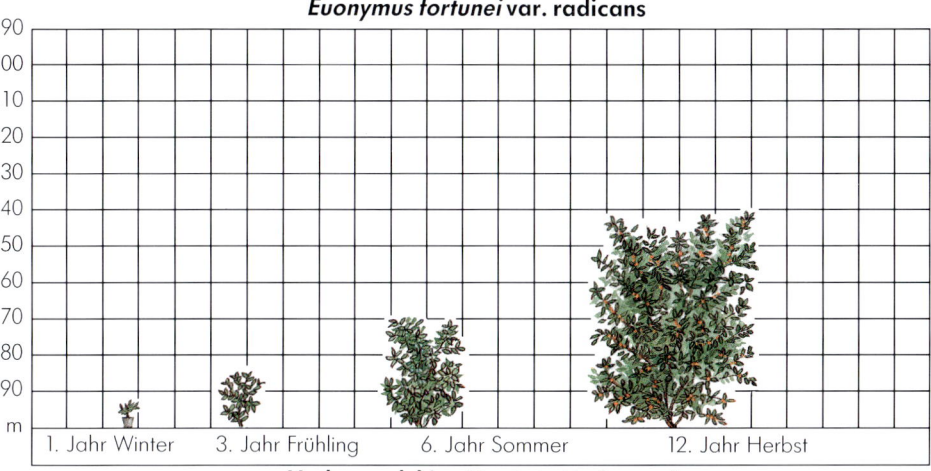

Hedera colchica 'Dentata Variegata'

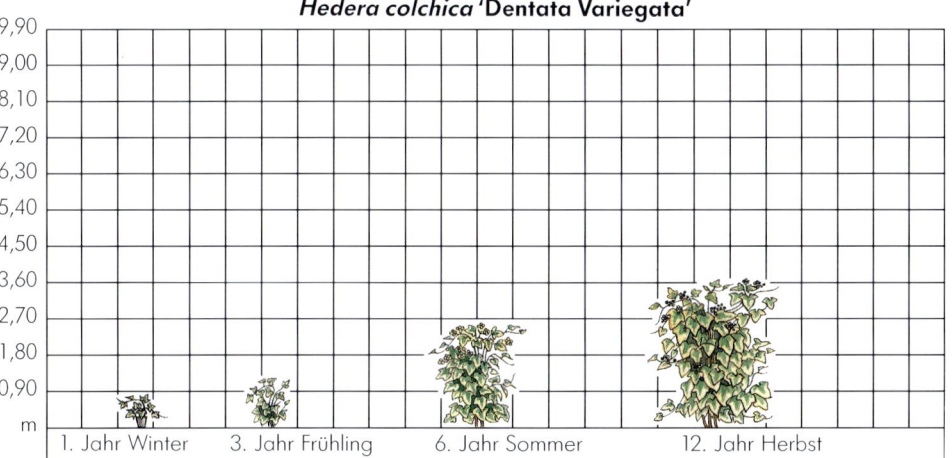

Euonymus fortunei var. radicans
Spindelstrauch

Eine sehr robuste immergrüne Pflanze, die mittels Luftwurzeln klettert und so in zehn Jahren je nach Form mindestens 3,60 m erreicht. Wie Efeu hat sie ein Jugendstadium, in dem sie kleine ovale leicht gezähnte Blätter produziert. Diese Phase dauert an, bis die Pflanze nicht mehr weiterklettert – also bis die Stütze bedeckt oder der obere Rand erreicht ist. Dann entstehen größere Blätter sowie Blüten und Früchte. 'Variegatus' hat größere Blätter mit deutlich weißen Rändern; 'Colorata' hat Blätter, die sich im Winter rötlich verfärben.

Zone 5, Schatten, m. H. 5 m, d

Hedera colchica 'Dentata Variegata'

Dieser herrliche Efeu hat besonders große ledrige Blätter – 15 bis 20 cm lang und 10 bis 12,5 cm breit, ungelappt und mit creme-gelben, unregelmäßigen, eingerollten Rändern; sie verströmen beim Zerreiben einen würzigen Duft. In großer Menge ergeben sie einen wunderbaren Hintergrund für Kletterer und Wandsträucher, die im Herbst Beeren tragen. Die Sorte 'Dentata' hat ebenfalls große hellgrüne Blätter, die Grundform dunkelgrüne. Die Blätter erfrieren manchmal bei hartem Frost, können jedoch zeitig im Frühjahr, sobald das Wachstum beginnt, zurückgeschnitten werden.

Zone 5, Sonne oder Halbschatten, m. H. 3,60 m, d

91

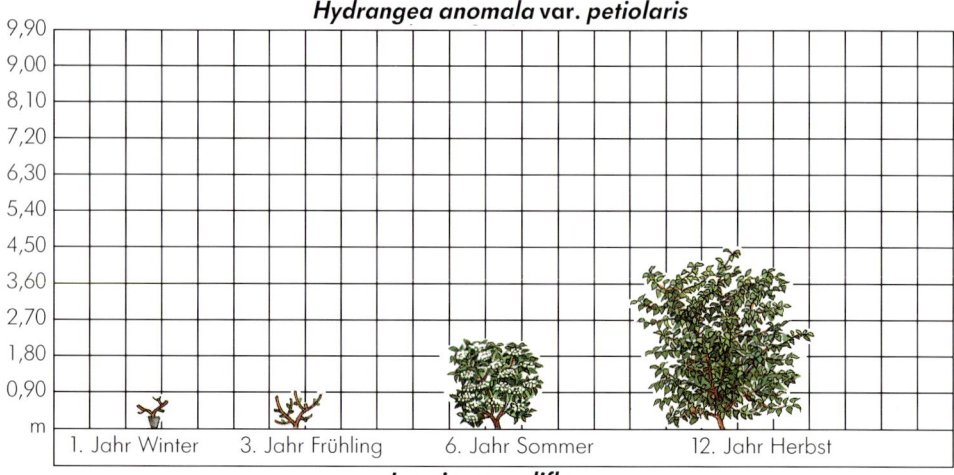

Hydrangea anomala var. petiolaris

9,90 — 9,00 — 8,10 — 7,20 — 6,30 — 5,40 — 4,50 — 3,60 — 2,70 — 1,80 — 0,90 — m

1. Jahr Winter   3. Jahr Frühling   6. Jahr Sommer   12. Jahr Herbst

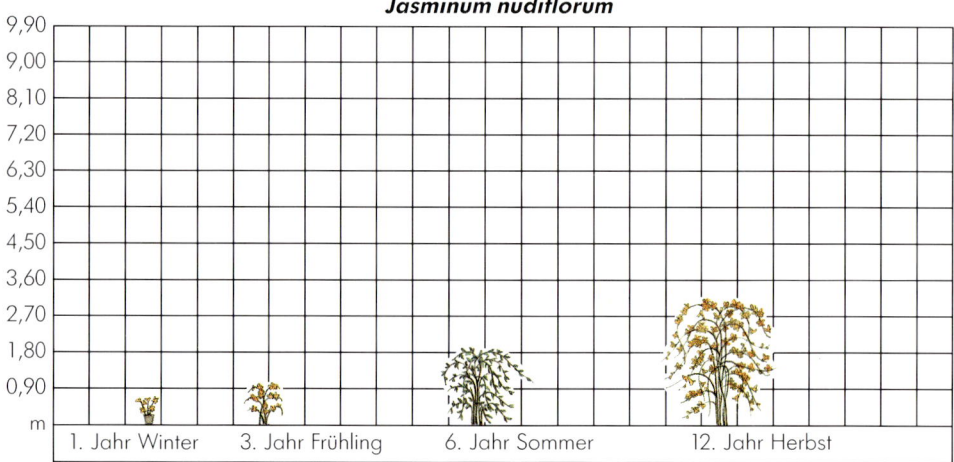

Jasminum nudiflorum

9,90 — 9,00 — 8,10 — 7,20 — 6,30 — 5,40 — 4,50 — 3,60 — 2,70 — 1,80 — 0,90 — m

1. Jahr Winter   3. Jahr Frühling   6. Jahr Sommer   12. Jahr Herbst

Hydrangea anomala var. petiolaris
Hortensie

Auch als *H. petiolaris* bezeichnet. Wächst langsam an und erreicht in zehn Jahren mittels Luftwurzeln 3 m. Im Sommer umgeben flache Büschel steriler weißer Blüten kleine, cremefarbene, fertile Blüten. Die sich schälende rostfarbene Rinde schmückt den Garten im Winter. Sollte nur zur Eingrenzung geschnitten werden. Die verwandten *Schizophragma integrifolia* (Zone 7) und *S. hydrangeoides* (Zone 5) haben mehr offene cremefarbene Blüten mit langen Hochblättern. Beide werden 12 m hoch. *Pileostegia viburnoides* (Zone 7) wird nur halb so groß.

Zone 4, Schatten, m. H. 15 m, a

Jasminum nudiflorum
Winterjasmin

Ein empfindlicher Kletterer, der in zehn Jahren 2,70 m hoch wird. Oft gibt er sich etwas schwierig; am einfachsten läßt man ihn eine Mauer überwuchern. Kleine ovale, dunkelgrüne Blätter entfalten sich im Frühjahr, nachdem die sternförmigen gelben Blüten verwelkt sind. Die dunkelgrünen dünnen Zweige sollten nach der Blüte geschnitten werden: kürzen Sie die kräftigsten, entfernen Sie schwächere und binden Sie die übrigen fest. Die Pflanze ist sehr robust, muß jedoch vor kalten Winden geschützt werden, damit die Triebspitzen nicht erfrieren.

Zone 5, Sonne oder Schatten, m. H. 4 m, c

Jasminum officinale

1. Jahr Winter	3. Jahr Frühling	6. Jahr Sommer	12. Jahr Herbst

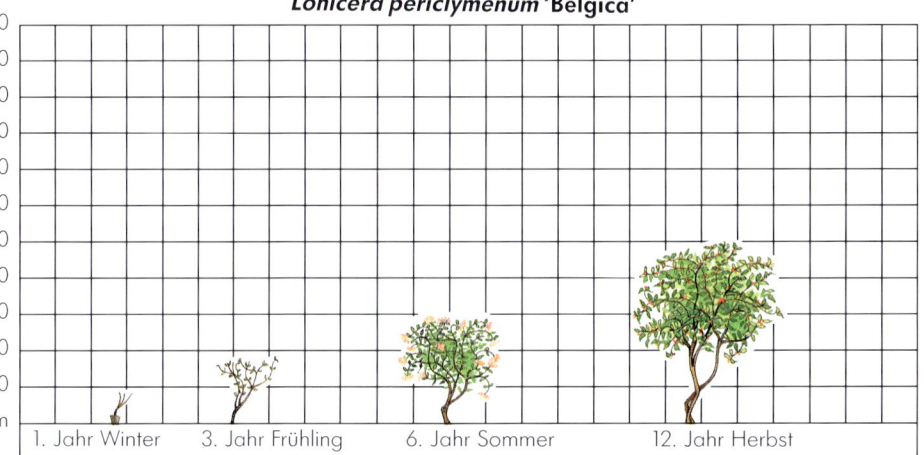

Lonicera periclymenum 'Belgica'

1. Jahr Winter	3. Jahr Frühling	6. Jahr Sommer	12. Jahr Herbst

Jasminum officinale
Jasmin

Dieser echte Kletterer windet sich an einer Stütze schnell bis in 7,50 m Höhe. Er hat schönes dunkelgrünes Laub und unzählige rosa Blütenknospen, die im Sommer weiß erblühen und den Garten mit ihrem intensiven Duft erfüllen. Beste Blüte in mageren Böden; benötigt zum Anwachsen eventuell etwas Dünger. Die grünen Zweige sollten zeitig im Frühjahr geschnitten werden, damit sie nicht schlaksig und durcheinander auswachsen. *J. polyanthum* (Zone 9), eine rein weiße Art, darf keinen Frost bekommen, um spät im Frühjahr und im Frühsommer blühen zu können.

Zone 7 bis 8, Sonne, m. H. 12,50 m, b

Lonicera periclymenum 'Belgica'
Wald-Heckenkirsche

Diese Heckenkirsche wird in tiefgründigen feuchtigkeitsspeichernden Böden, am besten im Schatten, in zehn Jahren 4 m hoch. Die Zweige winden sich an einer Pergola empor, durch einen anderen Kletterer, großen Strauch oder Baum zum Licht, wo sie ab dem späten Frühjahr bis in den Sommer stark duftende, cremefarbene Blüten hervorbringen; diese Blüten werden mit der Zeit goldgelb, außen etwas rosa. 'Serotina' blüht den Sommer über und ist intensiver gefärbt. Schneiden Sie nach dem Abblühen leicht, damit junge Triebe gefördert werden.

Zone 4 Sonne, m. H. 3,60 bis 4,50 m, c

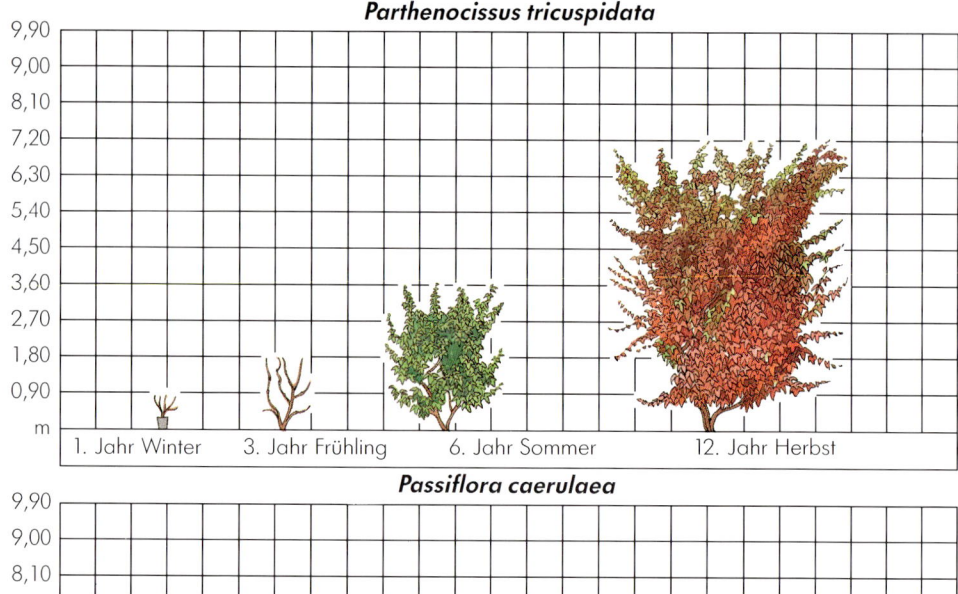

Parthenocissus tricuspidata

1. Jahr Winter 3. Jahr Frühling 6. Jahr Sommer 12. Jahr Herbst

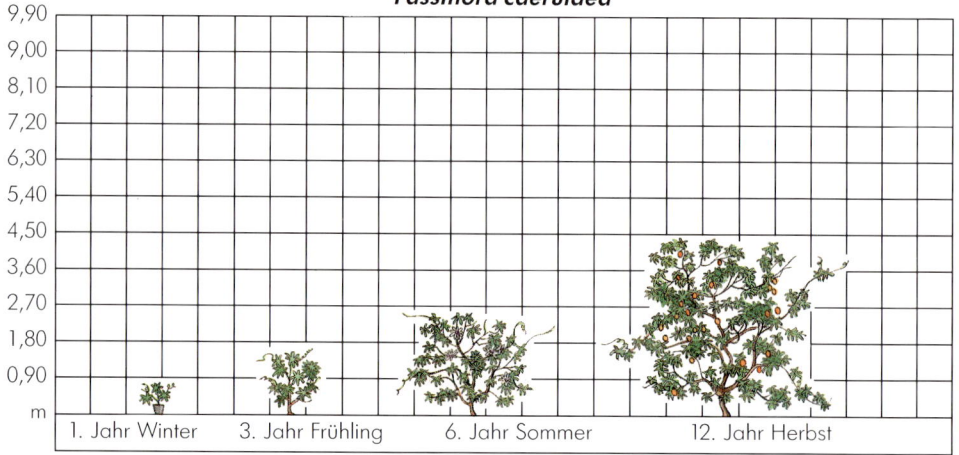

Passiflora caerulaea

1. Jahr Winter 3. Jahr Frühling 6. Jahr Sommer 12. Jahr Herbst

Parthenocissus tricuspidata
Dreilappige Jungfernrebe

Diese selbsthaftende Kletterpflanze gedeiht fast überall. Sie ist sehr wüchsig und kann in heißen Sommern zu wuchern beginnen: stutzen Sie die Wurzeln und beschneiden Sie das Laub. Die sommergrünen Blätter, breit gelappt und gezähnt, verfärben sich im Herbst hell karminrot. In kälteren Regionen entstehen nur selten dunkelblaue Beeren. *P. quinquefolia* (Zone 3), der Wilde Wein, ist genauso wüchsig aber robuster. *Amelopsis brevipedunculata* ist mit ihnen verwandt und kann in warmen, feuchten Regionen außerordentlich stark wuchern.

Zone 4, Sonne oder Schatten, m. H. 19,50 m, a

Passiflora caerulea

Diese Passionsblume wuchert stark in Regionen mit milden Wintern und langen, heißen und feuchten Sommern. Unter ungünstigeren Bedingungen und in gut durchlässigem Boden leidet sie unter Frost, wird aber in zehn Jahren noch 3,60 m hoch. Die dunkelgrünen gefingerten Blätter sind in frostfreien Gebieten immergrün. Die ungewöhnlichen purpurn und weißen Sommerblüten mit ihrer reihenförmigen Struktur bleiben an sonnenlosen Tagen geschlossen. In guten Jahren folgen gelbe eiförmige Früchte. 'Constance Elliott' ist ein schöne reinweiße Sorte.

Zone 8, Sonne, m. H. 10 m, b

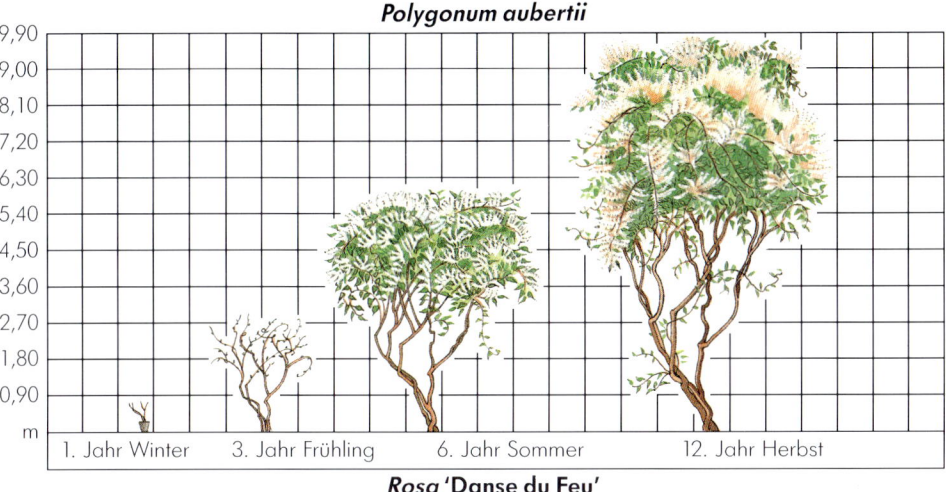

Polygonum aubertii

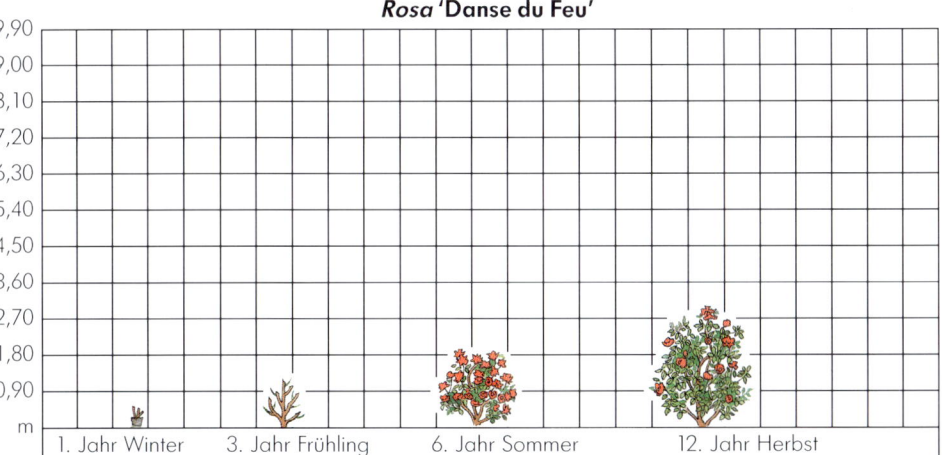

Rosa 'Danse du Feu'

Polygonum aubertii
Knöterich

Er unterscheidet sich von *P. baldschuanicum* durch die winzigen Haare auf den Trieben, die man fühlt, aber kaum sieht. Beide Arten wachsen in jedem Boden schnell, bedecken in wenigen Jahren ihre Kletterhilfen und -gerüste und erreichen in höchstens zehn Jahren 7,50 m. Mit den cremeweißen Blütenrispen wirken sie den Sommer über wie ein Schaumteppich; es folgen rostfarbene Samenköpfe. Die Blätter sind herzförmig. Schneiden Sie zu Beginn der Wachstumsperiode: entfernen Sie einige Ranken ganz, damit die Pflanze sich nicht zu einem Durcheinander entwickelt.

Zone 4, Sonne oder Halbschatten, m. H. 19,50 m, b

Rosa 'Danse du Feu'

Diese auch als 'Spectacular' bekannte Rose wird beiden Namen gerecht. Sie erreicht in gut durchlässigem humusreichen und ausgewogenen Boden 3 m Höhe. Unzählige hell scharlachrote, zart duftende und halb gefüllte Blüten öffnen sich im Frühsommer; den Sommer über immer wieder vereinzelte Blüten. Das Laub ist zunächst bronzefarben, wird dann glänzend hellgrün und bildet einen schönen Kontrast zu den Blüten. Entfernen Sie im Spätwinter Verblühtes sowie abgestorbenes oder krankes Holz.

Zone 5, Sonne oder Halbschatten, m. H. 3 m, b

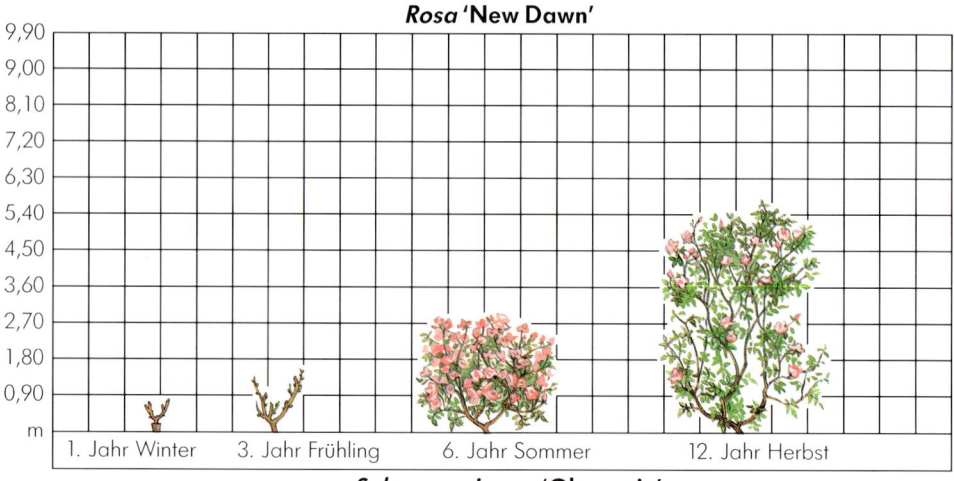

Rosa 'New Dawn'

9,90 · 9,00 · 8,10 · 7,20 · 6,30 · 5,40 · 4,50 · 3,60 · 2,70 · 1,80 · 0,90 · m

1. Jahr Winter   3. Jahr Frühling   6. Jahr Sommer   12. Jahr Herbst

Solanum crispum 'Glasnevin'

9,90 · 9,00 · 8,10 · 7,20 · 6,30 · 5,40 · 4,50 · 3,60 · 2,70 · 1,80 · 0,90 · m

1. Jahr Winter   3. Jahr Frühling   6. Jahr Sommer   12. Jahr Herbst

Rosa 'New Dawn'

Eine robuste Rose, die den meisten Krankheiten widersteht und sich für schattige Mauern, Pergolen und Zäune eignet. Sie wächst kräftig, vor allem nach den Seiten und wird in zehn Jahren über 4,50 m breit. Die Blätter sind glänzend hellgrün. Apfelblüten-rosa Blüten mit einem kräftigen rosa Auge entstehen im Frühsommer in großer Zahl und erfüllen die Luft mit einem intensiven Duft. Zweiter Flor im Spätsommer. Schneiden und ziehen Sie die Rose, um sie im Zaum zu halten.

Zone 5, Sonne oder Halbschatten, m. H. 6 m, b

Solanum crispum 'Glasnevin'
Nachtschatten

Ein halb-immergrüner, mit Kartoffel und Tomate verwandter Kletterer; er erreicht an einem warmen geschützten Standort in zehn Jahren 4,50 m und bevorzugt gut durchlässigen basischen Boden. Purpurn-blaue Blüten mit gelben Staubbeuteln öffnen sich zwischen Hochsommer und Frühherbst und werden von cremefarbenen Beeren abgelöst. Der weiß blühende *S. jasminoides* 'Album' hat Blattranken und erreicht in zehn Jahren 6 m. Manchmal bringt er kleine braun-grüne Früchte hervor. Schneiden Sie im Frühjahr nach dem letzten Frost.

Zone 9, Sonne, m. H. 6 m, b

Vitis coignetiae

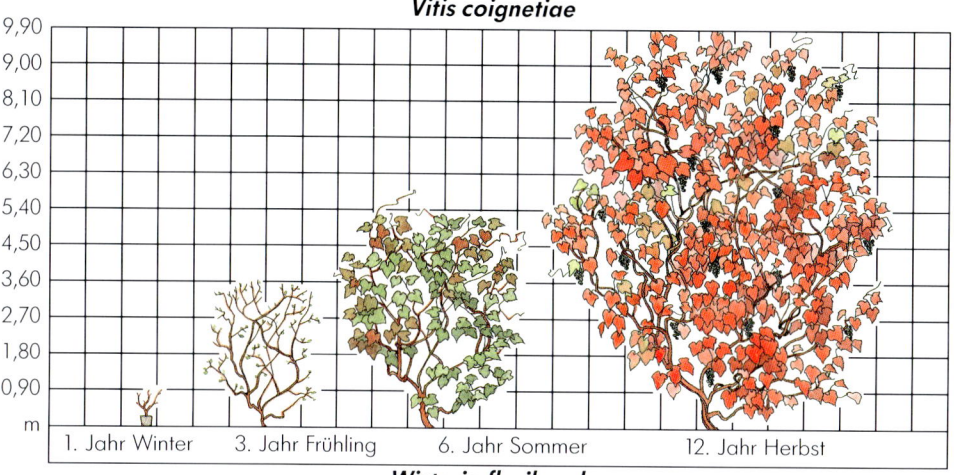

1. Jahr Winter	3. Jahr Frühling	6. Jahr Sommer	12. Jahr Herbst

Wisteria floribunda

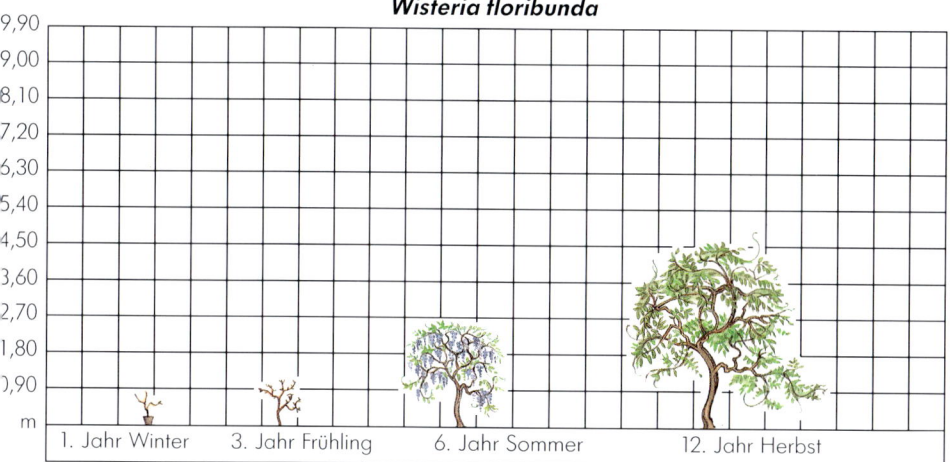

1. Jahr Winter	3. Jahr Frühling	6. Jahr Sommer	12. Jahr Herbst

Vitis coignetiae
Weinrebe

Dieser Kletterer erreicht in zehn Jahren 9 m, mit einem Baum als Stütze fast phänomenale Höhen. Seine Blätter sind breit herzförmig und dreifach gelappt, normalerweise 20 x 10 cm, aber auch bis zu 30 x 25 cm groß; im Frühjahr mattgrün und an der Unterseite rostfarben beflaumt, im Herbst orange, rot und bronzefarben. Schneiden Sie zeitig im Frühjahr bis knapp oberhalb einer dicken Knospe. Sorten von Vitis vinifera, zum Beispiel 'Purpurea' und 'Brant' sind nicht so wüchsig, haben aber ebenfalls wunderschöne Herbstfarben. Alle tragen Früchte.

Zone 5, Schatten, m. H. 22,50 m, a

Wisteria floribunda
Glyzine, Wistarie

Diese sich im Uhrzeigersinn windende Art ist wohl robuster als die größere W. sinensis, die sich gegen den Uhrzeigersinn windet. Die bläulich-malvenfarbenen Blütenrispen von W. floribunda werden 25 cm lang, die von W. sinensis bis zu 1 m. Beide duften. Gute Sorten von W. floribunda sind zum Beispiel die weiße 'Alba' und die rosa 'Rosea'. Die langen Triebe müssen sorgfältig geführt werden, damit sie nicht ein Gewirr verwundener Zweige ergeben. Im Sommer sollten sie gekürzt werden, um eine gute Blüte zu erzielen, im Winter dann noch einmal.

Zone 4, Sonne, m. H. 9 m, c, e

Rechts: Die silbern panaschierte Taubnessel (*Lamium maculatum* 'Beacon Silver') breitet sich etwa auf 1 m² aus. Sie bevorzugt schattige Standorte und eignet sich besonders gut für die Unterpflanzung von Bäumen; dort bedeckt sie große kahle Flächen und unterdrückt alles Unkraut.

BODEN-
DECKER

Typisch für alle Bodendecker ist, daß sie langsam in die Höhe und schnell in die Breite wachsen und so einen dichten Teppich bilden, der Unkräuter verdrängt. Sie sind unschätzbare Verbündete des Gärtners, der damit relativ große Teile des Gartens bei geringem Aufwand unter Kontrolle halten kann. Sie sind allerdings nicht nur nützlich. Unter immergrünen Mehrjährigen, Sträuchern und Kletterpflanzen gibt es Bodendecker, die wunderbare, mit den Jahreszeiten sich verändernde Zierteppiche bilden.

Gute Bodendecker produzieren unzählige Blätter, die ein kahles Beet schnell bedecken. Es gibt viele Arten, deren Blätter die unterschiedlichsten Größen, Formen und Strukturen aufweisen. Auch das Farbspektrum ist umfangreich. Es geht von Dunkelgrün

Links: Der immergrüne Kriechende Günsel (*Ajuga reptans* 'Atropurpurea') breitet sich über Ausläufer bis zu 1 m² aus. Im Frühjahr bringt er dekorative Blüten hervor.

über metallisch Blau und tief Kastanienrot bis zum blassesten Gelb. Einige ändern ihre Farbe auch noch mit den Jahreszeiten. Panaschierungen mit den verschiedensten Flecken und Streifen ergänzen diese Palette noch. Oft schmücken sie sich auch mit Blüten, manchmal sogar mit Samenkapseln oder Beeren.

Bodendecker bieten eine gute Alternative oder Ergänzung zum Gras, dem gängigsten Bodendecker. Bestimmte Arten können an Stellen eingesetzt werden, an denen das Mähen schwierig ist, zum Beispiel an steilen Abhängen. Andere gedeihen auch dort, wo Gras wegen eines zu starken Schattens oder zu schlechter Bodenqualität nicht wächst. Die buschige *Pachysandra terminalis* und *Ruscus aculeatus* (Stechender

Mäusedorn) sowie die mehrjährigen *Liriope muscari* und *Iris foetidissima* eignen sich zum Beispiel für schattige, gut durchlässsige Böden. Die finanziellen Aufwendungen halten sich im Rahmen, vor allem, wenn man die Kosten für das Anlegen eines Rasens betrachtet, die allerdings höher liegen als für einen Beutel Rasensamen. Außerdem sind Bodendecker recht einfach zu pflanzen.

Wie schnell Bodendecker wachsen, hängt von der gewählten Art und von den Standortbedingungen ab. Bis die Pflanzen gut angewachsen sind, muß sorgfältig Unkraut gejätet werden; seien Sie vorsichtig, gerade kriechende Bodendecker können leicht für Unkräuter gehalten werden. Später keimen oft Baumsamen in der feuchten

Erde unter den Bodendeckern; sie sollten per Hand entfernt werden. Einmal angewachsen benötigen Bodendecker kaum Pflege. Bis auf wenige Ausnahmen sind sie jedoch nicht so stabil, daß man darauf herumlaufen könnte!

Trotz all ihrer Vorzüge können Pflanzen, die mit dem Hinweis „als Bodendecker geeignet" verkauft werden, eine Bedrohung für den Garten werden! Hauptschuldige sind Arten, die sich über Rhizome oder Ausläufer selbst vermehren, unkontrolliert wuchern und andere kleine Zierpflanzen oder Bodendecker verdrängen. Diesen Neigungen sollten Sie ein Ende setzen, indem Sie während der Wachstumsphase regelmäßig alles Unerwünschte ausreißen. Ein einziges Exemplar der potentiell wuchernden Gefleckten Taubnessel *(Lamium maculatum)* bedeckt in drei Jahren eine Fläche von etwa 1 m^2, indem sie sehr oft neue Wurzel ausbildet, über die sie aus feuchtem Boden zusätzliche Nährstoffe zieht. Im Gegensatz dazu benötigt man fünf Exemplare von *Ajuga reptans* 'Variegata', um in der gleichen Zeit die gleiche Fläche zu bedecken oder ebenfalls fünf Exemplare von *Lamium maculatum* 'Aureum', einer lange nicht so wüchsigen Sorte.

Es gibt auch Unterschiede bei den kissenbildenden Bodendeckern. Sechs bis sieben Exemplare von *Festuca glauca* sind nötig, um eine Fläche von 1 m^2 zu bedecken, aber nur zwei *Helleborus orientalis*, der sich bei geeigneten Bedingungen auch selbst aussät.

Oben: Einige immergrüne oder halb-immergrüne Halbsträucher ergeben gute Bodendecker. Das graublättrige Greisblatt (*Senecio* 'Sunshine') und der purpurblättrige Salbei (*Salvia officinalis* 'Purpurascens') sind gute Beispiele. Beide lieben warme sonnige Standorte und gut durchlässigen Boden.

Links: *Liriope muscari* ist eine immergrüne mehrjährige Pflanze, die Kissen mit einem Durchmesser von etwa 30 cm bildet und sich über unterirdische Rhizome verbreitet. Sie benötigt gut durchlässigen Boden und Sonne oder Halbschatten.

Jedenfalls sollte die Teppichbildung recht schnell erfolgen, damit neue Unkräuter gar nicht erst hochkommen können; dabei darf der typische Habitus der Pflanze allerdings nicht beeinträchtigt werden. Die einzelnen Pflanzen sollten sich nach zwei bis drei Jahren gerade berühren, der Boden nach vier oder fünf Jahren vollständig bedeckt sein. Durch das abfallende Laub wird die Unkrautbarriere noch verstärkt und die Pflanze mit Humus versorgt.

Es ist außerordentlich schwer, den richtigen Pflanzabstand herauszufinden. Zahlreiche Versuche mit Bodendeckern an Gartenbauschulen haben den negativen Effekt des zu dichten Pflanzens gezeigt, auch wenn es zunächst einen schnelleren Erfolg versprach. Große unansehnliche Stellen abgestorbener Pflanzen waren die Folge, als die Konkurrenz der Pflanzen untereinander zu groß wurde und einige abstarben. Das andere Extrem, sehr weit voneinander entfernte Pflanzen, verfehlt das Ziel ebenfalls. Die Konkurrenz der Unkräuter war so groß, daß die Bodendecker Schwierigkeiten hatten, anzuwachsen; als sie begannen, sich auszubreiten, verloren sie ihren Charakter, wurden schlaksig und unattraktiv.

Zu den schönsten Kombinationen von Bodendeckern, die ich je gesehen habe, gehören die folgenden: eine lange Einfassung aus *Liriope muscari* um ein Beet immergrüner Azaleen; Schneerosen gemischt mit Farnen und Lungenkraut (*Pulmonaria* spp.); *Saxifraga sto-*

lonifera, der sich seinen Weg durch niedrige Buchsbaumkissen sucht; die zartgraue *Chrysanthemum haradjanii* und die runden ledrigen kastanienbraunen Blätter von *Bergenia* 'Abendglut' mit Kissen aus *Festuca glauca* und *Carex buchanii*; die niedrige *Prunus laurocerasus* 'Otto Luyken', unterpflanzt mit panaschierten Efeuarten. All diese Kombinationen sind das ganze Jahr über sehr dekorativ, einige verändern sich sogar mit den Jahreszeiten.

Die Wuchstabellen

Die Pflanzen werden von oben abgebildet, um ihre Ausbreitung auf einer Fläche von 90 x 90 cm (etwa 1 m²) deutlich zu machen. Die Pflanzabstände sind je nach Art und Form verschieden.

Oben links: Eine Kombination aus immergrünen und sommergrünen Sträuchern bildet ein farbenfrohes Gemälde aus Laub, das zugleich Unkraut verdrängt. In diesem Beet gedeihen (von vorne nach hinten) goldene Spiräen, graublättrige Wein-Raute, purpurne Berberitzen, stacheliger *Caryopteris* und blauer Wacholder. Solche Pracht kann in drei bis fünf Jahren erzielt werden.

Unten links: Der blaue Schwingel (*Festuca glauca*) paßt ausgezeichnet zu Rabatten-Nelken.

Unten: Die robuste hybride Lorbeerkirsche (*Prunus laurocerasus* 'Otto Luyken') bleibt niedrig. Sie wird 1,20 bis 1,80 m groß und blüht im Frühsommer.

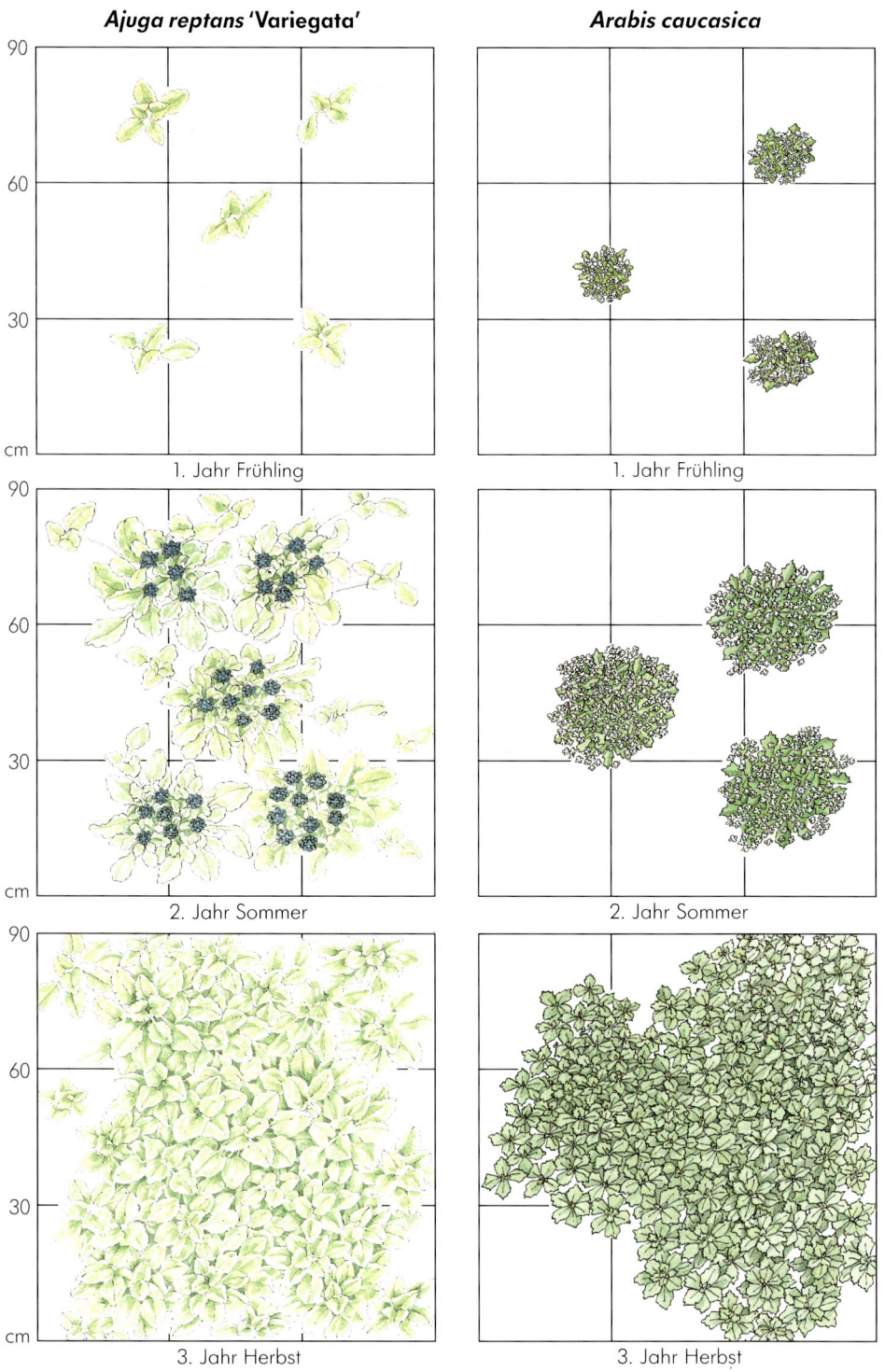

Ajuga reptans 'Variegata'

Arabis caucasica

1. Jahr Frühling

1. Jahr Frühling

2. Jahr Sommer

2. Jahr Sommer

3. Jahr Herbst

3. Jahr Herbst

Arctostaphylos uva-ursi

90

60

30

cm

1. Jahr Frühling

90

60

30

cm

2. Jahr Sommer

90

60

30

cm

3. Jahr Herbst

Ajuga reptans 'Variegata'
Kriechender Günsel

Diese immergrüne Pflanze verträgt fast jeden Boden. An feuchten, leicht schattigen Standorten breitet sie sich über Ausläufer jedoch am schnellsten aus. Sie bildet einen dichten Teppich aus weichen, ovalen, graugrünen und weißen Blättern und ist im Frühjahr mit kleinen blauen Blütenähren übersät. 'Atropurpurea' hat glänzende tief purpurrote Blätter, 'Multicolor' (auch 'Rainbow' genannt) grün und bronzefarbene Blätter mit cremefarbenen Tupfen und rosa Rändern, 'Jungle Beauty' große, grüne, rundliche Blätter und 37,5 cm große blaue Blütenähren.

Zone 4 bis 9, Sonne oder Schatten, m. H. 10 cm, m. B. 30 cm

Arabis caucasica
Gänsekresse

In Katalogen oft als *A. albida* aufgeführt. Bildet lockere Teppiche aus länglichen graugrünen Blättern. Die strahlendweißen, leicht duftenden, vierblättrigen Blüten entstehen im Frühjahr in lockeren, 20 cm langen Trauben. Gedeiht an sonnigen Standorten wie Mauern oder Felsspalten. Entfernen Sie Verblühtes, damit die Pflanze schön dicht wächst! Kann im Herbst über Samen vermehrt werden oder, bei Sorten wie der gefüllten 'Flore-Pleno', der rosa 'Rosabelle' oder der grün und gelb panaschierten 'Variegata', über Stecklinge, die man im Sommer abnimmt.

Zone 3 bis 9, Sonne, m. H. 15 cm, m. B. 25 cm

Arctostaphylos uva-ursi
Immergrüne Bärentraube

Dieser immergrüne Zwergstrauch ist ideal für gut durchlässige, saure Böden. Er wird kaum 12,5 cm hoch und breitet sich in vier Jahren etwa 60 cm weit aus. Auch sehr mageren Boden und Küstenklima verträgt er. Kleine glänzend grüne Blätter bilden einen dichten Teppich. Nach den winzigen glockenförmigen, zartrosa Blüten im Frühjahr kommen im Herbst hellrote Beeren. 'Massachusetts' wächst dichter und niedriger und trägt sechs Wochen lang unzählige Blüten.

Zone 2 bis 8, Sonne oder Halbschatten, m. H. 12,5 cm, m. B. 60 cm

105

Asarum europeum   **Bergenia cordifolia**

1. Jahr Frühling   1. Jahr Frühling

2. Jahr Sommer   2. Jahr Sommer

3. Jahr Herbst   3. Jahr Herbst

106

Chiastophyllum oppositifolium

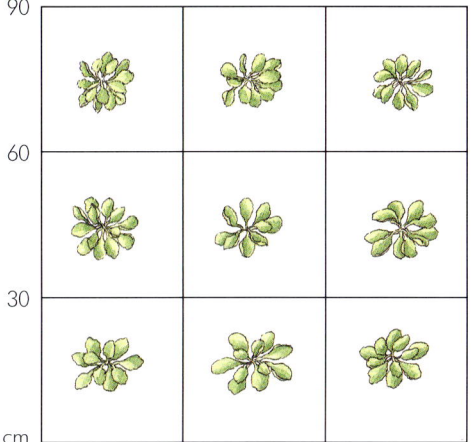

1. Jahr Frühling

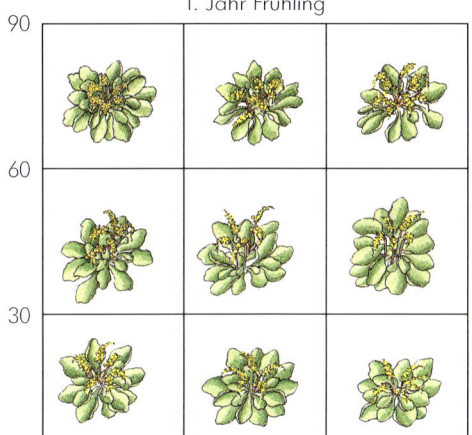

2. Jahr Sommer

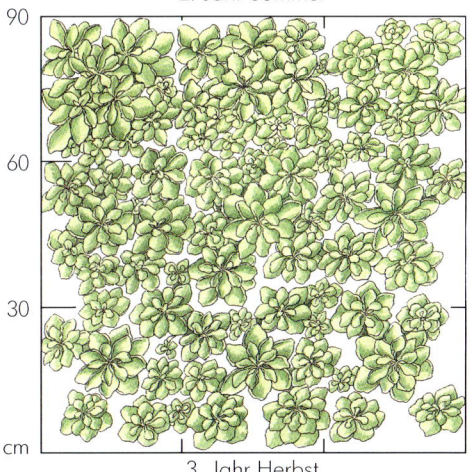

3. Jahr Herbst

Asarum europeum
Haselwurz

Ein wunderbarer, nicht alltäglicher Bodendecker für kühle, feuchte Bedingungen. Er bildet einen Teppich aus immergrünen, rundlichen bis bohnenförmigen, glänzend hellgrünen Blättern, die 2,5 bis 10 cm lang sind und durch blasse Adern zart marmoriert wirken. Die Äste werden 10 bis 15 cm lang. Die seltsamen glockenförmigen kastanienbraunen Blüten sind oft am Boden versteckt. Diese kleine Pflanze eignet sich für Steingärten und Waldstücke sowie als Einfassung für Staudenbeete; breitet sich 30 cm aus.

Zone 4 bis 8, Schatten, m. H. 15 cm, m. B. 30 cm

Bergenia cordifolia

Diese wunderbare Pflanze ist in milderen Regionen immergrün, leidet aber unter härteren Wintern. Sie hat große glänzende, runde, ledrige Blätter mit einigen roten Spritzern. Üppige fliederfarben-rosa Blütenköpfe entstehen im Spätwinter oder zeitig im Frühjahr auf 45 cm langen Stielen. Die Sorte 'Purpurea' hat sehr schönes Laub, das sich im Winter purpurn färbt und dunklere Blüten auf roten Stielen. Eine gute Alternative bietet auch *B. purpurascens* mit ihrer Sorte 'Ballawley' oder *B.* 'Abendglut', 'Morgenröte' und 'Silberlicht'.

Zone 4 bis 9, Sonne oder Halbschatten, m. H. 40 cm, m. B. 60 cm

Chiastophyllum oppositifolium
Walddickblatt

Diese häufig auch *Cotyledon oppositifolia* genannte Sukkulente benötigt gut durchlässigen Boden und Halbschatten. Sie bildet mit ihren fleischigen, rundlichen bis ovalen, blaßgrünen Blättern, 5 bis 10 cm lang und regelmäßig gesägt, zierliche Rosetten. Jedes Kissen wird etwa 30 cm groß, deckt den Boden gut ab und blüht im Frühling und Sommer auf 15 bis 20 cm langen Stielen. Die winzigen 2,5 bis 5 cm langen blaßgelben Blütentrauben sehen wie Kätzchen aus.

Zone 6 (5) bis 9, Sonne oder Schatten, m. H. 20 cm, m. B. 30 cm

107

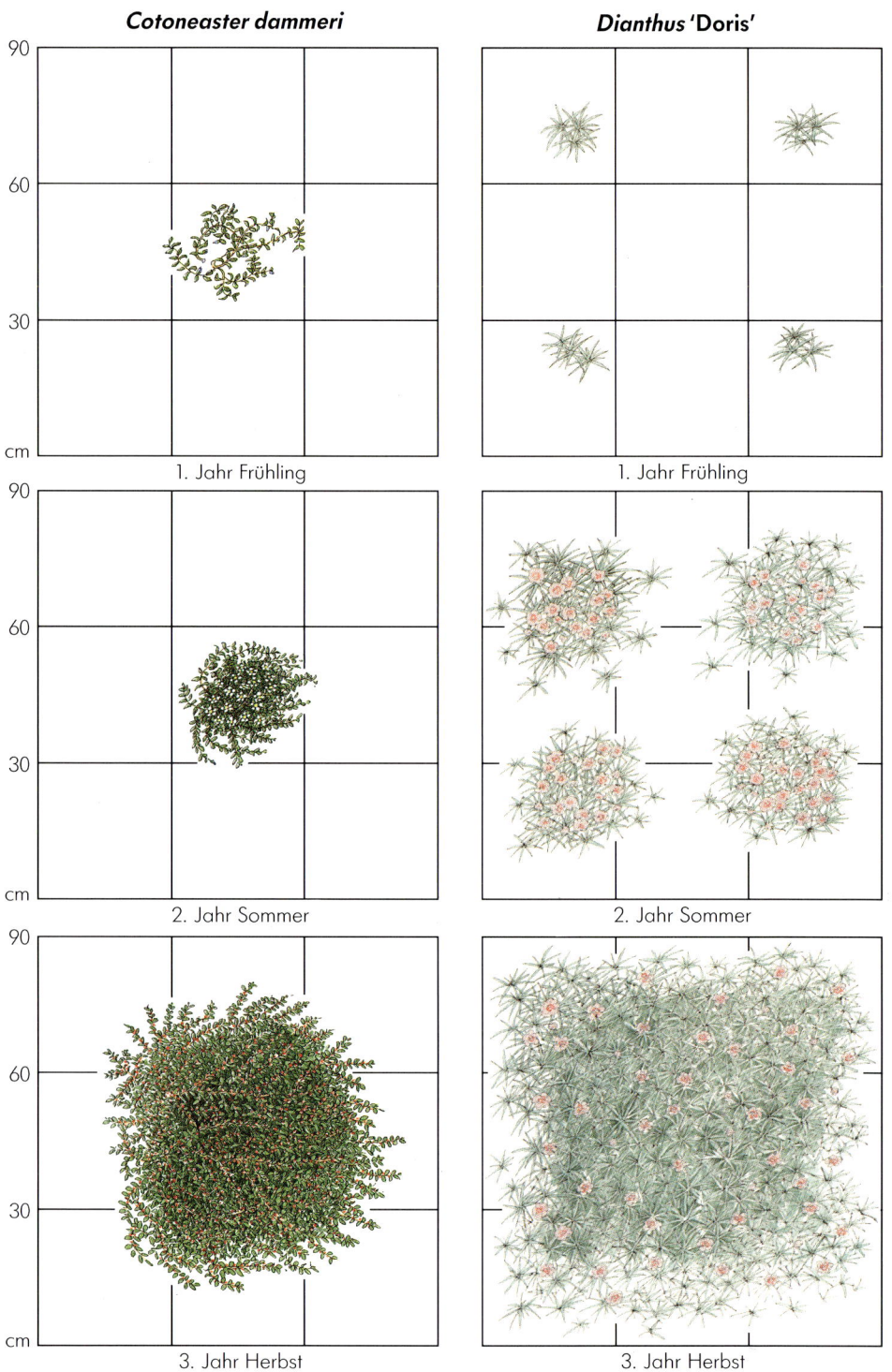

Cotoneaster dammeri

Dianthus 'Doris'

1. Jahr Frühling

1. Jahr Frühling

2. Jahr Sommer

2. Jahr Sommer

3. Jahr Herbst

3. Jahr Herbst

Erica carnea

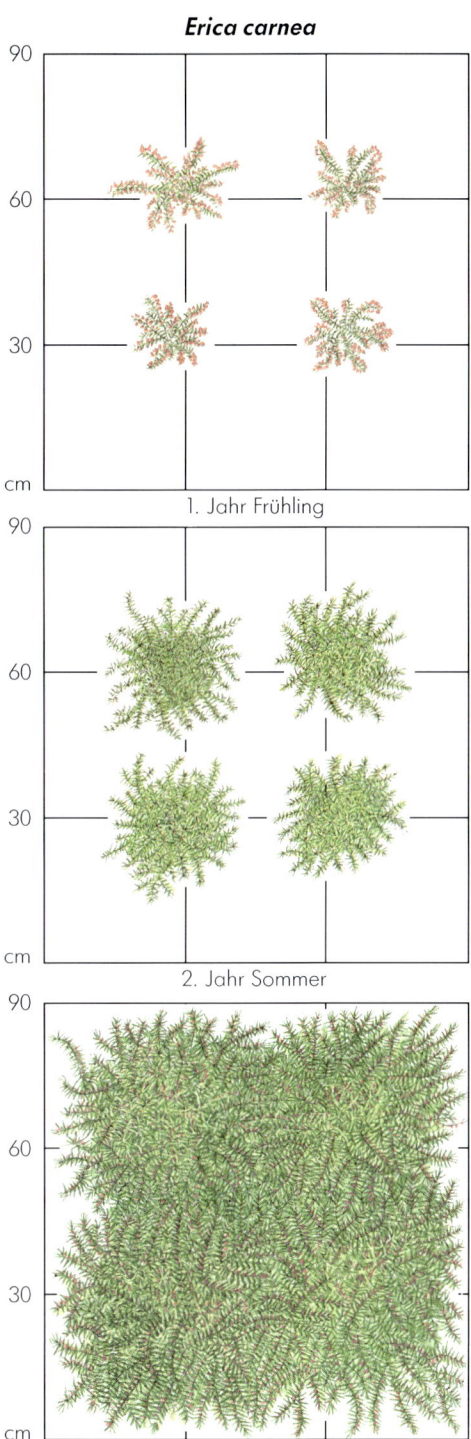

90

60

30

cm

1. Jahr Frühling

90

60

30

cm

2. Jahr Sommer

90

60

30

cm

3. Jahr Herbst

Cotoneaster dammeri
Zwergmispel

Dieser teppichbildende, immergrüne Strauch eignet sich besonders für gut durchlässige Böden. Die wechselständigen ovalen Bätter sind etwa 2,5 cm lang. Kleine weiße Blüten spät im Frühjahr, viele hellrote Beeren im Herbst. Die Sorte 'Skogholm' ist größer (30 cm) und hat gebogene Zweige. *C. horizontalis* wächst ebenfalls in die Breite, wird aber 60 cm groß. Ihr Laub ist sommergrün (es gibt auch eine panaschierte Form) und sie verträgt wesentlich kältere, schattigere Standorte.

Zone 6 bis 9, Sonne oder Halbschatten, m. H. 10 cm, m. B. 60 cm

Dianthus 'Doris'

Eine von vielen Gartennelken, die sich als Bodendecker eignen, in gut durchlässigen neutralen bis kalkhaltigen Böden gedeihen, offene Standorte bevorzugen und sich auch für süß- oder salzwassernahe Gärten eignen. Grasähnliche tief grüne bis graugrüne Blätter. Meist duften die Blüten intensiv; ihr Farbspektrum reicht von Weiß über alle Rosaschattierungen bis Karminrot. Die Petalen sind rundlich oder gekräuselt und oft schön gemustert. 'Doris' ist eine wüchsige, moderne Sorte mit lachsrosa Blüten.

Zone 3 bis 8, Sonne, m. H. 30 cm, m. B. 30 cm

Erica carnea
Schneeheide

Heide benötigt zum Überleben einen bestimmten Pilz; dieser lebt im allgemeinen in saurem Boden, der auch für Erika richtig ist. *E. carnea* ist aber eine der wenigen Arten, die auch ganz leicht basischen Boden vertragen. Ihre Zweige sind zäh, die Blätter winzig und schmal (bei 'Aurea' goldgelb); vom Spätherbst bis weit in den Frühling ist sie mit kleinen vasenförmigen Blüten übersät. Deren Farben gehen von weiß über verschiedene bläulich-rosa Töne bis Karminrot. Heide sollte im Frühjahr gestutzt werden.

Zone 6 bis 8, Sonne, m. H. 22,5 cm, m. B. 45 cm

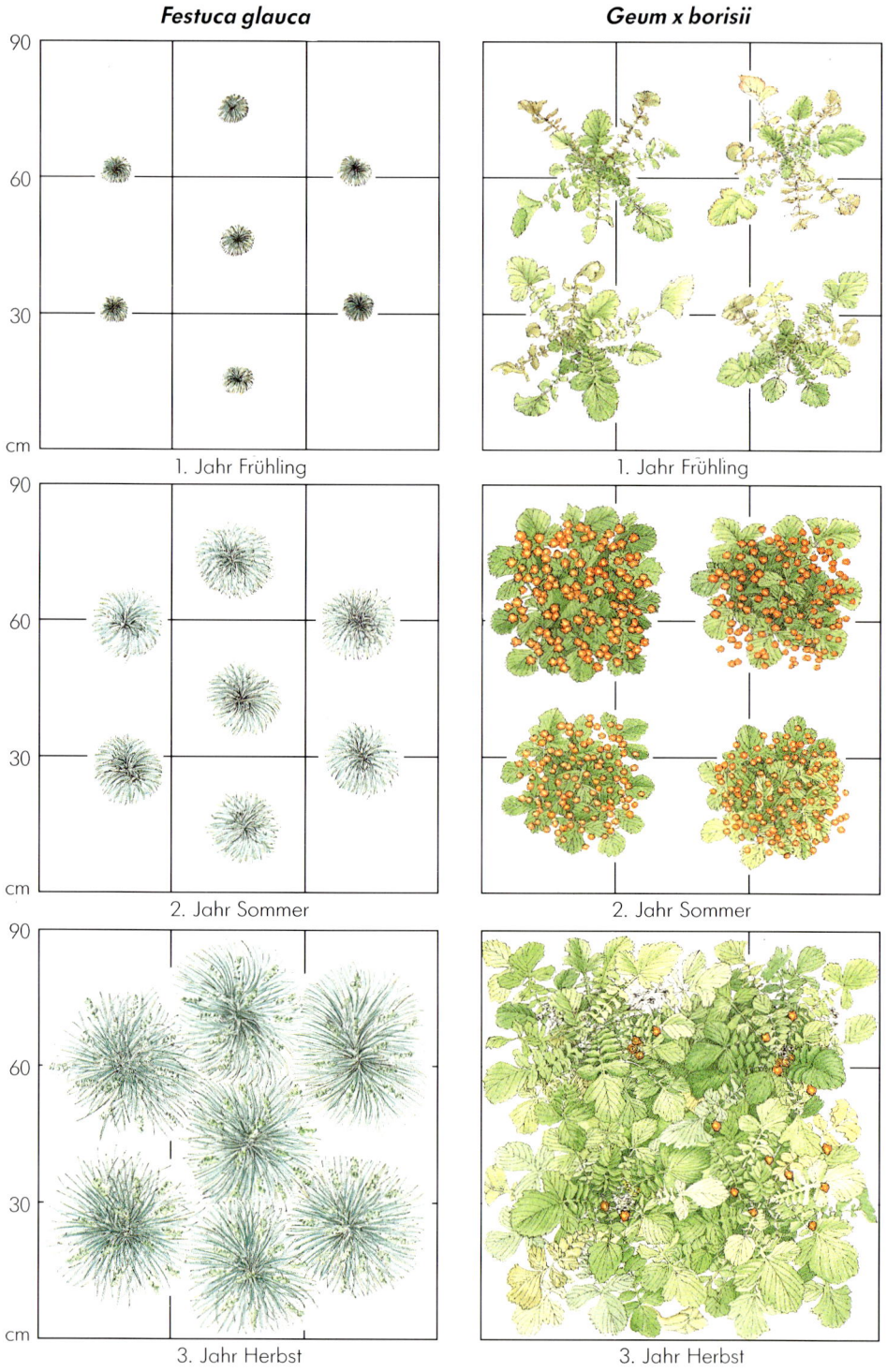

Festuca glauca

Geum x borisii

1. Jahr Frühling

1. Jahr Frühling

2. Jahr Sommer

2. Jahr Sommer

3. Jahr Herbst

3. Jahr Herbst

90
60
30
cm

Hedera helix 'Glacier'

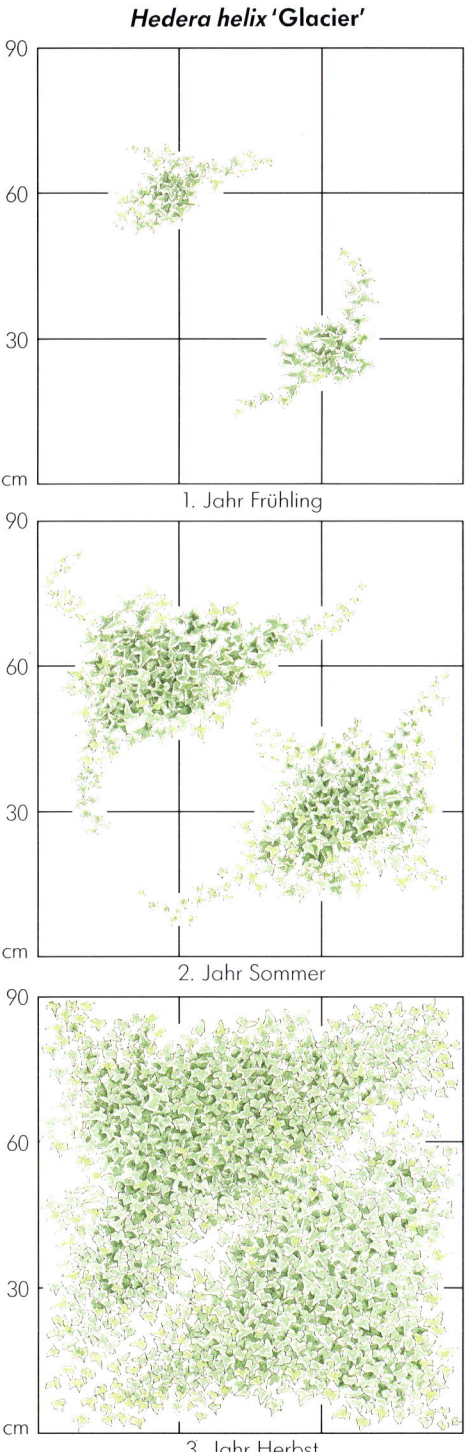

1. Jahr Frühling

2. Jahr Sommer

3. Jahr Herbst

Festuca glauca
Schwingel

Dieses Gras hat charakteristisch grau-blaues, immergrünes Laub, das eine hübsche Einfassung oder einen dekorativen Blickpunkt in einer Rabatte ergibt. Es bildet dichte, etwa 15 cm große Kissen mit in 25 cm Höhe stehenden grau-blauen Sommerblüten. 'Sea Urchin', 'Sea Blue', 'Seven Seas' und 'Silver Sea' sind anders gefärbt, robuster und kompakter. Andere gut bodendeckende Gräser sind zum Beispiel die krautigen *Stipa calamagrostis*, *Phalaris arundinacea* 'Picta', *Pennisetum alopeuroides* sowie das immergrüne *Luzula maxima*.

Zone 4 bis 9, Sonne, m. H. 25 cm, m. B. 22,5 cm

Geum x borisii
Nelkenwurz

4 cm große, hell orangerote Blüten sind Hauptattraktion dieser Pflanze. Sie stehen in 22,5 bis 30 cm Höhe, haben sechs Petalen und ein Bündel orange-gelber Staubblätter. Die meisten Blüten gibt es spät im Frühjahr bis zum Frühsommer, vereinzelt dann noch bis zu den ersten Frösten. Die glänzend grünen, rundlichen, gefiederten Blätter bilden bis zu 30 cm große Kissen. In milderen Regionen immergrün. *Geum chiloense* 'Mrs Bradshaw' wird größer und hat kräftiger orange Blüten, *G. rivale* später erblühende, kupfer-rosa Blüten.

Zone 5 bis 9, Sonne, m. H. 25 cm, m. B. 30 cm

Hedera helix 'Glacier'
Gemeiner Efeu

Gemeiner Efeu ist ein außerordentlich nützlicher Bodendecker für schattige Ecken. Es gibt die unterschiedlichsten Sorten: 'Glacier' hat purpurne Stiele und panaschierte gräulich-grüne Blätter mit heller grauen Flecken und cremefarbenem Rand. Die Blätter von 'Tricolor' haben breite cremeweiße Ränder, die sich im Winter häufig rosa färben. 'Goldheart' hat gelbe Augen. 'Atropurpurea' ist dunkelgrün und wird im Winter kräftig purpurn. 'Digitata' ist schmal gelappt. 'Pedata' ist hellgrün bis gelb und hat eine panaschierte Form mit Namen 'Caenwoodiana Aurea'.

Zone 5 bis 9, Schatten, m. H. 2,5 cm, m. B. 45 cm

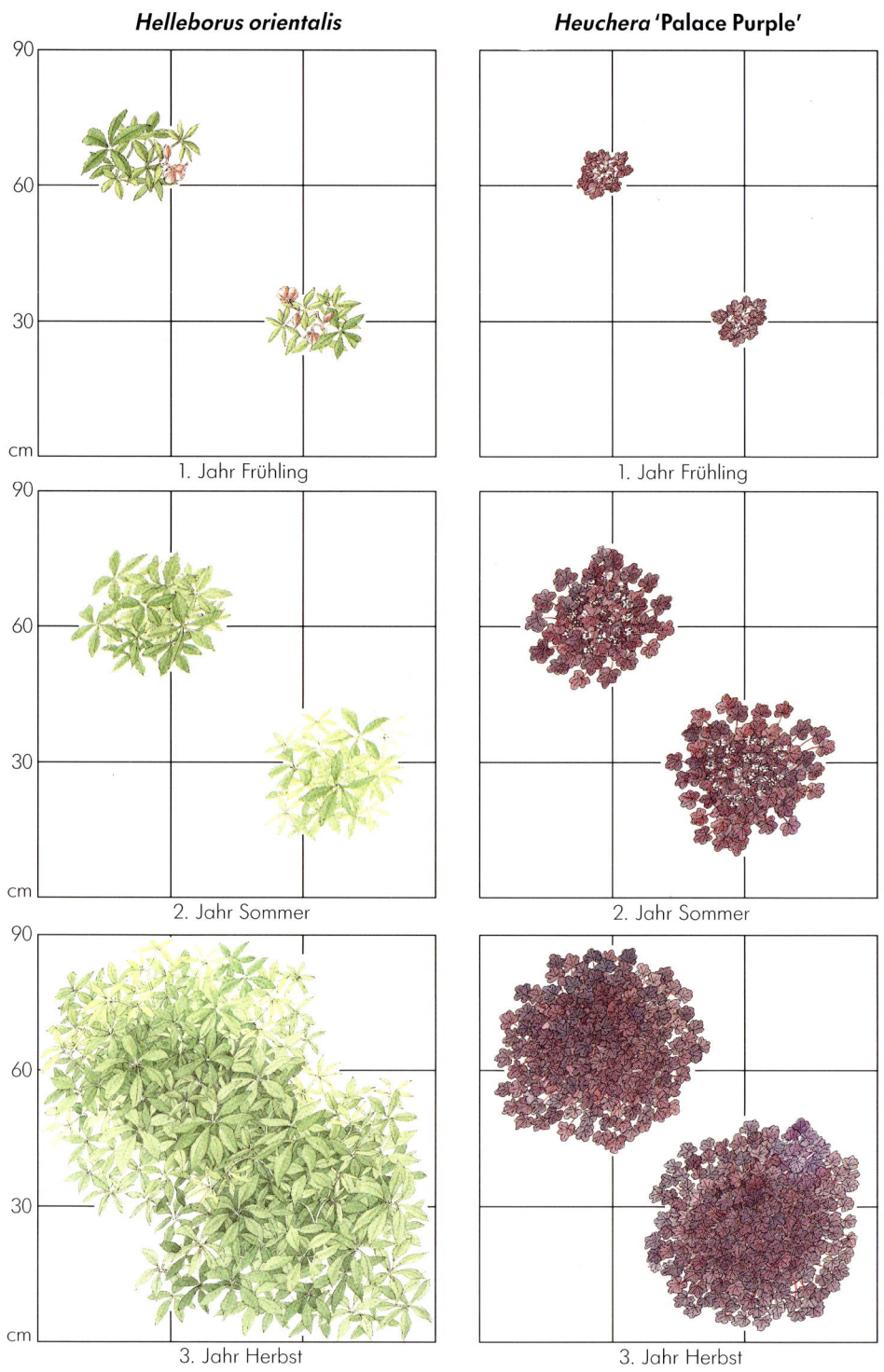

Helleborus orientalis

Heuchera 'Palace Purple'

1. Jahr Frühling

1. Jahr Frühling

2. Jahr Sommer

2. Jahr Sommer

3. Jahr Herbst

3. Jahr Herbst

Iberis sempervirens

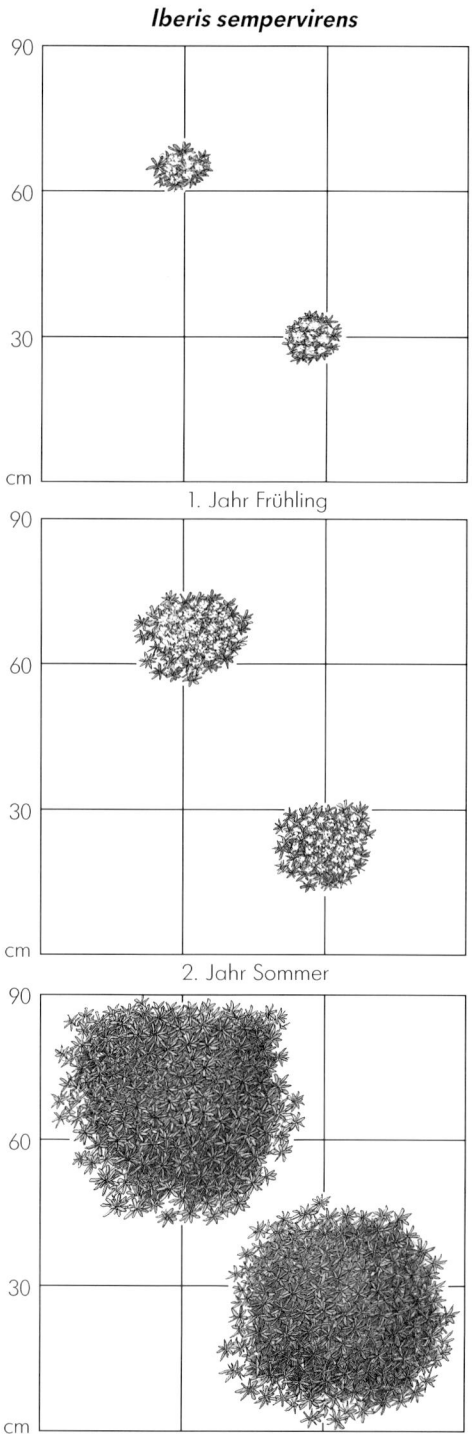

1. Jahr Frühling

2. Jahr Sommer

3. Jahr Herbst

Helleborus orientalis

Von dieser schönen immergrünen Nieswurz, die sich selbst aussät, gibt es viele Formen. Vom späten Winter bis Frühjahresbeginn blühen kräftige, cremeweiße bis tief purpurrote Blüten mit gelben Staubbeuteln 30 bis 45 cm über mittelgrünen ledrigen Blättern. Gedeiht am besten in feuchter Erde, die nie austrocknen sollte, und geschützt vor Wind und Regen, die die Blüten verderben. *H. niger*, die Christ- oder Schneerose, hat große weiße Blüten, die außen rosa überhaucht sind. *H. viridis*, die Grüne, und *H. foetidus*, die Stinkende Nelkenwurz, haben hängende grüne Blüten.

Zone 3 bis 8, Schatten, m. H. 30 cm, m. B. 60 cm

Heuchera 'Palace Purple'

Eine schöne Blattpflanze, die in milderen Regionen immergrün ist, in kalten Wintern jedoch abstirbt. Sie bildet aus herzförmigen oben rötlich-purpurnen und unten heller roten Blättern Kissen. Im Sommer bringt sie winzige hübsche glockenförmige Blüten hervor. *H. sanguinea*, das Purpurglöckchen, stammt aus Amerika, blüht im Frühjahr üppig und die ganze Wachstumsperiode über weiterhin sporadisch, vor allem, wenn man Verblühtes stets entfernt. Die Blüten der Grundform sind blutrot, es gibt jedoch rosa und weiße Formen. Runde, mattgrüne Blätter.

Zone 4 bis 9, Sonne oder Halbschatten, m. H. 45 cm, m. B. 45 cm

Iberis sempervirens
Immergrüne Schleifenblume

Halbstrauch für Einfassungen oder Steingärten. Er bildet niedrige, dichte Kissen aus glänzend dunklen, immergünen Blättern und schmückt sich spät im Frühjahr mit reinweißen Blüten. Jede Pflanze breitet sich bis zu 60 cm aus, kann jedoch durch häufiges Schneiden eingegrenzt werden. 'Snowflake' hat größerblättrige Blüten und wirkt heller. 'Little Gem' ist eine kleinere, aufrechte, rosa Sorte. Alle Formen gedeihen in gut durchlässigem, leicht basischem Boden am besten. Entfernen Sie Verwelktes. Vermehrung über Stecklinge, die man im Sommer abnimmt.

Zone 4 bis 8, Sonne, m. H. 22,5 cm, m. B. 60 cm

113

Iris foetidissima   *Juniperus horizontalis* '**Grey Pearl**'

1. Jahr Frühling

1. Jahr Frühling

2. Jahr Sommer

2. Jahr Sommer

3. Jahr Herbst

3. Jahr Herbst

Lamium maculatum

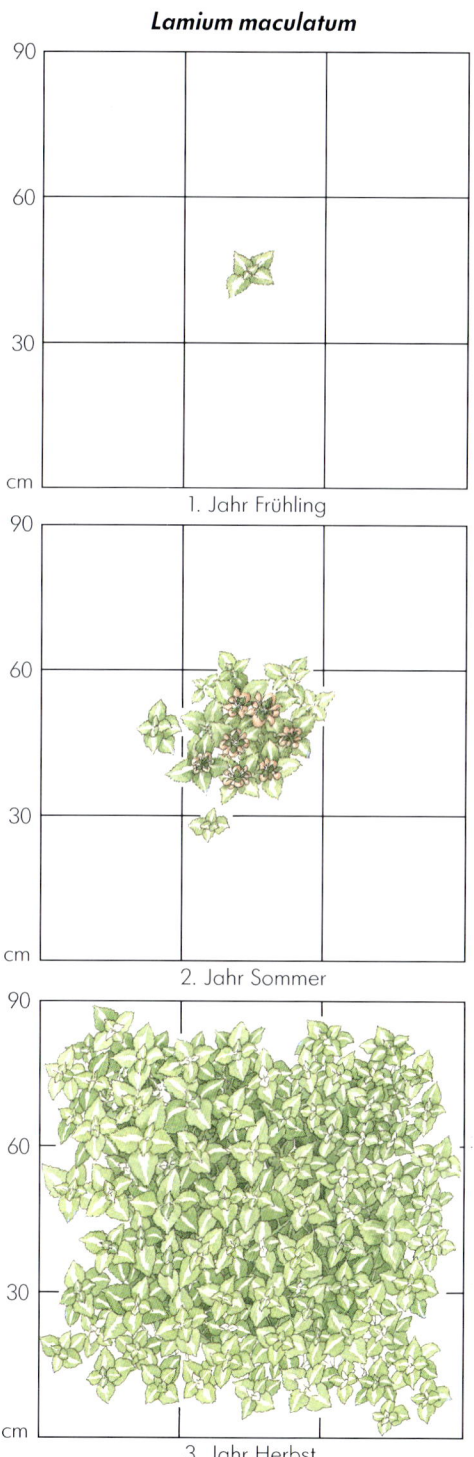

1. Jahr Frühling

2. Jahr Sommer

3. Jahr Herbst

Iris foetidissima

Eine robuste Schwertlilie, die sowohl in trokkenem, unwirtlichen Boden als auch in fruchtbarem, feuchtem Boden gedeiht. Sie hat große dunkelgrüne bandförmige Blätter und bräunlich-purpurne Blüten, im Herbst attraktive orange Samenkapseln, die den Winter über stehen bleiben. *I. foetidissima* 'Variegata' ist eine wunderbare cremefarben panaschierte Grünpflanze; ihre wenigen Blüten entwickeln jedoch keine Samenkapseln. Wie die meisten Iris-Formen produziert auch sie Rhizome.

Zone 5 bis 9, Schatten, m. H. 45 cm, m. B. 60 cm

Juniperus horizontalis 'Grey Pearl'
Kriechwacholder

Die Wacholder gehören zu den besten flach wachsenden Koniferen. *Juniperus x media* 'Pfitzeriana' ist eine robuste Hybride, die in 10 Jahren gut 2,40 m breit wird, später noch größer, und 1,50 m Höhe erreicht. Er eignet sich damit als Solitärpflanze für kleine Gärten. *J. horizontalis* wächst wesentlich flacher. Einige Sorten, zum Beispiel 'Emerald Spreader', werden kaum 10 cm hoch. 'Glauca' hat bläuliches Laub, wird 15 cm hoch und in 10 Jahren 1,20 m breit.

Zone 3 bis 9, Sonne oder Halbschatten, m. H. 20 cm, m. B. 1,80 bis 3 m

Lamium maculatum
Gefleckte Taubnessel

Diese Pflanze gedeiht gut im Schatten sehr dichter Bäume, wo sonst kaum etwas wächst; an anderen Standorten beginnt sie jedoch leicht zu wuchern. Die Blätter haben einen cremefarbenen Mittelstreifen, die malven-rosa Blüten öffnen sich im Frühsommer. Einige gute Sorten sind nicht so wüchsig und erreichen nur 30 cm. 'Beacon Silver' hat silberne Blätter mit schmalen grünen Rändern und rosa Blüten. 'White Nancy' gleicht ihm, hat jedoch weiße Blüten. 'Aureum' hat blaßgelbe Blätter mit cremefarbenem Streifen und rosa Blüten.

Zone 3 bis 9, Schatten, m. H. 20 cm, m. B. 90 cm

Liriope muscari

Lonicera pileata

1. Jahr Frühling

1. Jahr Frühling

2. Jahr Sommer

2. Jahr Sommer

3. Jahr Herbst

3. Jahr Herbst

116

Lysimachia nummularia

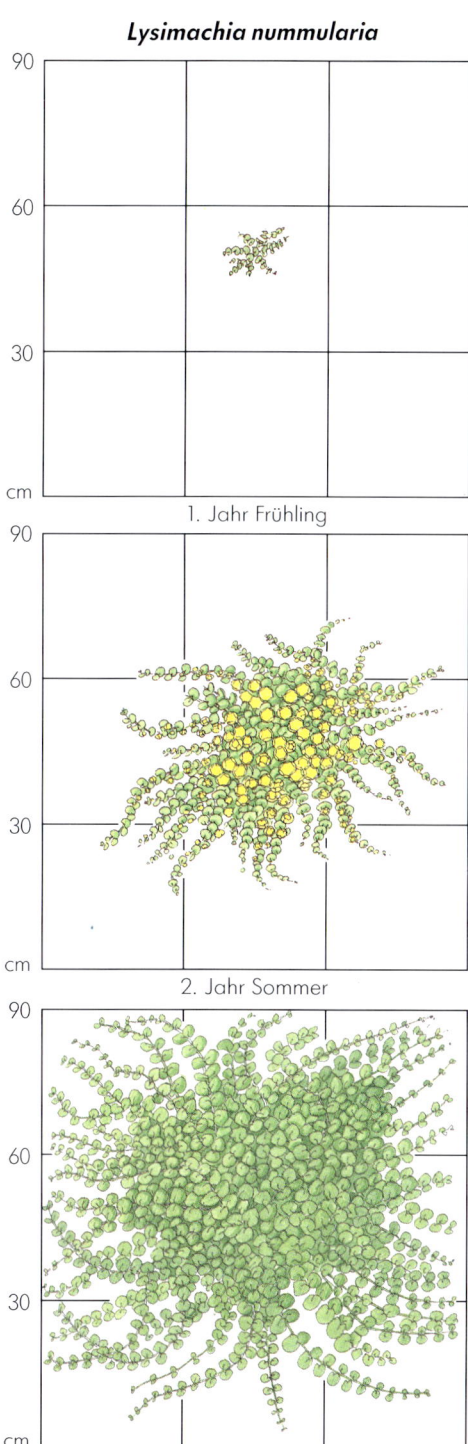

90

60

30

cm
1. Jahr Frühling

90

60

30

cm
2. Jahr Sommer

90

60

30

cm
3. Jahr Herbst

Liriope muscari

Dieses Liliengewächs gleicht einem breit-
blättrigen Gras, bildet mit seinem dunkelgrünen ledrigen Laub dichte immergrüne Kissen
und verdrängt Unkraut. Die dunkel malvenfarbenen Blüten öffnen sich im Spätsommer;
es folgen Bündel glänzend schwarzer Beeren,
die bis weit in den Winter hängen bleiben.
'Majestic' ist robuster. Sie verbreitet sich
langsam über unterirdische Rhizome und gedeiht besser, wenn man im Frühjahr, bevor
sie neu auszutreiben beginnt, die Blätter bis
zum Boden zurückschneidet.

**Zone, 6 bis 9, Sonne oder Schatten, m. H. 37,5 cm,
m. B. 30 cm**

Lonicera pileata
Heckenkirsche, Geißblatt

Der zierliche breite Wuchs dieser Pflanze
macht sie für üppige Beete, in denen größere
Flächen bedeckt werden müssen, unentbehr-
lich. Sie hat sparrige Zweige, die sich in
Schichten auffächern. Die glänzenden ovalen
Blätter sind nur etwa 2,5 cm lang. Die kleinen weißen Blüten sind meist im Laub versteckt, man sieht aber später die purpurroten
Beeren. Dieser Strauch ist immergrün, außer
in sehr kalten Gebieten. Kletternde Heckenkirschen wie *L. japonica* und *L. periclymenum* eignen sich auch als Bodendecker; sie
werden 90 cm bis 1,20 m breit.

**Zone 5 bis 10, Sonne oder Schatten, m. H. 60 cm, m. B.
90 cm**

Lysimachia nummularia
Pfennigkraut

An feuchten Standorten wuchert dieser Bodendecker sehr stark; Feuchtigkeit ist aber
wichtig, wenn die Pflanze in der Sonne steht.
Die gegenständigen, rundlichen, immergrünen Blätter sind kaum 2,5 cm lang und im
Sommer mit hellgelben Blüten übersät. Die
goldgelbe Form 'Aurea' hat gelb-grüne Blätter. Sie wuchert etwas weniger stark und
eignet sich für Einfassungen. Falls sie zum
Wuchern neigt, sollten Sie sich für Waldmei-
ster *(Galium odoratum)* entscheiden, der
Feuchtigkeit und Halbschatten benötigt.

**Zone 3 bis 9, Sonne oder Halbschatten, m. H. 2,5 cm,
m. B. 60 bis 90 cm**

117

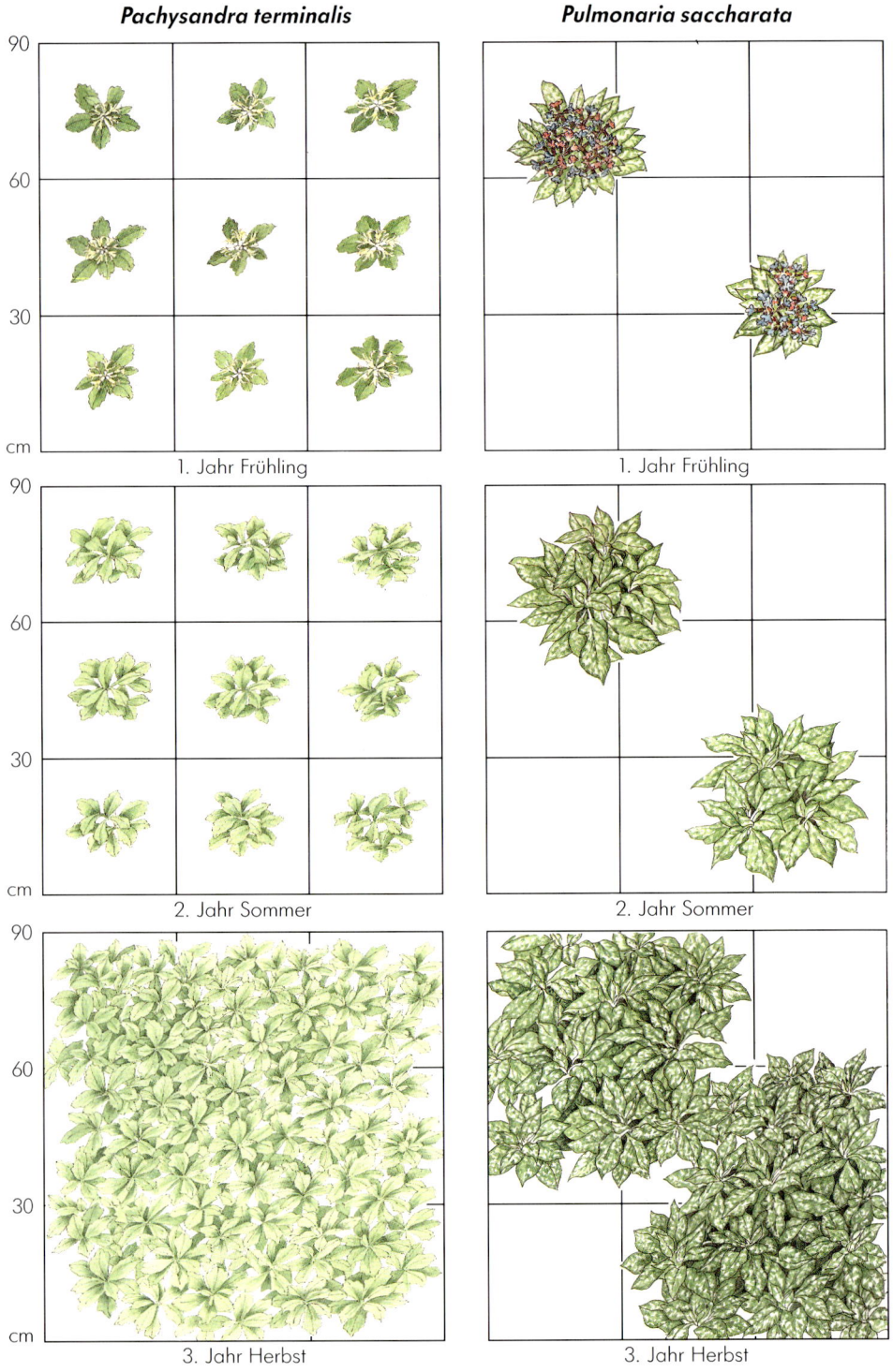

Pachysandra terminalis

Pulmonaria saccharata

1. Jahr Frühling

1. Jahr Frühling

2. Jahr Sommer

2. Jahr Sommer

3. Jahr Herbst

3. Jahr Herbst

118

Ruta graveolens

1. Jahr Frühling

2. Jahr Sommer

3. Jahr Herbst

Pachysandra terminalis

Ysander sollte eigentlich weit verbreitet sein, da er einer der besten Bodendecker für sehr schattige Standorte ist. Er hat gezähnte, ledrige, glänzend grüne Blätter, die auf 15 bis 20 cm langen Stielen sitzen. Die kleinen, duftenden, cremeweißen Büten öffnen sich im Frühjahr. Die Pflanze bevorzugt kalkfreien Boden und verbreitet sich über rhizom-artige Wurzeln sehr schnell, vorausgesetzt, es steht ihr während des Anwachsens ausreichend Feuchtigkeit zur Verfügung. Die Blätter der panaschierten 'Silveredge' und 'Variegata' sind schmal weiß gerändert.

Zone 4 bis 8, Schatten, m. H. 25 cm, m. B. 90 cm

Pulmonaria saccharata

P. saccharata hat größere Blätter und Blüten als *P. vulgaris*, das Lungenkraut, das seiner rosa und blauen Blüten wegen auch als Vater-und-Mutter-Blümchen bekannt ist. Beide verdrängen mit ihrem grünen gefleckten Laub Unkraut, blühen zeitig im Jahr und sterben in kalten Wintern ab. 'Argentea' hat silbrig-weiße Blätter, 'Cambridge Blue' tief rosa und blaue Blüten, 'Pink Dawn' nur rosa und 'Sissinghurst White' weiße Blüten. Alle benötigen kühle feuchte Böden. Entfernen Sie eingerissene Blätter.

Zone 3 bis 8, Schatten oder Teilsonne, m. H. 22,5 bis 30 cm, m. B. 60 cm

Ruta graveolens
Weinraute

Dieses altmodische Kraut wird meist als Zierpflanze verwendet. Es bildet etwa 45 cm hohe Kissen aus winzigen graugrünen Blättern. Diese sind stark eingebuchtet, wirken etwas farnartig und riechen bitter. Ab Hochsommer und bis Frühherbst öffnen sich kleine gelbe Blüten. Besonders bekannt sind die blaugrauen Formen 'Jackman's Blue' und 'Blue Beauty'. Weinraute gedeiht in gut durchlässigen Böden und ist in milderen Regionen immergrün; in kälteren Wintern wird sie recht schmuddelig. Schneiden Sie sie zeitig im Frühjahr zu.

Zone 4 bis 9, Sonne, m. H. 45 cm, m. B. 45 cm

119

Salvia officinalis 'Icterina'

Santolina chamaecyparissus 'Nana'

1. Jahr Frühling

1. Jahr Frühling

2. Jahr Sommer

2. Jahr Sommer

3. Jahr Herbst

3. Jahr Herbst

Sarcoccoca humilis

1. Jahr Frühling

2. Jahr Sommer

3. Jahr Herbst

Salvia officinalis 'Icterina'

Dies ist die goldgelb panaschierte Form des Echten Salbei. Sie bildet einen niedrigen, breiten, buschigen Strauch, der sehr gut durchlässige Boden benötigt. Ovale Blätter, 2,5 bis 6,5 cm lang, grau-grün und bei der Grundform mit weichen Haaren bedeckt. 'Icterina' hat gelbe Flecken auf den Blättern, 'Variegata' weiße Panaschierungen, 'Purpurascens' purpurne Spritzer und 'Tricolor' rote, grüne und weiße Male. Alle haben hell veilchenblaue Blüten, die von 'Alba' sind allerdings weiß. In milderen Regionen immergrün, stirbt in härterem Klima jedoch ab. Schneiden Sie im Frühjahr zur Wachstumsförderung zurück!

Zone 3 bis 9, Sonne, m. H. 45 cm, m. B. 60 cm

Santolina chamaecyparissus 'Nana'
Heiligenblume, Zypressenkraut

Dieser Bodendecker eignet sich gut für trockenen, gut durchlässigen Boden, verträgt aber keine sumpfigen kühlen Standorte. Er hat grünes fedriges duftendes Laub; bei *S. virens* ist es graugrün. Dieser Korbblütler bringt knopfförmige hellgelbe Blütenköpfchen ohne Einzelblüten hervor. *S. neapolitana* hat zitronengelbe Blüten. Die Grundform ist wüchsig, wird 60 cm breit und mindestens 45 cm hoch. 'Nana' bleibt kompakter und ist für kleine Gärten günstiger. Schneiden Sie die Zweige im Frühjahr relativ weit zurück.

Zone 7 bis 9, Sonne, m. H. 22,5 cm, m. B. 30 cm

Sarcoccoca humilis

Dieser niedrige, immergrüne Strauch mit kleinen dunkelgrünen, glänzenden spitzigen Blättern, die wechselständig auf etwa 37,5 cm langen Zweigen stehen, wird oft unterschätzt. Winzige cremeweiße Blüten beginnen im Spätwinter zu erblühen und verströmen ihren süßen Duft in die kalte Luft. Nach den Blüten kommen schwarze Beeren. Die Pflanze breitet sich über unterirdische Ausläufer stetig aus und gedeiht unter Bäumen oder im Schatten einer Mauer, vorausgesetzt, der Boden ist fruchtbar und gut durchlässig. Die Zweige sind dekorative Ergänzung für Blumensträuße!

Zone 5 bis 9, Schatten, m. H. 37,5 cm, m. B. 37,5 cm

121

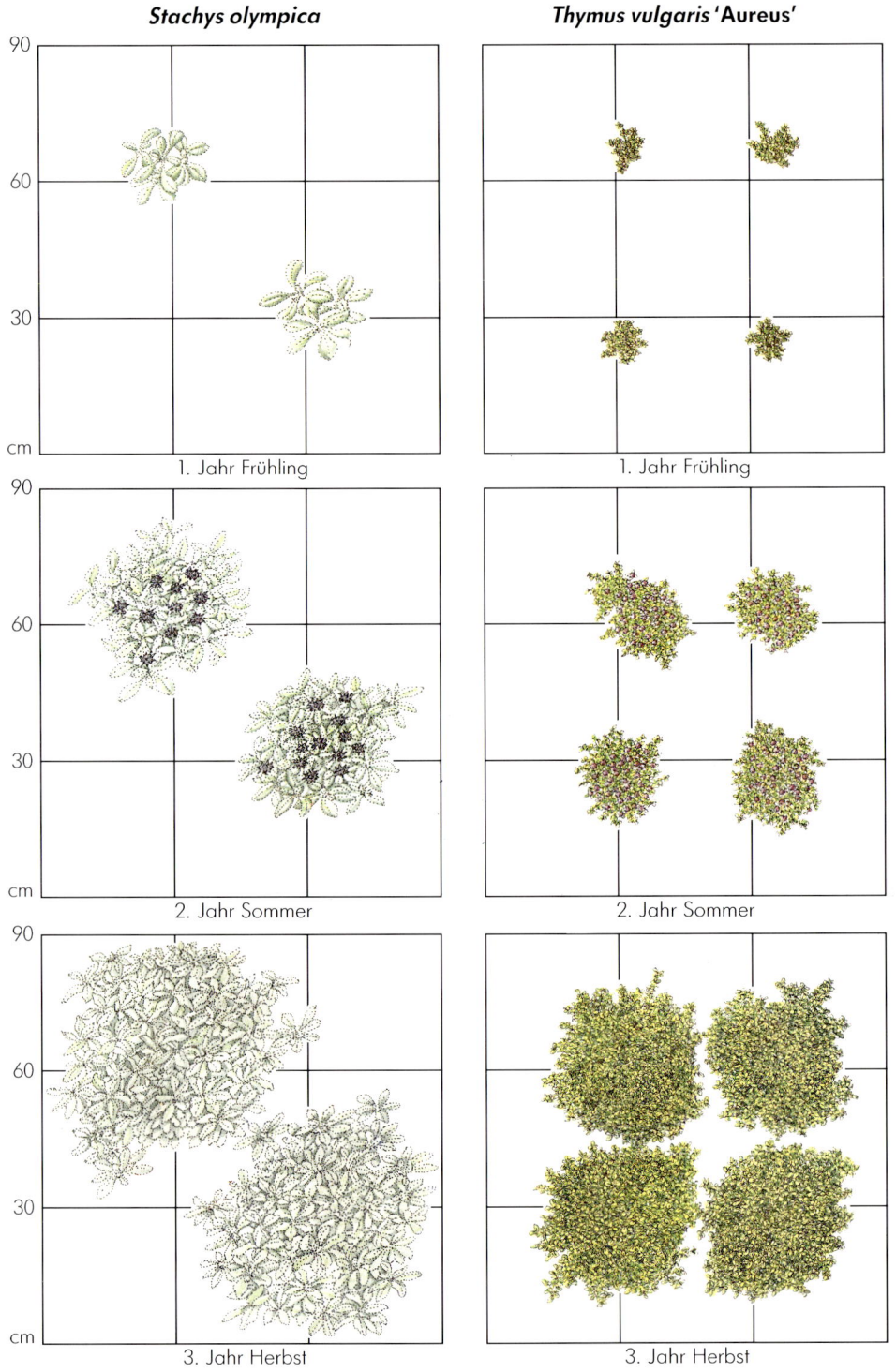

Stachys olympica — **Thymus vulgaris 'Aureus'**

1. Jahr Frühling — 1. Jahr Frühling

2. Jahr Sommer — 2. Jahr Sommer

3. Jahr Herbst — 3. Jahr Herbst

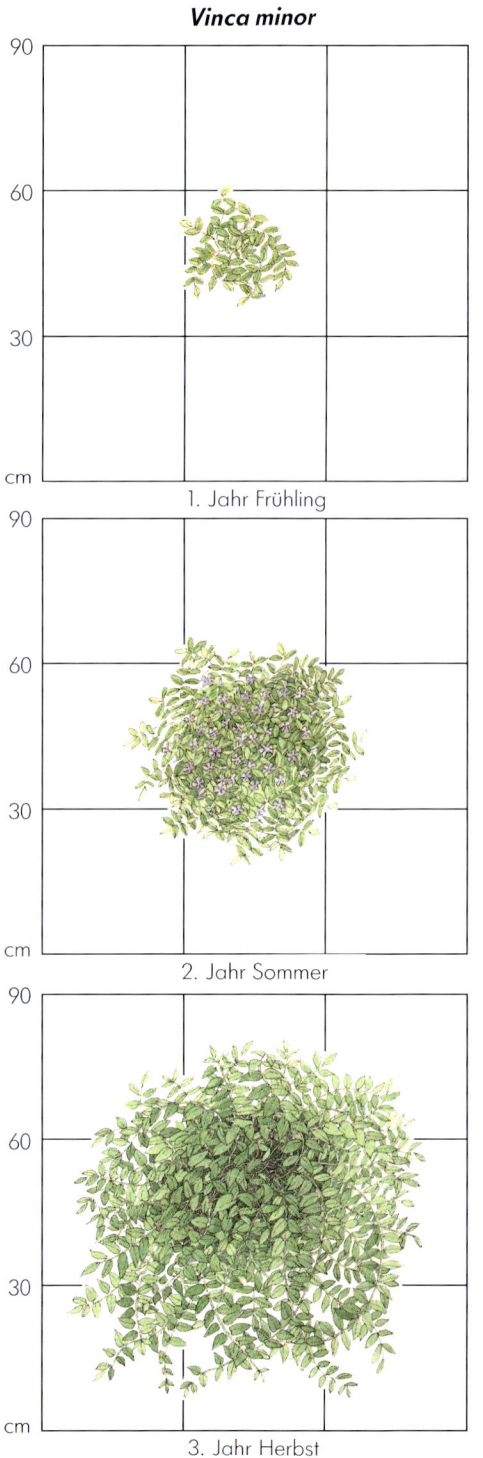

Vinca minor

1. Jahr Frühling

2. Jahr Sommer

3. Jahr Herbst

Stachys olympica
Ziest

Auch *S. lanata* genannt. Diese Pflanze hat hübsche weiche, pelzige, grauweiße ovale Blätter, die 2,5 bis 10 cm lang sind, und bildet einen dichten Teppich, der alles Unkraut erstickt. Die Blüten, die auch in Sträußen hübsch aussehen, wachsen auf 50 cm langen Stielen in dichten purpurn-grauen Spiralen. Die Sorte 'Silver Carpet' produziert keine Blüten und eignet sich besonders gut als Bodendecker. Ziest ist zwar immergrün, wird im Winter, vor allem in kalten sumpfigen Gebieten, jedoch etwas zausig.

Zone 7 bis 10, Sonne, m. H. 10 cm, m. B. 45 cm

Thymus vulgaris 'Aureus'
Gartenthymian

Eine robuste Pflanze mit dunkelgrünen, kleinen, würzig duftenden Blättern, die am besten in voller Sonne und gut durchlässigem Boden gedeiht. Die winzigen gelb-grünen Blätter der Sorte 'Aureus' müssen häufig gestutzt werden, um die kräftige Farbe zu erhalten. 'Variegatus' hat grau-grüne Blätter mit schmalen weißen Rändern. Diese beiden Formen laufen oft unter der Bezeichnung *T. citriodorus*. Die blaß purpurnen Blüten stehen in kleinen Ähren auf kurzen Stielen dicht über den Blättern. Schneiden Sie im Frühjahr, damit die Pflanze buschig bleibt.

Zone 3 bis 9, Sonne, m. H. 20 cm, m. B. 30 cm

Vinca minor
Immergrün

Diese windende immergrüne Pflanze hat glänzende ovale dunkle Blätter, etwa 2,5 bis 5 cm lang. Die hellen bläulich-malvenfarbenen Blüten öffnen sich Anfang bis Mitte des Frühjahres. Schneidet man die Zweige nach dem Verblühen zurück, gibt es im Spätsommer einen zweiten Flor. An sonnigen Standorten in gut durchlässigem Boden beginnt sie zu wuchern und muß kräftig gestutzt werden. Sie verträgt Schatten und eignet sich auch für steile Abhänge. 'Alba' ist weiß und 'Multiplex' (gefüllt) pflaumen-purpurn. Einige haben panaschierte Blätter.

Zone 4 bis 9, Sonne oder Schatten, m. H. 20 cm, m. B. 60 cm

Rechts: *Dictamnus albus purpureus* ist eine im Frühsommer blühende Staude, die ungestört wachsen sollte. Die duftenden Blütenähren stehen 90 cm hoch, die Kissen werden 60 cm breit. Veilchen und Päonien eignen sich für den Vordergrund von Rabatten, sie blühen den ganzen Sommer über.

Links: Hostas sind hauptsächlich ihres interessanten Laubes wegen beliebt. Sie bilden dicke Kissen aus herzförmigen Blättern in den verschiedensten Farben, von Blaugrün bis ganz hell Gelbcreme und mit cremefarbenen und goldenen Panaschierungen. Im Sommer bringen die meisten Sorten hübsche weiße oder purpurne Blüten hervor. Hauptfeinde dieser Pflanzen sind Schnecken, die man abschreckt, indem man den Boden um sie herum mit Kies oder zerkleinerten Eierschalen abdeckt.

STAUDEN

Die oberirdischen Teile der Stauden sterben am Ende der Wachtumsperiode ab, und nur die unterirdischen Teile überwintern und treiben im Frühjahr neu aus. Stauden sind unwahrscheinlich dankbar: schon die frischen jungen Triebe im Frühjahr sind eine Augenweide; später löst bis zu den ersten Frösten ein Blütenflor den anderen ab.

Der Hochsommer ist die Hochzeit der Stauden. Dann sind Storchschnabel, Mohn, Rittersporn, Lupinen, Penstemon, Phlox und Maßliebchen besonders schön. Das Laub der Pflanzen, die nicht mehr oder noch nicht blühen, ergibt einen attraktiven Hintergrund für diese Sommer-Mehrjährigen, die in vollem Glanz erstrahlen.

Stauden gibt es in Höhen von 15 cm bis 2 m; daher kann man sie vom Vordergrund bis zum Hintergrund eines Beetes überall einsetzen. Sie können mit Sträuchern oder Zwiebelge-

wächsen kombiniert werden. Große Exemplare ergänzen sich mit Sträuchern, kleinere verdecken das absterbende Laub von Zwiebelgewächsen.

Große weichstämmige Stauden müssen gestützt werden, vor allem in ungeschützten, windigen oder schattigen Gärten. Es gibt verschiedene metallene oder kunststoffbeschichtete Stangen und Reifen; greifen Sie darauf zurück, noch ehe die Pflanzen sie wirklich benötigen. Sie sind effektiv, wenn auch etwas häßlich. Etwas natürlicher wirkende Erbsenstangen sind vielleicht hübscher. Achten Sie darauf, daß Sie nicht an einer Stelle zu viele Pflanzen stehen haben, die solche Stützen benötigen; eine Ansammlung von Stäben ist kein Schmuck für den Garten.

Es ist nicht immer ganz einfach, einer Rabatte gleich auf Anhieb das richtige Gesicht zu verleihen; die Möglichkeit, nach ein, zwei oder drei Jahren noch einmal umzupflanzen, auszugraben und zu teilen, ist sinnvoll. Überzählige Pflanzen können Sie ja Bekannten überlassen. Ist dies nicht möglich, zögern Sie nicht, sie auf den Kompost zu werfen – ihr Garten wird durch das Ausmisten und durch gutes organisches Mulchmaterial nur gewinnen.

Einige Arten breiten sich schneller aus als erwartet und verdrängen Nachbarpflanzen – seien Sie also auf der Hut! Manche Pflanzen gedeihen aber auch gut, wenn sie von anderen überwuchert werden; dies sollten Sie in ihrer Anlage berücksichtigen. Später blühende Arten können so zum Beispiel Lücken füllen, die bereits verblühte Pflanzen hinterlassen haben. Bauschiges Schleierkraut hinter einem Kissen

Incarvillea delavayi verbirgt in der zweiten Hälfte des Sommers dessen welke Blüten und absterbendes Laub vollständig, ohne jedoch der Pflanze selbst zu schaden.

Die meisten Arten bilden Kissen und verbreiten sich über Rhizome, einige säen sich auch selbst aus. Unter bestimmten Bedingungen beginnen einige Arten zu wuchern. *Lythrum salicaria*, *Saponaria officinalis* und *Macleaya microphylla* sind in vielen Böden gefährlich: das kleinste Wurzelstück breitet sich aus wie eine Seuche (auch wenn sie in manchen Böden nur schlecht anwachsen). Sämlinge von Frauenmantel und Fenchel müssen ständig ausgerissen werden, damit sie nicht überhand nehmen. Meist müssen die Stauden regelmäßig ausgegraben und geteilt werden, damit sie nicht wuchern, sondern weiterhin üppig blühen. Einige Ausnahmen gibt es auch hier: Pfingstrosen vertragen es zum Beispiel überhaupt nicht, wenn man sie stört.

Eine Staudenrabatte liefert auch stets Schnittblumen für Sträuße, da die Pflanzen ohnehin regelmäßig zurückgeschnitten werden sollten, um neue Triebe und eine längere Blütezeit zu fördern. Bei vielen Pflanzen hat sorgfältiges Entfernen alles Verwelkten den gleichen Effekt; zugleich verhindert es die Selbstaussaat und das Aufgehen zu vieler Sämlinge. Einige Arten, so zum Beispiel viele Laucharten und *Sedum spectabile* produzieren dekorative Samenkapseln, die auch in Trockenblumen-Sträußen zur Geltung kommen.

Links: Eine traditionelle britische Staudenrabatte im Hochsommer. Ein so großes Beet erfordert viele Stunden aufmerksamer Gartenarbeit; kleinere Beete bedeuten entsprechend weniger Aufwand. Hauptaufgabe ist das Ausgraben und Teilen der wüchsigsten Pflanzen, um sie daran zu hindern, andere zu verdrängen. Tun Sie dies im Herbst oder Frühjahr.

Unten: Eine attraktive Kombination aus *Penstemon* 'Garnet' und *Sidalcea* 'Rose Queen'. Die Blütezeit dieser Pflanzen kann deutlich verlängert werden, wenn man Verblühtes stets entfernt.

Stauden sollten genauso tief gepflanzt werden wie sie im Anzuchtbeet oder Topf standen. Die Erde muß gut festgedrückt werden, damit keine Lufteinschlüsse entstehen. Pflanzen mit kurzen Wurzeln werden im ersten Winter leicht entwurzelt: wenn der Boden abwechselnd gefriert und auftaut, wird die Erde aufgeworfen und legt die Wurzeln frei.

Die vielleicht einzige und wichtigste Pflegetechnik für Stauden ist das Mulchen. Damit kann die Feuchtigkeit im Boden gehalten werden, die Wurzeln werden vor extremen Temperaturschwankungen geschützt und Unkräuter unterdrückt. Mulch kann aus gut verrottetem Gartenkompost oder aus Rindenkompost bestehen und sollte 5 bis 7,5 cm dick aufgebracht werden. Im Laufe der Jahre verrottet organischer Mulch allmählich und wird von Würmern in die Erde eingearbeitet. Am besten mulcht man direkt nach dem Pflanzen oder im Frühjahr, wenn die Beete gesäubert werden. Jedes Beet sollte vor dem Mulchen von Unkraut befreit und gut gegossen sein. Die Mulchschicht sollte nicht zu dicht an die Kronen der Pflanzen heranreichen, da sonst Krankheiten ein leichtes Spiel haben. Gemulchte Beete wirken zudem sehr ordentlich und gepflegt.

In kalten Gegenden benötigen vor allem junge und nicht so robuste Pflanzen im Winter Schutz. Am besten eignen sich Stroh, Laub, Kompost oder die Zweige von Immergrünen, die man locker über den Pflanzen ausbreitet

Rechts: An einem feuchten schattigen Standort bedecken die Blätter von *Rheum palmatum*, *Pulmonaria saccharata* und *Iris pseudacorus* den Boden, lange nachdem die Blüten verwelkt sind. Im Winter ist dieses Beet jedoch kahl.

Unten: Eine hübsche Abstufung von Größen und Farben an einem sonnigen Standort: Kissen von *Alchemilla mollis* und der kriechenden *Alstroemeria* stehen vor der Strauchpappel *Lavatera olbia*.

und mit Erde oder Steinen beschwert. Diese Materialien trocknen nach Niederschlägen schnell; dies ist sehr wichtig, damit die Pflanzen nicht durch ständige Feuchtigkeit faulen und absterben. Welkes Laub eignet sich nicht so gut, da es die Feuchtigkeit hält (ebenso Streu, wenn das Wetter beständig feucht ist). Der Boden soll jedenfalls den ganzen Winter über in etwa die gleiche Temperatur haben; mulchen Sie also kurz, nachdem der Boden stark abgekühlt oder gerade gefroren ist. Je später Sie mulchen, desto geringer ist die Gefahr, daß sich Mäuse und Wühlmäuse einquartieren.

Als zusätzliche, recht nützliche Absicherung können Sie im Sommer von den Pflanzen, die den Winter eventuell nicht überstehen, Ableger machen.

Die Wuchstabellen

Die Pflanzen sind in den Wuchstabellen in Dreiergruppen abgebildet, da Stauden selten alleine stehen; Farbe, Höhe und Hochzeit passen bei den gewählten Pflanzen zusammen. Arten, die bis etwa 1 m hoch werden, stehen auf den Seiten 130 bis 151; 180 cm hohe Pflanzen finden Sie auf den Seiten 152 bis 161.

Die Größe, die jede Art bildet, ist neben der dazugehörenden Beschreibung abgebildet. Das Wachstum in drei Jahren wird durch unterschiedliche Grüntöne verdeutlicht: ganz helles Grün für das erste Jahr, etwas dunkleres Grün für das zweite und Dunkelgrün für das dritte Jahr.

Polygonum bistorta 'Superbum'   *Paeonia officinalis*   *Polygonatum x hybridum*

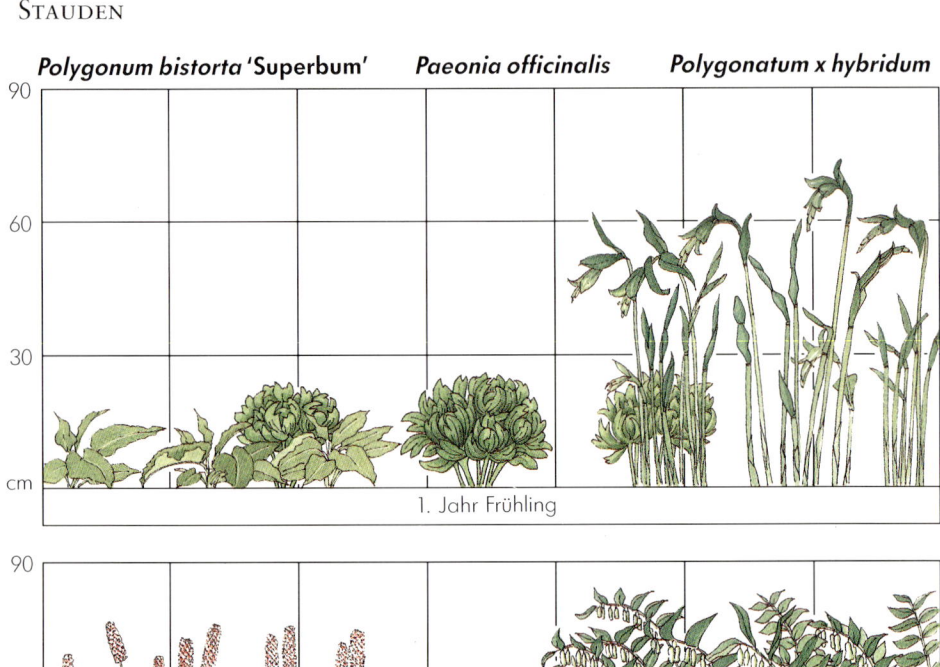

1. Jahr Frühling

2. Jahr Sommer

3. Jahr Herbst

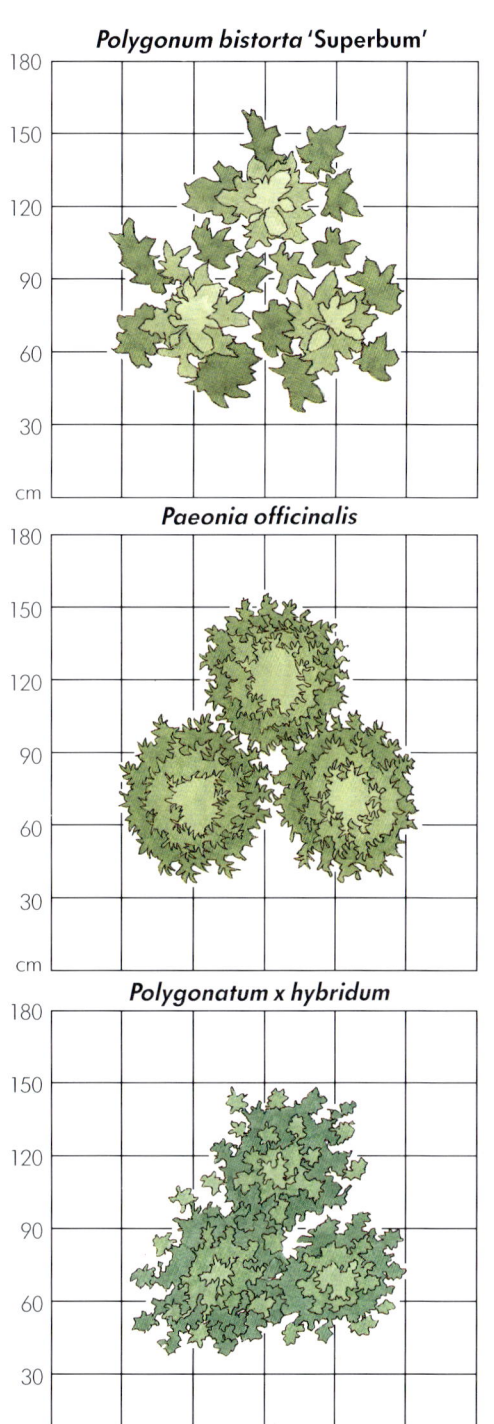

Polygonum bistorta 'Superbum'

Paeonia officinalis

Polygonatum x hybridum

Polygonum bistorta 'Superbum'

Dieser schöne Knöterich bildet dicke Kissen aus breiten, zugespitzten, mittelgrünen Grundblättern, bis 25 cm lang, weich und ledrig. Von Früh- bis Spätsommer schlanke Stiele, 75 cm hoch, mit schmalen Flaschen-bürsten-Ähren aus blaßrosa Blüten, die an feuchten Standorten am längsten halten. Fortpflanzung über Rhizome. Die Grund-form ist kleiner und wird häufig Wiesen-oder Schlangen-Knöterich genannt. *Polygon-um amplexicaule* 'Atrosanguineum' ist kräf-tiger und vom Frühsommer an bis zu den ersten Frösten mit satt karminroten Blüte-nähren geschmückt.

Zone 3 bis 9, Sonne oder Halbschatten

Paeonia officinalis
Echte Pfingstrose

Diese Pflanze verträgt das Umsetzen nicht so gut, gedeiht jedoch viele Jahre trotz der Kon-kurrenz anderer Pflanzen und trotz ungünsti-ger Bedingungen. Sie bildet etwa 90 cm große Stauden mit tief eingebuchteten mittelgrünen Blättern, die die ganze Wachstumsperiode über halten. Die Blüten sind kräftig samtig rot, 7,5 bis 12,5 cm groß; meist ist gefüllte Form 'Rubra Plena' zu sehen. Ungefüllte For-men sind 'Splendens', 'Phyllis Prichard' oder 'J.C.Weguelin'. 'Alba Plena' ist eine gefüllte weiße Sorte.

Zone 2 bis 10, Sonne oder Halbschatten

Polygonatum x hybridum
Weißwurz, Salomonsiegel

Sie entwickelt rasch gebogene Zweige, die 90 cm hoch werden und von durchscheinen-den, gegenständigen, zugespitzt-ovalen Blät-tern umgeben sind. Die kleinen cremefarbe-nen Glockenblumen mit grünem Rand sind unter den Blättern versteckt; sie öffnen sich spät im Frühjahr und im Frühsommer. 'Va-riegatum', mit cremefarben gestreiften Blät-tern, ist nicht so wüchsig. *P. canaliculatum* (auch *P. commutatum* oder *P.biflorum* ge-nannt) wirkt riesenhaft mit bis zu 1,80 m Höhe, 10 bis 20 cm langen Blättern, Bü-scheln aus Glockenblumen und häufig schwarzen Beeren.

Zone 4 bis 9, Schatten

131

Rudbeckia fulgida 'Goldsturm'

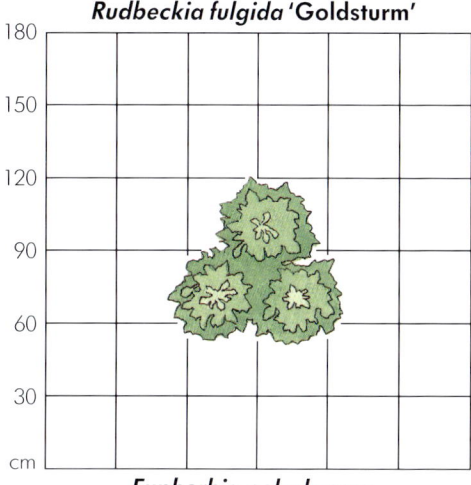

Rudbeckia fulgida 'Goldsturm'
Sonnenhut

Stammt aus der nordamerikanischen Prärie, ist pflegeleicht und schmückt, in großen Gruppen gepflanzt, den Garten im Spätsommer mit einem Meer von Blüten. 'Goldsturm' ist eine besonders gute Form mit 7,5 bis 10 cm großen hellen Korbblüten aus dünnen, nach unten gebogenen Petalen in warmem Gelb und einer samtig schwarzen, kegelförmigen Mitte. 60 cm lange Blütenstiele, umgeben von zahlreichen schmal ovalen, etwa 15 cm langen Basalblättern. Sonnenhut breitet sich in jedem fruchtbaren und einigermaßen feuchtigkeitsspeichernden Boden schnell über Rhizome aus und ist sehr langlebig.

Zone 3 bis 9, Sonne oder Halbschatten

Euphorbia polychroma

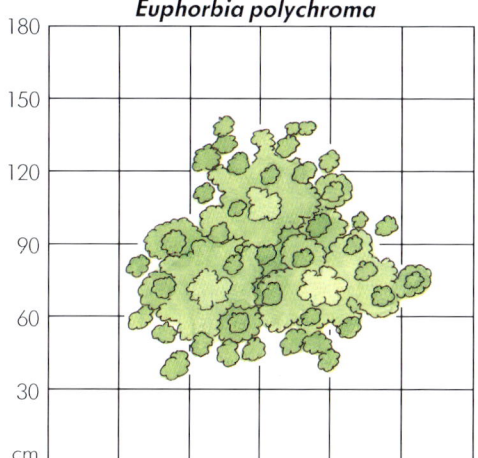

Euphorbia polychroma
Vielfarbige Wolfsmilch

Eine interessante Art, die zeitig im Frühjahr kissenförmig emporwächst und schnell 45 cm hoch wird. Schwefelgelbe Blütenköpfe über frisch grünen, sich 45 cm ausbreitenden Blättern. Im Sommer werden die Blüten grün, im Herbst rötlich-braun. *E. characias* ssp. *wulfenii* ist wesentlich größer: fast 90 cm hoch und breit. Diese Art ist nicht so robust (Zone 7), hat graugrünes Laub und gelbgrüne Blüten, die auf zwei Jahre alten Stielen entstehen. *E. griffithii* wird 60 cm groß und breit und zeigt tief orange Blütenköpfe.

Zone 4 bis 10, Sonne oder Halbschatten

Doronicum 'Miss Mason'

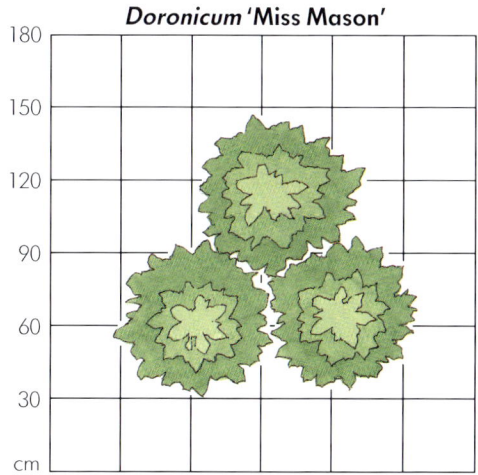

Doronicum 'Miss Mason'
Gemswurz

Diese mehrjährige Pflanze gedeiht in den meisten Böden; sie entsteht aus zähen Rhizomen, die sich stetig vermehren und eine 60 cm breite Staude bilden. Möglicherweise eine Kreuzung zwischen *D. orientale* und *D. austriacum*. Eine wunderbare Pflanze, die nach den Narzissen und gleichzeitig mit Mondviole und frühen Wolfsmilchgewächsen blüht. Die Blätter sind herzförmig, bis 7,5 cm lang und gezähnt. Hellgelbe Korbblüten, 7,5 cm groß, stehen auf 45 cm langen Stielen. Am besten gedeiht Gemswurz in durchlässigem, feuchtem Boden.

Zone 4 bis 9, Sonne oder Halbschatten

Brunnera macrophylla **Sedum 'Autumn Joy'** **Sidalcea-Hybriden**

1. Jahr Frühling

2. Jahr Sommer

3. Jahr Herbst

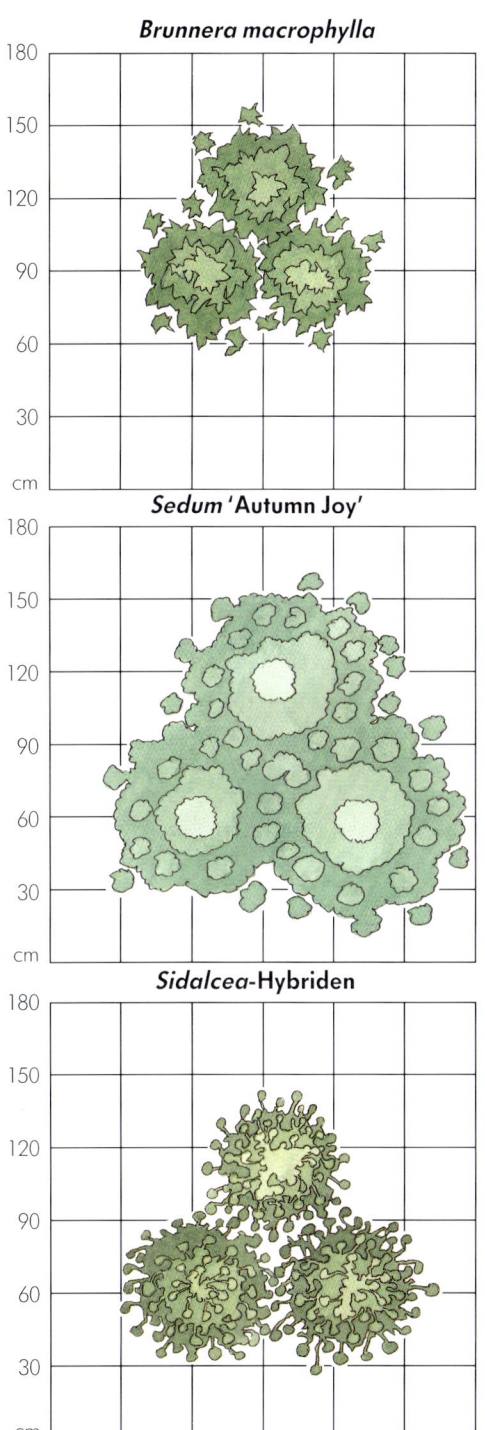

Brunnera macrophylla

Sedum 'Autumn Joy'

Sidalcea-Hybriden

Brunnera macrophylla
Kaukasusvergißmeinnicht

Diese im Frühjahr blühende Staude erinnert an Vergißmeinnicht und stammt aus Rußland. Ein guter Bodendecker, der üppige rundliche Kissen aus mittelgrünen, herzförmigen, 7,5 bis 15 cm langen Blättern bildet. Die kleinen lebhaft blauen Blütenbüschel stehen auf mindestens 30 cm langen Stielen über dem Laub. Die Pflanze wird etwa 60 cm breit und sollte alle drei oder vier Jahre geteilt werden. *Brunnera* bevorzugt feuchten Boden.

Zone 3 bis 9, Schatten

Sedum 'Autumn Joy'
Fetthenne

Diese bemerkenswerte Pflanze ist das ganze Jahr über dekorativ. Die jungen Blätter im Frühjahr sind fleischig grau-grün und haben gewellte Ränder; im Sommer entstehen in der gleichen Farbe große flache Blütenköpfe auf 60 cm langen Stielen. Während des Sommers verfärben sich die Blüten rosa (sie ziehen unzählige Schmetterlinge an), dann, im Herbst, kupferrot. Die getrockneten Samenkapseln halten bis weit in den Winter; schneidet man sie im Spätwinter ab, sieht man bereits die ersten Triebe für das kommende Jahr. In fruchtbarem Boden wird die Pflanze schnell 60 cm groß.

Zone 4 bis 9, Sonne oder Halbschatten

Sidalcea-Hybriden
Präriemalven

Sie ähneln kleinen Stockrosen und ergeben hübsch gerundete Stauden mit etwa 45 cm Umfang. Die Unkraut verdrängenden, langstieligen Blätter sind etwa 7,5 cm breit und bis zu neun Mal eingebuchtet und gekerbt. Die Blütenstiele, 90 bis 120 cm lang, sind von kleineren, tiefer eingebuchteten Blättern umgeben und enden in imposanten verzweigten Ähren aus schalenförmigen, 5 cm großen rosa Blüten mit charakteristisch gekerbten Petalen. Es gibt sie von Tiefrot ('Croftway Red') bis Zartrosa ('Elsie Heugh'). Pflanzen Sie die Präriemalve in feuchtigkeitsspeichernden, gut durchlässigen Boden.

Zone 5 bis 9, Sonne oder Halbschatten

135

Aconitum 'Bressingham Spire'   **Astilbe x arendsii**   **Anemone** 'Honorine Jobert'

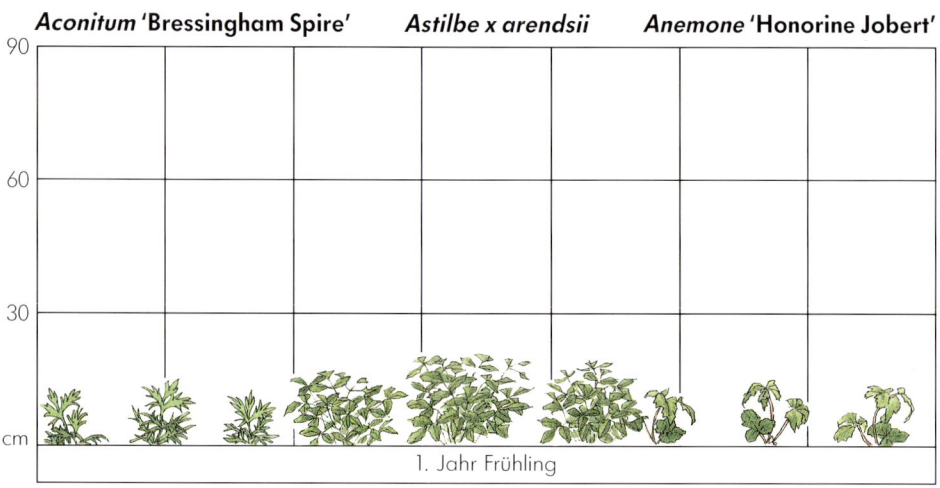

1. Jahr Frühling

2. Jahr Sommer

3. Jahr Herbst

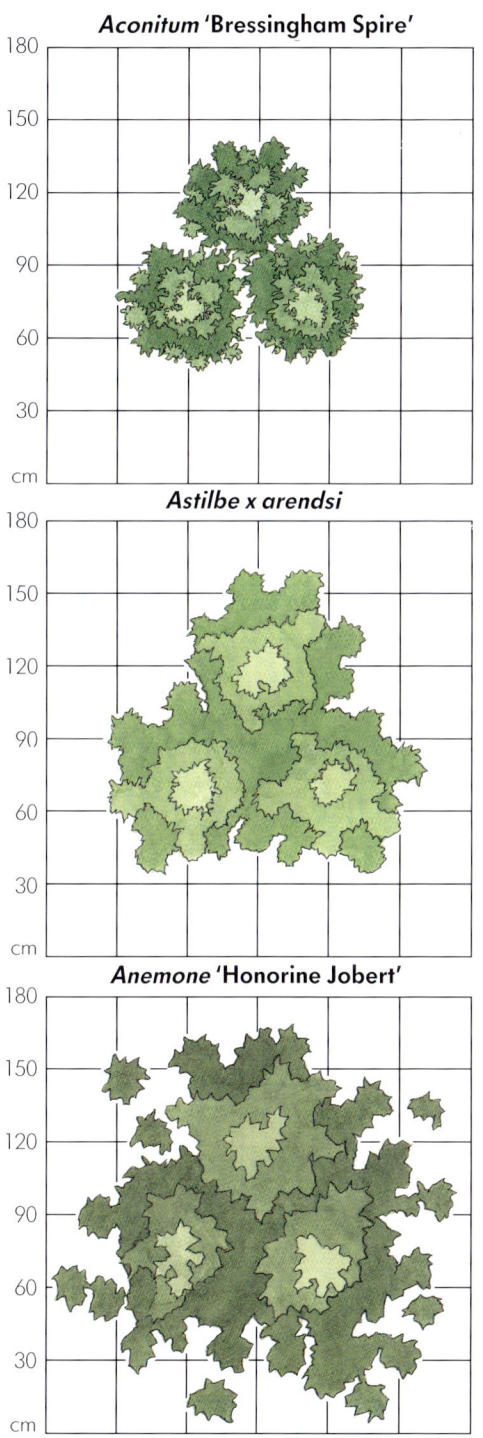

Aconitum 'Bressingham Spire'

Astilbe x arendsi

Anemone 'Honorine Jobert'

Aconitum 'Bressingham Spire'
Eisenhut

Diese Sorte bildet eine gute und robuste Staude, die im Spätsommer und Frühherbst blüht. Sie wird 90 cm hoch und hat aufrechte Rispen helmförmiger kräftig purpurblauer Blüten und tief eingebuchtetes Laub. Gedeiht in üppigen kühlen und feuchtigkeitsspeichernden Böden gut, vor allem, wenn im Frühjahr eine Mulchschicht aufgebracht wurde, und breitet sich 45 cm aus. Die knolligen Wurzeln (giftig!) müssen alle drei oder vier Jahre geteilt werden, damit die Stämme kräftig wachsen. Tun Sie dies im Spätherbst oder Frühwinter, da die Pflanze spät im Winter oder sehr zeitig im Frühjahr zu wachsen beginnt.

Zone 3 bis 8, Sonne oder Halbschatten

Astilbe x arendsii
Prachtspiere

Diese Staude hat hübsches Laub und fedrige Blüten, die den Sommer über blühen. Die Blätter sind stark gekerbt, dunkel bronzegrün und bilden so einen attraktiven Kontrast zu den Blüten. Deren Farbspektrum reicht von Weiß ('Bridal Veil') über Rosatöne ('Venus'), Rosa und Lachs ('Federsee') bis zu tief Karminrot ('Fanal'). Die Blütenhöhe liegt zwischen 45 und 75 cm, die Staudengröße bei etwa 75 cm. Prachtspieren benötigen tiefen Boden, der reich an organischem Material ist und während der Wachstumsperiode die Feuchtigkeit gut speichert.

Zone 4 bis 8, Halbschatten

Anemone 'Honorine Jobert'

Die hübschen Herbstanemonen blühen von Hochsommer bis Herbst bis zu drei Monate lang. Die Grundform hat tellerförmige rosa Blüten mit einem Büschel gelber Staubblätter. 'Honorine Jobert' hat weiße Petalen, die durch gelbe Stamina noch reiner strahlen. Die verzweigten Blütenstiele sind zwar bis zu 90 cm lang, müssen aber nicht gestützt werden. Die Blätter sind tief eingebuchtet, 10 cm breit und bilden unter den Blüten ein hübsches Kissen. In nährstoffreichen, schweren Böden erreichen diese Anemonen 60 cm, in leichteren Böden wuchern sie jedoch schnell.

Zone 5 bis 8, Sonne oder Halbschatten

Dicentra spectabilis   Hosta sieboldiana 'Elegans'   *Monarda didyma* 'Cambridge Scarlet'

1. Jahr Frühling

2. Jahr Sommer

3. Jahr Herbst

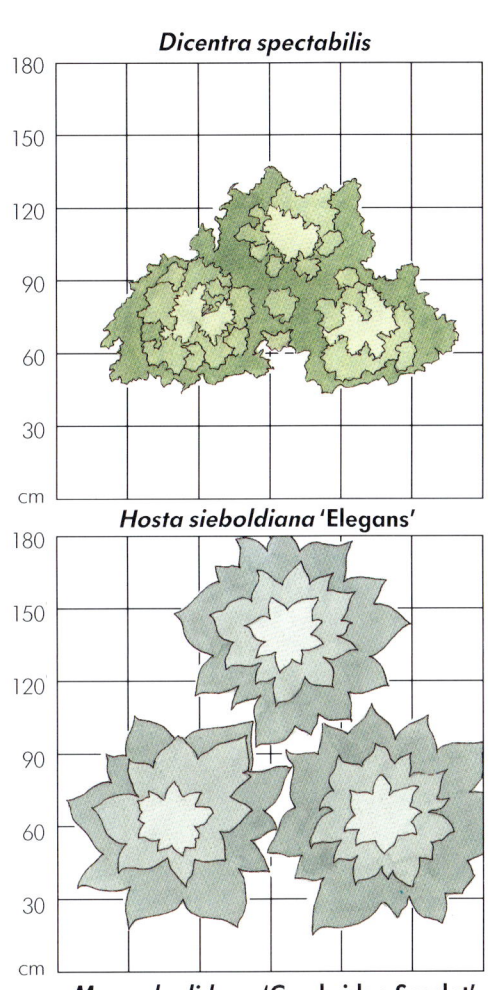

Dicentra spectabilis

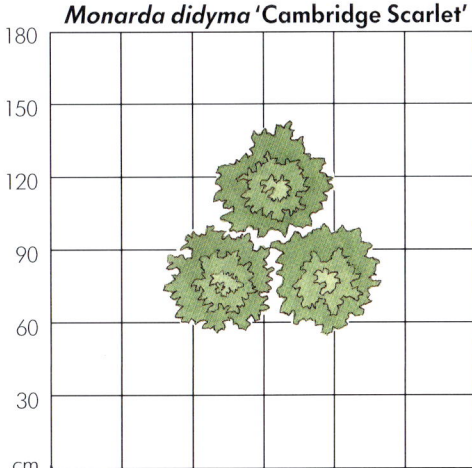

Monarda didyma 'Cambridge Scarlet'

Dicentra spectabilis
Tränendes Herz

Die zarten farnartigen, graugrünen Blätter dieser Pflanze entfalten sich schon zeitig im Frühjahr. Die eleganten gebogenen Zweige sind bis zu 60 cm lang und mit schönen herzförmigen, intensiv bläulich-rosa Blüten mit weißen Spitzen behangen. Es gibt eine rein weiße Form mit dem Artnamen *alba*, aus der eine gute Sorte entstanden ist: 'Pantaloons'. *D. eximia* und *D. formosa* sind etwas kleiner und eignen sich als Bodendecker für kältere Gegenden. In sehr heißen Gegenden beginnt *D. spectabilis* im Hochsommer eine Ruhephase.

Zone 3 bis 9, Sonne oder Halbschatten

Hosta sieboldiana 'Elegans'
Funkie

Besonders dankbare bodendeckende Stauden. Es gibt zahlreiche Arten und Sorten mit lanzenförmigen oder breiten Blättern in blaugrünen bis ganz zartgelben Farbtönen oder goldgelb und silbern panaschiert. Die purpurnen, malvenfarbenen oder weißen Blüten sind klein, einige duften. Schnecken lieben diese Pflanzen, können aber durch einen Ring aus Kies abgehalten werden; sie in großen Töpfen einzupflanzen, hilft auch. *H. sieboldiana* 'Elegans' ergibt ein dickes Kissen aus großen rundlichen graugrünen Blättern. Funkien benötigen feuchtigkeitsspeichernden Boden.

Zone 3 bis 10, Sonne oder Schatten

Monarda didyma 'Cambridge Scarlet'
Indianernessel

Würzig riechende, ovale Blätter, 5 bis 10 cm lang und sehr stark zugespitzt. Die Blüten dieses Lippenblütlers sind bei Bienen und Hummeln sehr beliebt und stehen in kreisrunden Köpfen auf starrigen aufrechten, bis zu 45 cm langen Stielen. Entfernt man Verblühtes, kann man die Sommerblütezeit verlängern. Die breiten Kissen müssen alle drei bis vier Jahre geteilt werden. Es gibt weitere gute Sorten: 'Croftway Pink', lachsrosa, 'Snow White', weiß, 'Mahogany', bräunlichrot und 'Adam', kirschrot und kompakter.

Zone 4 bis 9, Sonne oder Halbschatten

Scabiosa caucasica Geranium endressii **'A.T.Johnson'** *Catananche caerulea* **'Major'**

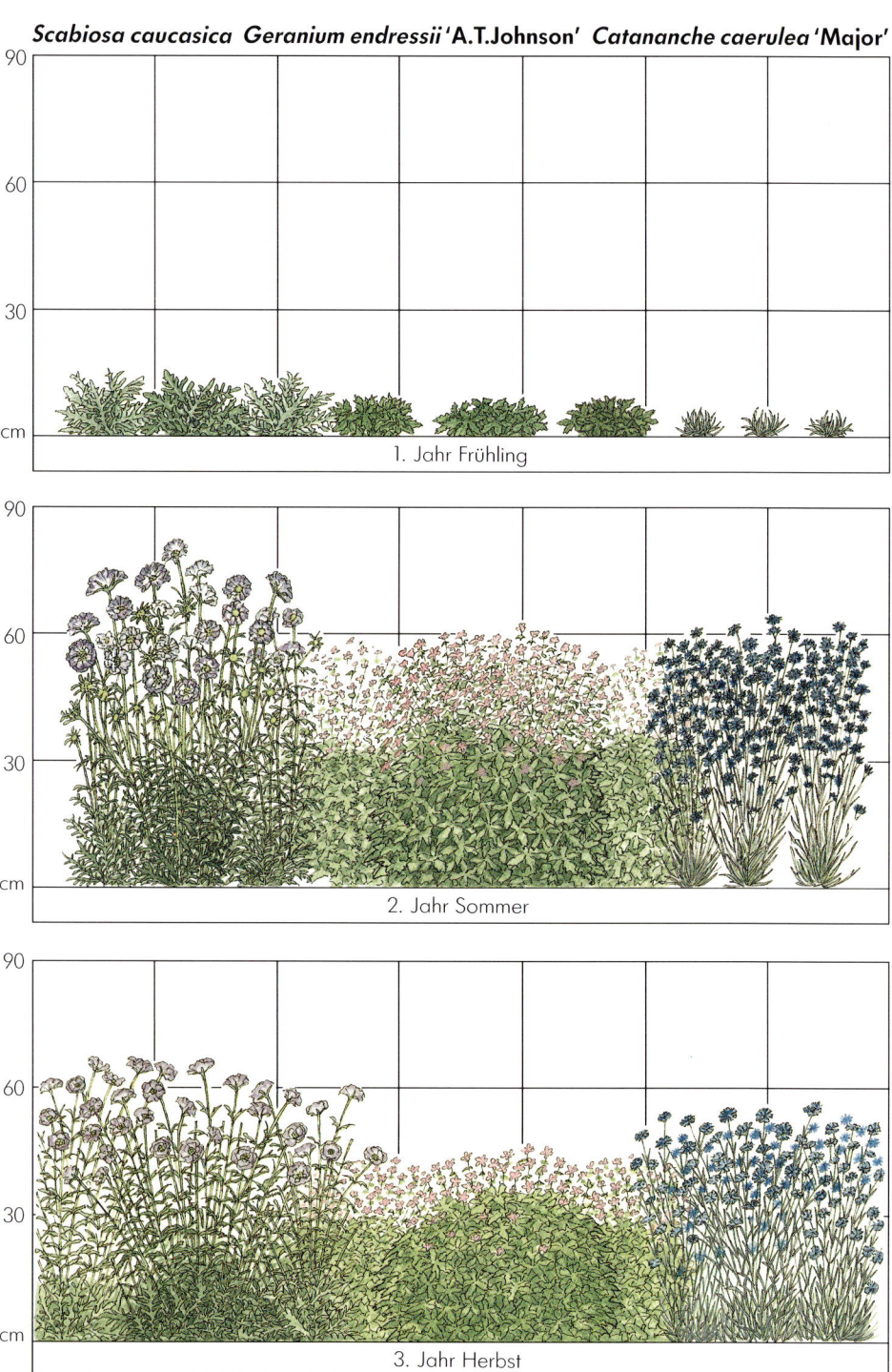

1. Jahr Frühling

2. Jahr Sommer

3. Jahr Herbst

Scabiosa caucasica

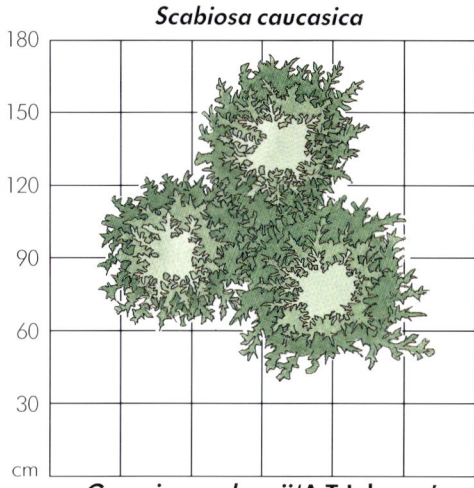

Geranium endressii 'A.T.Johnson'

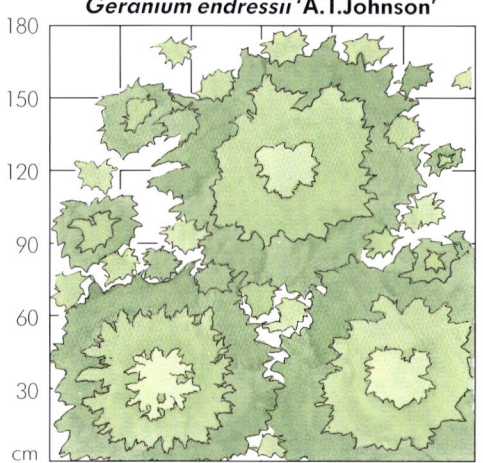

Catananche caerulea 'Major'

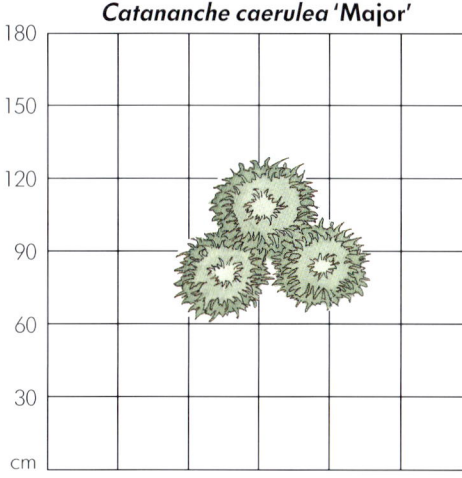

Scabiosa caucasica
Skabiose, Grindkraut

Diese schöne winterharte Skabiose stammt aus dem Kalkgestein der kaukasischen Berge und lebt in sauren Böden nicht lange. Die Blätter sind unten an der Pflanze schmal, weiter oben an den 60 bis 75 cm langen Stielen geteilt. Die lavendelblauen kissenförmigen Blüten haben einen Durchmesser von etwa 5 cm und blühen vom Früh- bis in den Spätsommer. Es gibt einige schöne Farbvarianten, so zum Beispiel 'Clive Greaves', violett-blau, 'Miss Willmott', cremeweiß, und 'Bressingham White', reinweiß.

Zone 3 bis 9, Sonne

Geranium endressii 'A.T.Johnson'
Storchschnabel

Dieser hübsche Bodendecker ist mit seinen 90 cm nicht so wüchsig, daß er anderen Pflanzen in die Quere kommt. Das Laub bildet zierliche Kissen aus tief gekerbten, langstieligen, 5 bis 7,5 cm breiten Blättern. Die zahlreichen hellrosa Blüten, etwa 2,5 cm groß, öffnen sich auf 60 cm langen Stielen und blühen den ganzen Sommer über. 'Wargrave Pink' hat hell lachsrosa Blüten. G. 'Johnson's Blue' ist eine besonders schöne blaue Form. *G. macrorrhizum* hat leicht duftende, zunächst zartgrüne, im Herbst rostbraune Blätter sowie zartrosa Blüten.

Zone 3 bis 8, Sonne oder Halbschatten

Catananche caerulea 'Major'
Rasselblume

Diese winterharte Pflanze wurde früher für einen Liebestrank verwendet. Der griechische Gattungsname heißt so viel wie „stark anregend". Schöne gekräuselte Blüten in einem papierdünnen Kelch blühen von Frühsommer bis Frühherbst auf 60 cm langen zähen Stielen. Grasartiges graugrünes Laub bildet etwa 30 cm große Stauden; teilen Sie die Rasselblume jedes oder jedes zweite Jahr, um die Lebensdauer der Pflanzen zu verlängern. Sie können Wurzelstecklinge abnehmen. Weitere gute Sorten sind 'Perry's White' und 'Bicolor'. Sie lieben gut durchlässigen Boden und überdauern auch Trockenheit.

Zone 4 bis 9, Sonne

141

Coreopsis grandiflora   **Kniphofia 'Little Maid'**   **Oenothera tetragona 'Fireworks'**

1. Jahr Frühling

2. Jahr Sommer

3. Jahr Herbst

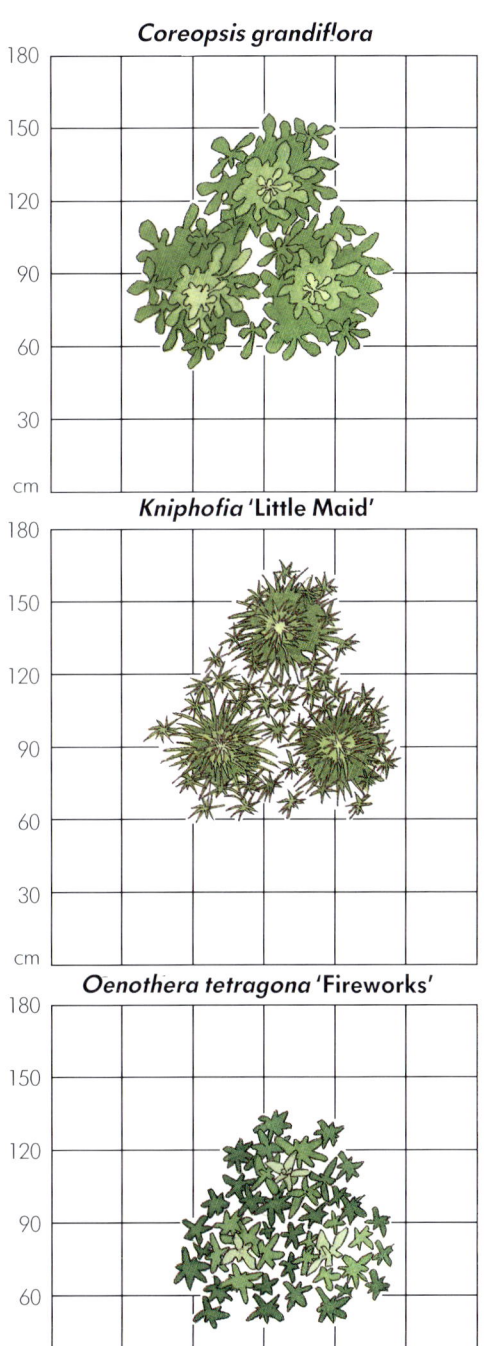

Coreopsis grandiflora

180	
150	
120	
90	
60	
30	
cm	

Kniphofia 'Little Maid'

180	
150	
120	
90	
60	
30	
cm	

Oenothera tetragona 'Fireworks'

180	
150	
120	
90	
60	
30	
cm	

Coreopsis grandiflora
Mädchenauge

Die hellgelben Blüten dieser winterharten Staude sorgen den ganzen Sommer über und bis zum Frühherbst für einen Sonnenfleck in jedem Beet. Schmale, manchmal gelappte Blätter. Mindestens 45 bis 60 cm lange Stiele mit 5 cm großen Blüten. Die strahlenförmigen Einzelblüten sind an der Spitze gespalten und am Ansatz mit einem kleinen dunklen, kastanienbraunen Fleck versehen. Das Zentrum der Korbblüten ist gelb und relativ klein. Die besten Sorten sind 'Goldfink', 'Mayfield Giant', 'Badengold' und 'Sunburst'. Alle benötigen feuchten, aber gut durchlässigen Boden.

Zone 3 bis 10, Sonne

Kniphofia 'Little Maid'
Fackellilie, Tritome

Diese häufigste Form fällt auf mit ihren beinahe 90 cm hohen aufrechten Stielen und den blaßgelben und scharlachfarbenen, steifen Blütenständen. Es gibt viele schöne Arten und Sorten, die in jeden Garten gehören. 'Little Maid' ist eine recht kleine Form mit grasförmigem bläulich-grünem Laub und kurzen (60 cm) Stielen. Die Blütenähren sind blaß zitronengelb und verfärben sich vom Ansatz an mit der Zeit cremefarben. Es gibt Formen mit tiefroten bis apricotfarbenen und hellgelben Blüten. Sehr gut durchlässiger Boden und Winterschutz empfehlen sich.

Zone 5 bis 9, Sonne

Oenothera tetragona 'Fireworks'
Nachtkerze

Die breiten ovalen Blätter dieser Nachtkerze sind 2,5 bis 7,5 cm lang, am Rand gewellt, oben dunkelgrün und unten bläulich. Die hellgelben, schalenförmigen, 2,5 bis 5 cm großen Blüten sind jedoch die Hauptattraktion dieser Pflanze. Sie öffnen sich an Sommertagen spätnachmittags auf 30 bis 60 cm langen Stielen aus rötlichen Knospen. Eine besonders dekorative Form dieser vielseitigen Art ist 'Fireworks' ('Fyrverkeri') mit tiefroten Knospen und kräftig purpurn-grünen, jungen Laubrosetten.

Zone 4 bis 9, Sonne

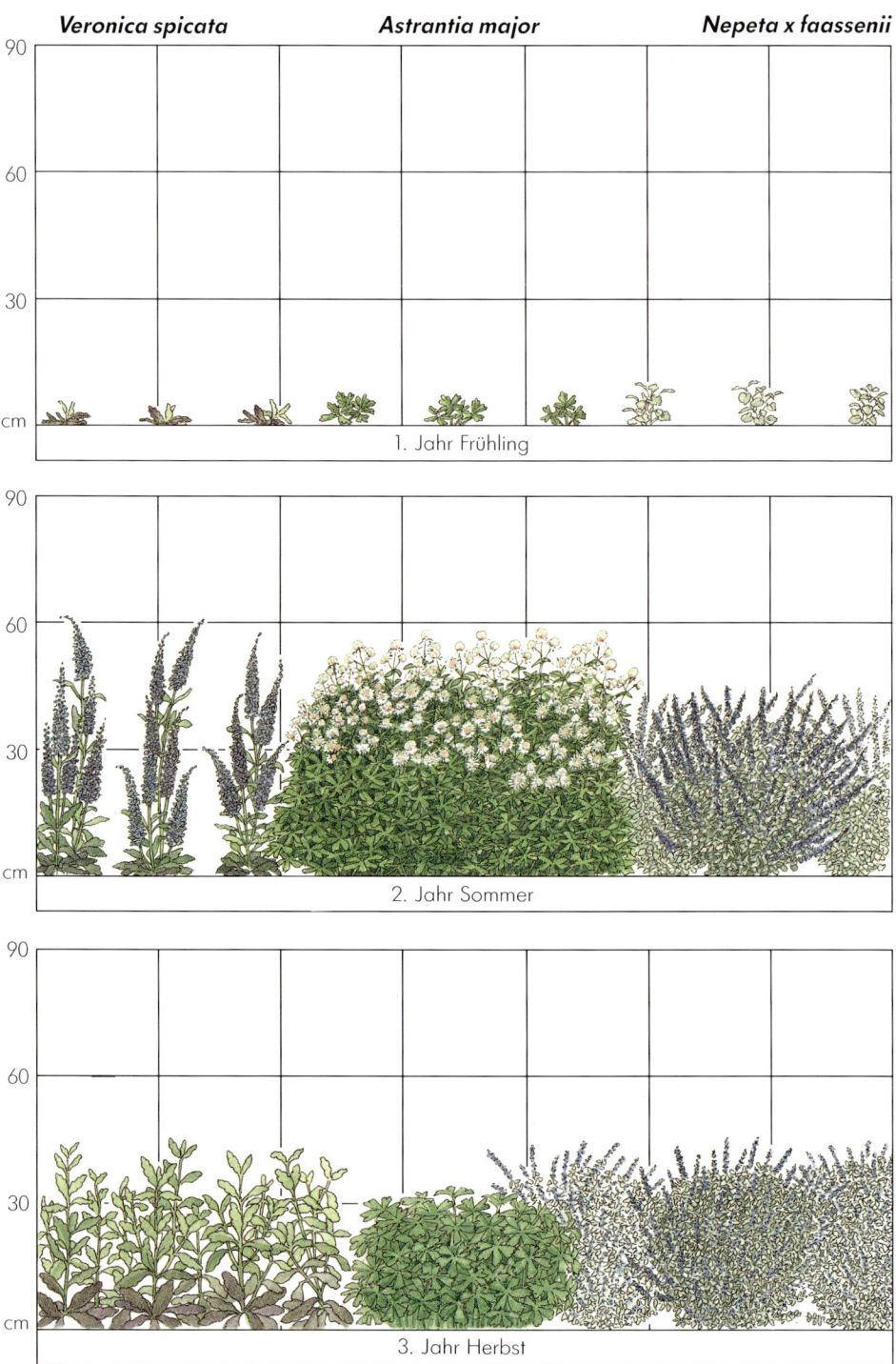

Veronica spicata   *Astrantia major*   *Nepeta x faassenii*

1. Jahr Frühling

2. Jahr Sommer

3. Jahr Herbst

Veronica spicata

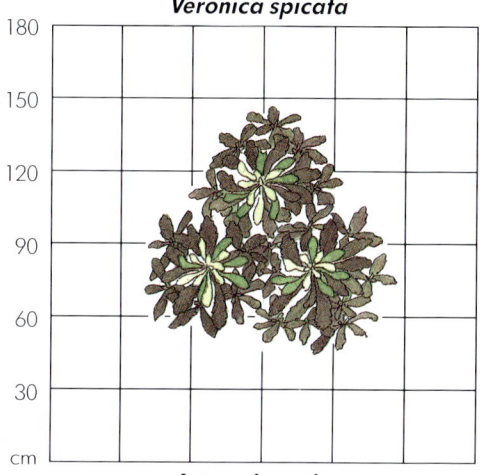

180
150
120
90
60
30
cm

Astrantia major

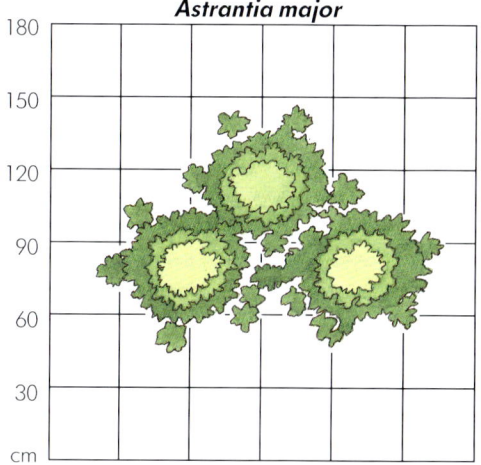

180
150
120
90
60
30
cm

Nepeta x faassenii

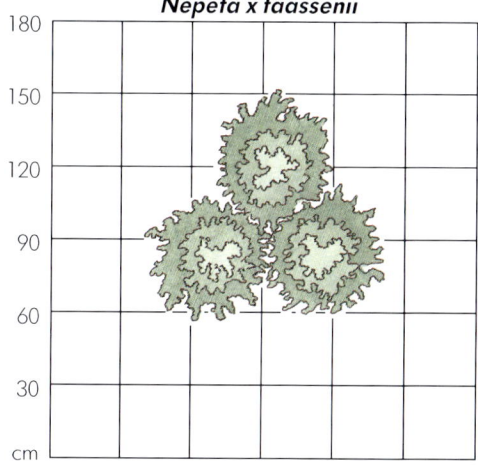

180
150
120
90
60
30
cm

Veronica spicata
Ähriger Ehrenpreis

Züchtungen des wilden Ährigen Ehrenpreis ergeben zierliche kompakte Gartenpflanzen. Die 7,5 cm langen Blätter sind schmal-oval und haben gekerbte Ränder. Die kleinen tiefblauen Blüten stehen in Endähren auf aufrechten, 30 bis 60 cm langen Stielen. Es gibt unzählige Hybriden und Sorten vom Ehrenpreis, unter anderen 'Icicle' (weiß), 'Crater Lake Blue' (dunkelblau), 'Barcarolle' (rosa) und 'Red Fox' (rötlich-rosa). Sie gedeihen am besten in gut durchlässigen, fruchtbaren Böden, vertragen Trockenheit und werden 45 cm groß.
Zone 4 bis 9, Sonne oder Halbschatten

Astrantia major
Große Sterndolde

Die Basalblätter dieser winterharten Pflanze sind gefingert und ergeben einen guten Bodendecker, aus dem verzweigte Blütenstiele wachsen. Jede Blüte gleicht einem winzigen roten Kissen, das mit grünen und weißen Einzelblüten bestickt und von gekräuselten Hochblättern umgeben ist; in großer Zahl wirken sie hübsch bauschig. 'Rubra' hat pflaumenfarbige Blüten; 'Shaggy' größere, geteilte Blätter und stärker gekräuselte Kelche; die Blätter von 'Sunningdale Variegated' sind cremeweiß gefleckt. Sterndolden lieben viel Feuchtigkeit und breiten sich über unterirdische Ausläufer aus.
Zone 4 bis 8, Sonne oder Halbschatten

Nepeta x faassenii
Katzenminze

Ein Aroma, das bei Katzen sehr beliebt ist; sie wälzen sich in den Kissen, bis das Laub völlig zusammengedrückt ist. Die Katzenminze hat weiche flaumige, graugrüne Blätter, die duften und wirr durcheinander wachsen. Die 45 cm hohen Stiele sind im späten Frühjahr sowie im Frühsommer mit purpurblauen Blütenähren bestückt; schneidet man die Pflanze nach dem Abblühen zurück, gibt es im Herbst einen zweiten Flor. 'Blue Wonder' ist eine kompakte Selektion (nur 37,5 cm). Auch für ganz magere Böden.
Zone 3 bis 9, Sonne

145

Lobelia cardinalis *Papaver orientale* *Lychnis* 'Arkwrightii'

1. Jahr Frühling

2. Jahr Sommer

3. Jahr Herbst

Lobelia cardinalis

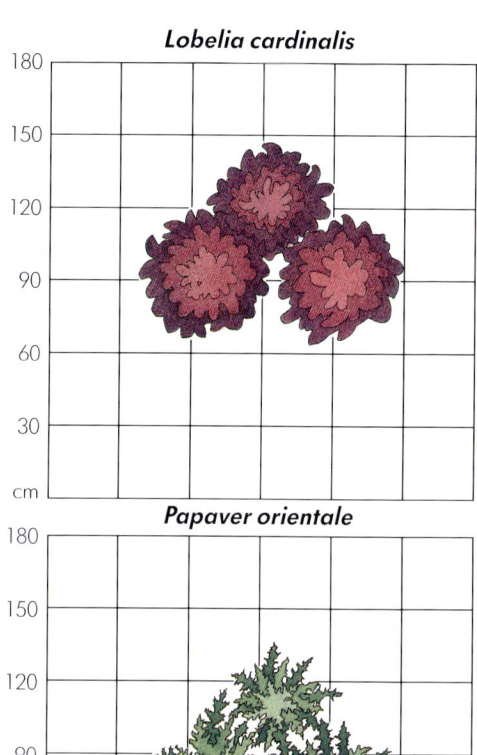

180
150
120
90
60
30
cm

Papaver orientale

180
150
120
90
60
30
cm

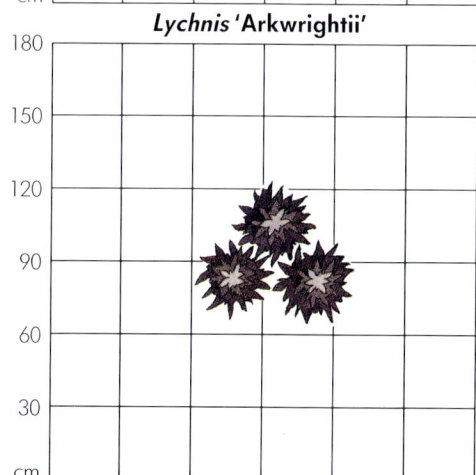

Lychnis 'Arkwrightii'

180
150
120
90
60
30
cm

Lobelia cardinalis
Lobelie

Diese Staude benötigt zum Überleben schweren, sehr feuchten Boden. Die großen eleganten Pflanzen blühen scharlachrot bis tiefblau oder weiß vom Hochsommer bis zum Frühherbst. *L. cardinalis* bildet bis zu 20 cm große schöne Rosetten aus bordeauxroten ovalen Blättern, die 7,5 bis 10 cm lang sind. Die Blütenähren dieser Form entstehen auf ähnlich gefärbten Stielen in 60 bis 90 cm Höhe. *L. syphilitica* trägt im Sommer (bis zu sechs Wochen lang) auf 90 cm hohen Stielen blaue Blüten. Sät sich selbst gut aus.
Zone 2 bis 8, Schatten

Papaver orientale

Ein besonders schöner Anblick im Frühsommer. Die etwa 35 cm langen behaarten Basalblätter sind an den Rändern gesägt und bilden wuchernde, 60 cm große Stauden. Die Blütenblätter sind papierdünn, die Blüten 10 bis 12,5 cm groß. Sie stehen auf elegant gebogenen, bis 90 cm langen Stielen. Ihre Farbpalette reicht von Scharlachrot bis Weiß. Verbreitet sind die Sorten 'Marcus Perry', rot mit einem schwarzen Klecks am Ansatz, 'Perry's White', grau-weiß, und 'Mrs Perry', rosa. Mohn gedeiht in trockenem Boden am besten.
Zone 3 bis 9, Sonne

Lychnis 'Arkwrightii'
Lichtnelke

Die Farbe dieser Hybride strahlt und fällt in jedem Beet auf. Sie bildet bis zu 30 cm große Stauden und wird 45 cm hoch. Etwas schwache Stiele mit ovalen dunkelgrünen Blättern tragen fünfblättrige, strahlend orange-rote Blüten. *L. coronaria* ergibt große Stauden aus grauen pelzigen Blättern mit hell purpurkirschroten Blüten. Die etwas ungewöhnliche weiße Art *L. alba* wird eigentlich aus Samen gezogen; pflanzt man beide Formen zusammen, kreuzen sie sich leicht, und es kommen nur noch wenige weiße Exemplare zustande. Benötigen gut durchlässigen Boden.
Zone 4 bis 9, Sonne

147

Hemerocallis 'Pink Damask'   Eryngium x oliverianum   Salvia x superba

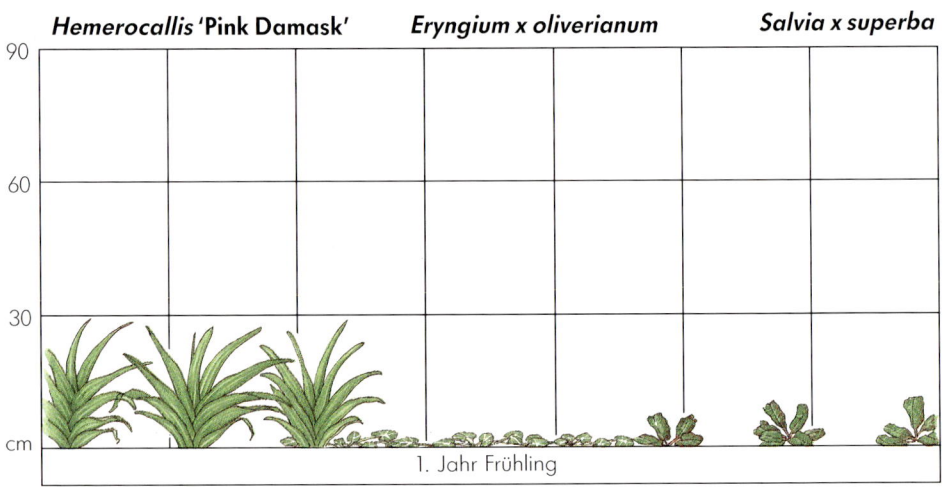

1. Jahr Frühling

2. Jahr Sommer

3. Jahr Herbst

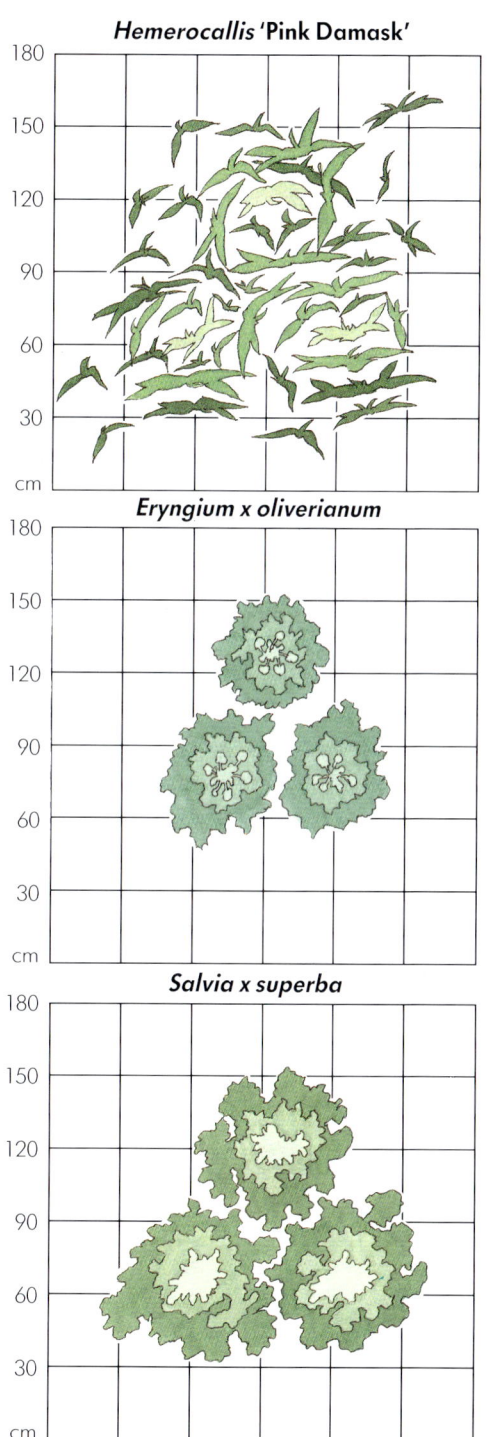

Hemerocallis 'Pink Damask'

Eryngium x oliverianum

Salvia x superba

Hemerocallis 'Pink Damask'
Taglilie

Taglilien sind besonders robuste Gartenpflanzen: Sie vertragen Trockenheit und große Wassermengen und können jederzeit um-
gepflanzt werden. Die einzelne Blüte hält
zwar nur einen Tag, die gute Blütenfolge
sorgt jedoch für zwei bis drei Wochen
Pracht. Die beiden ältesten Gartenarten, *H.
fulva und H. flava*, verbreiten sich durch
Rhizome und können Unkräuter verdrängen;
viele jüngere Hybriden bilden kompakte
Wurzelsysteme und sollten nur geteilt werden, wenn die Staude nicht mehr üppig genug blüht.

Zone 3 bis 10, Sonne

Eryngium x oliverianum
Stranddistel

Eine stachelige, metallisch blaue, winterharte
Staude, die den Sommer so gut überdauert.
Eigentlich ist *E. maritimum* die Stranddistel.
E. x oliverianum ergibt Rosetten aus haltbaren Basalblättern, rundlich, gezähnt, 7,5 bis
15 cm lang und von cremefarbenen Adern
durchzogen. Die Blütenstiele sind etwas über
60 cm hoch und tragen blau-grüne, stachelige gefiederte Blätter. Die Blüten gleichen
kleinen Fingerhüten, umgeben von stacheligen Deckblättern. Die zweijährige *E. giganteum* ist 90 cm hoch. Beide lieben gut durchlässigen Boden.

Zone 5 bis 10, Sonne

Salvia x superba

Diese dekorative, mit dem Echten Salbei ver-
wandte Pflanze wird mindestens 90 cm hoch.
Sie hat sparrige viereckige Stiele und gezähnte ovale mattgrüne Blätter. Aus 1 cm großen
Blüten zusammengesetzte Ähren öffnen sich
im Sommer tief purpurn-violett, umgeben
von karminroten Deckblättern und sind de-
korativer Blickfang zu Beginn der Jahreszeit.
Wenn Sie die Pflanzen nach dem Welken der
ersten Blüten zurückschneiden, fördern Sie
einen zweiten Flor im Frühherbst; dadurch
wachsen die Pflanzen auch nicht so aus. 'Ost-
friesland' und 'May Night' sind besonders
robuste Sorten. Gut durchlässiger Boden!

Zone 5 bis 9, Sonne

149

Aster x frikartii 'Mönch'　　**Chelone obliqua**　　**Liatris spicata**

1. Jahr Frühling

2. Jahr Sommer

3. Jahr Herbst

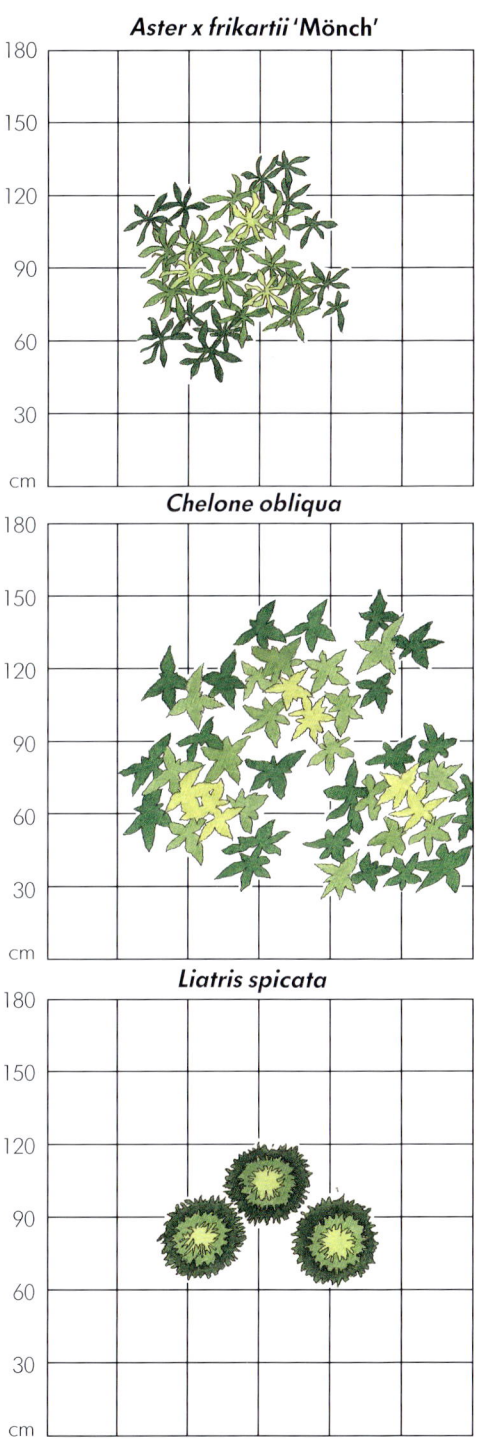

Aster x frikartii 'Mönch'

Chelone obliqua

Liatris spicata

Aster x frikartii 'Mönch'

Eine besonders schöne, vom Spätsommer bis Mitte oder Ende des Herbstes blühende Staude. Sie hat große duftende, bläulich-malvenfarbene Korbblüten mit gelber Mitte. Stutzt man im Frühling und im Frühsommer die Zweige, blüht sie üppiger. Die aufrechten Stiele sind beinahe 90 cm lang und müssen nicht hochgebunden werden. Gedeiht in jedem gut durchlässigen Boden, wird 37,5 cm groß und sollte alle drei bis vier Jahre geteilt werden. Die Sorte 'Wonder of Staffa' ist von der Farbe her ähnlich, jedoch robuster und mit 60 cm kleiner.

Zone 6 bis 9, Sonne oder Halbschatten

Chelone obliqua

Diese faszinierende Pflanze ist im Spätsommer besonders dekorativ. Sie hat seltsam geformte, wetterfeste, tiefviolette Blüten und dunkelgrüne, hell geaderte Blätter. Viele Basalblätter, an den 90 cm langen Stielen gegenständige Blätter. Es gibt zwei interessante aber seltenere Formen: die weiße *alba* und die Zwergsorte 'Praecox Nana', die im Spätsommer blüht. Alle benötigen feuchte aber nicht staunasse Böden.

Zone 4 bis 9, Halbschatten

Liatris spicata
Prachtscharte

Eine attraktive Staude mit dunkelgrünem grasartigem Laub für gut durchlässigen Boden. Die blattreichen Stiele schließen mit flaschenbürstenförmigen Blüten ab, die sich ungewöhnlicherweise von oben nach unten öffnen. Am bekanntesten ist die rosig-malvenfarbene 'Kobold' mit bis zu 45 cm Höhe. Weiße Blüten gibt es bei 'Alba' und der größeren *L. scariosa* 'Alba Magnifica', die 90 cm erreicht und heller grün belaubt ist. Pflegeleicht, Sie sollten nach dem Abblühen im Sommer nur Welkes entfernen; Teilen ist kaum nötig.

Zone 3 bis 10, Sonne

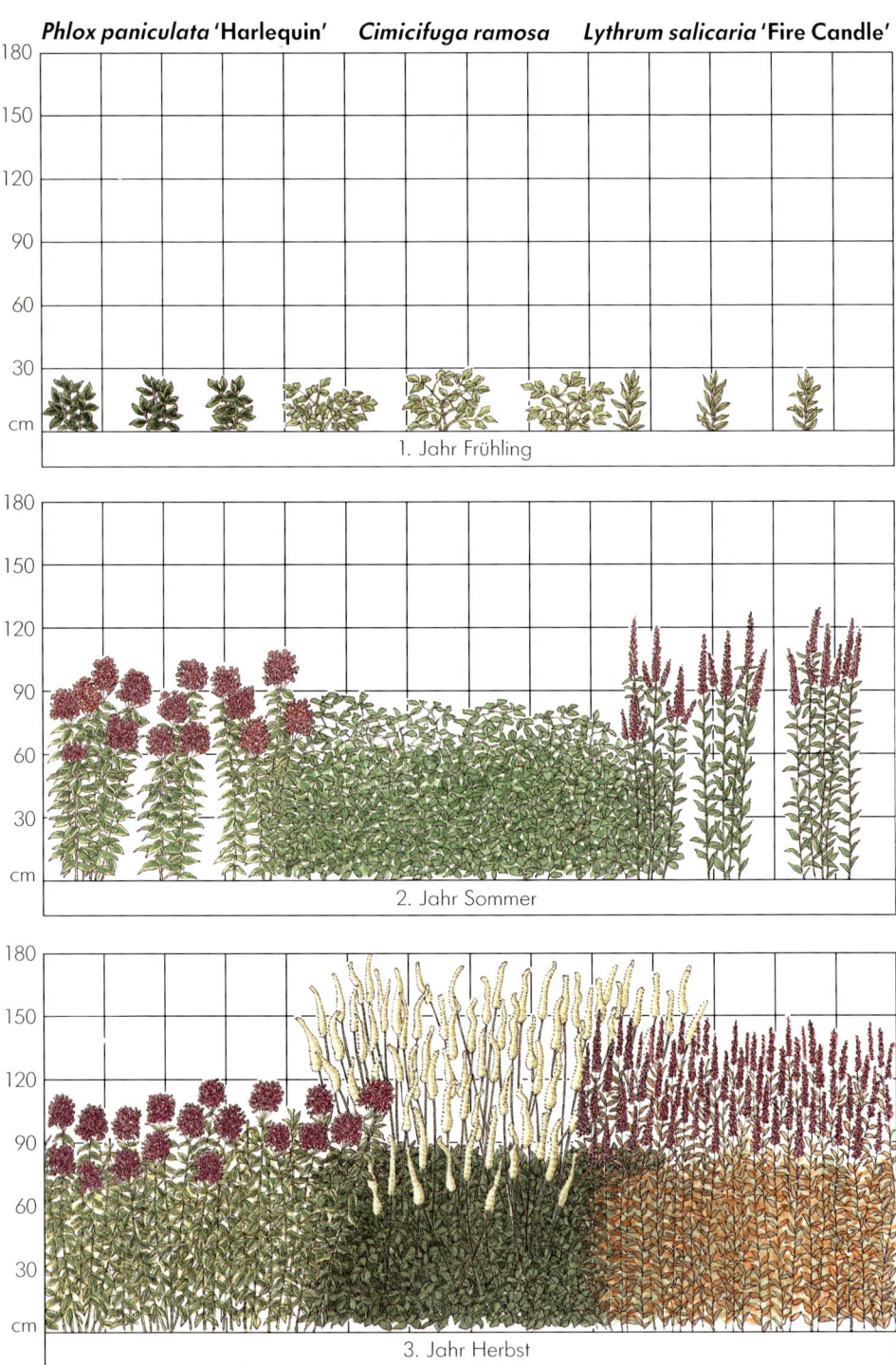

Phlox paniculata 'Harlequin'   *Cimicifuga ramosa*   *Lythrum salicaria* 'Fire Candle'

1. Jahr Frühling

2. Jahr Sommer

3. Jahr Herbst

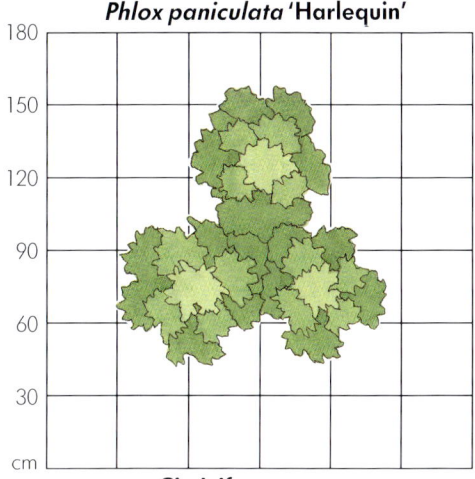

Phlox paniculata 'Harlequin'

Phlox belohnt jede Minute, die man damit verbringt, ihn mit humusreicher, gut durchlässiger Erde und in der Wachstumsperiode mit Nährstoffen und genügend Wasser zu versorgen, mit üppiger Pracht. Er bringt im Sommer farbenfrohe, sehr haltbare Blüten in allen Schattierungen von weiß, rosa, purpurn, violett und lavendelblau hervor. Stutzen Sie schwache Stiele, um kräftigen Wuchs zu fördern. Entfernt man Verblühtes rechtzeitig, erfolgt im Frühherbst ein zweiter, wenn auch nicht so üppiger Flor. Suchen Sie nach Sorten, die nicht mehltauanfällig sind!

Zone 3 bis 9, Sonne oder Halbschatten

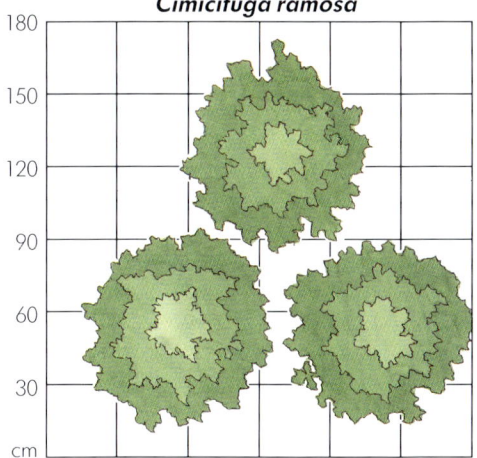

Cimicifuga ramosa
Silberkerze

Diese hervorragende Pflanze akzeptiert Schatten, ohne sich nach dem Licht zu rekken. Im Spätsommer und Frühherbst schmücken reinweiße, bis zu 30 cm lange flaschenbürstenförmige Blüten auf schlanken, verzweigten Stielen (bis 2,10 m lang) den Garten. Grüne Samenkapseln bleiben bis weit in den Winter an den Pflanzen und eignen sich gut für Trockenblumensträuße. Die großen geteilten Blätter sind den ganzen Sommer über dekorativ und bilden ein 1,20 m großes Kissen, das sich im Spätherbst gelb färbt. 'Atropurpurea' hat purpurnes Laub. Bevorzugt kühle, feuchte Böden.

Zone 3 bis 9, Schatten oder Halbsonne

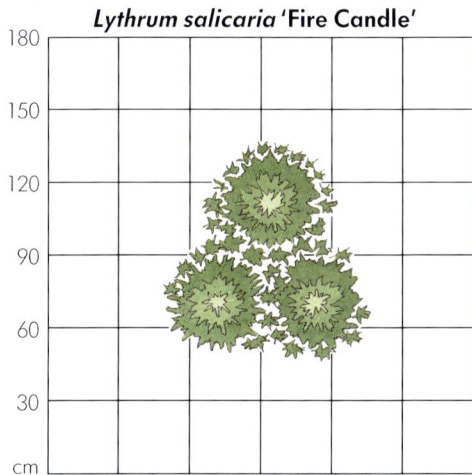

Lythrum salicaria 'Fire Candle'
Blutweiderich

Dieser anpassungsfähige Blutweiderich gedeiht in normalem Boden und verträgt sowohl Feuchtigkeit als auch Trockenheit; an manchen Standorten kann er überhandnehmen. Er hat 7,5 cm große, ovale zugespitzte Blätter, die gegenständig stehen; die Stiele tragen Ähren aus tief rosaroten Blüten. Die Gesamthöhe beträgt 90 cm, die Breite 45 cm. Blüte im Hochsommer. Die Blüten der Sorte 'Morden's Pink' sind mehr rosa, sie blüht von Frühsommer bis Frühherbst, ist besonders robust und wüchsig und wird 1,20 m hoch und 90 cm breit.

Zone 3 bis 9, Sonne oder Halbschatten

Acanthus spinosus   **Penstemon 'Snowstorm'**   **Campanula lactiflora**

1. Jahr Frühling

2. Jahr Sommer

3. Jahr Herbst

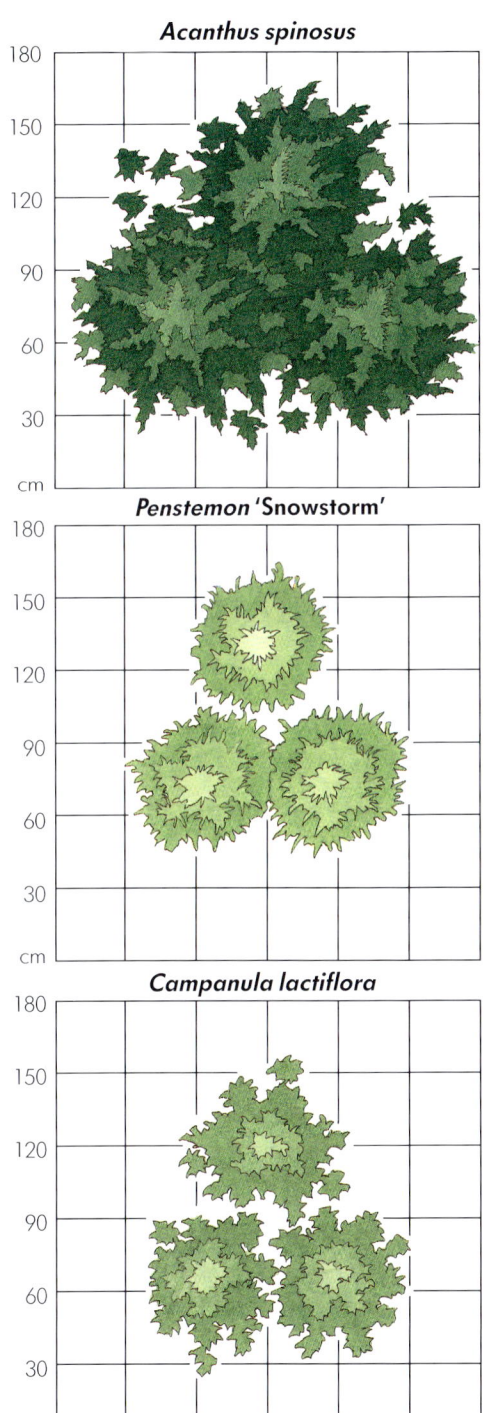

Acanthus spinosus

Penstemon 'Snowstorm'

Campanula lactiflora

Acanthus spinosus
Akanthus

Die Besonderheit dieser Staude ist ihre Form.
Tief gezähnte, glänzend grüne Blätter werden
60 bis 90 cm lang und liegen in ihrer Stache-
ligkeit zwischen *A. mollis* und *A. spinosissi-
mus*. Starrige, stachelige Blütenstiele, mindestens 1,20 m hoch, sind gegen Ende des
Sommers beinahe von oben bis unten mit
purpurnen und weißen Lippenblüten be-
spickt. Die Staude wuchert leicht und verbreitet sich über unterirdische Rhizome 60
bis 90 cm weit. Bevorzugt sehr gut durchlässigen Boden und eignet sich an schattigen
Standorten als Hintergrundpflanze.

Zone 5 bis 9, Sonne

Penstemon 'Snowstorm'
Bartfaden

Es gibt in Großbritannien etwa 150 Arten
und Sorten, deren Farbspektrum von Tiefrot
über die verschiedensten Blautöne bis Weiß
reicht. Auch die Robustheit ist nicht immer
gleich; es heißt, je breiter die Blätter sind,
desto empfindlicher ist die Pflanze. Hybriden
von *P. barbatus* und *P. ovatus* vertragen
Kälte am besten. Hauptattraktion ist die lange Blütezeit, von Früh- bis Spätsommer, die
durch Entfernen alles Welken bis weit in den
Herbst verlängert werden kann. Die röhren-
förmigen Blüten von 'Snowstorm' sind reinweiß. Gut durchlässiger Boden ist wichtig!

Zone 8 bis 10, Sonne oder Halbschatten

Campanula lactiflora

Eine der schönsten und pflegeleichtesten
Glockenblumen. Sie hat große dicke, bis
1,20 m lange Stiele mit spitzigen Blättern. Im
Sommer trägt sie große verzweigte Blütenköpfe aus blaßvioletten Glockenblumen.
'Pritchard's Variety' ist mit 90 cm langen
Stielen etwas niedriger und hat kräftig bläu-
lich-violette Blüten; 'Loddon Anna' hat hohe, 1,20 bis 1,50 m lange Stiele und blaßrosa
Blüten. Die Blütezeit dieser drei Sorten kann
verlängert werden, indem man im späten
Frühjahr einige Stiele zurückschneidet. Alle
benötigen Feuchtigkeit.

Zone 4 bis 9, Sonne oder Halbschatten

155

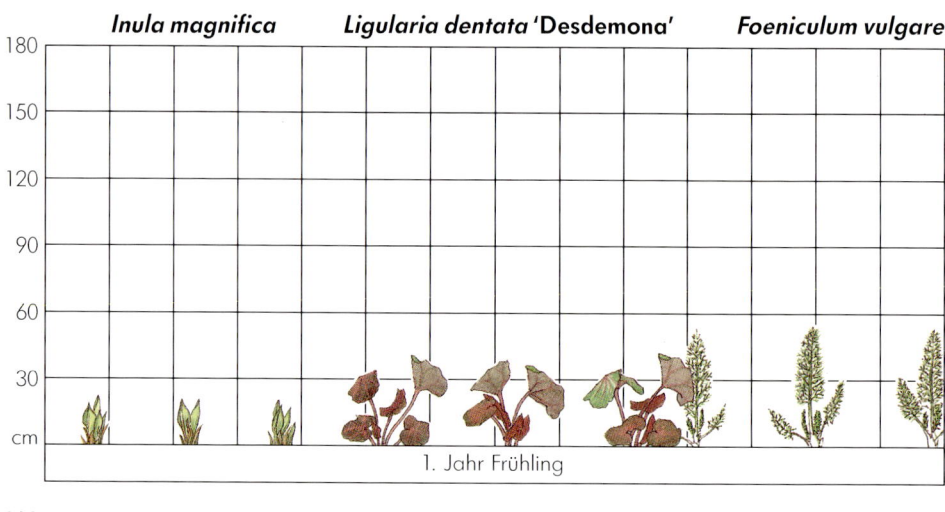

Inula magnifica   Ligularia dentata 'Desdemona'   Foeniculum vulgare

1. Jahr Frühling

2. Jahr Sommer

3. Jahr Herbst

Inula magnifica

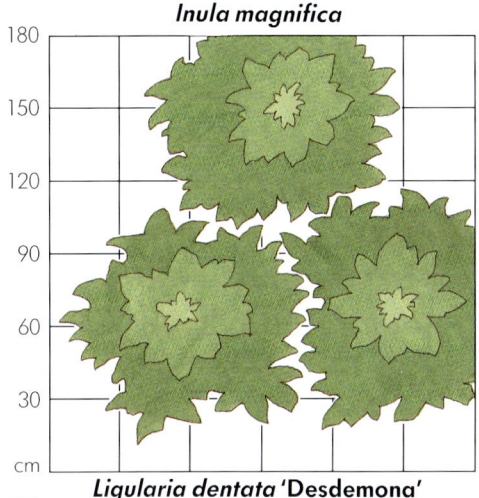

Ligularia dentata 'Desdemona'

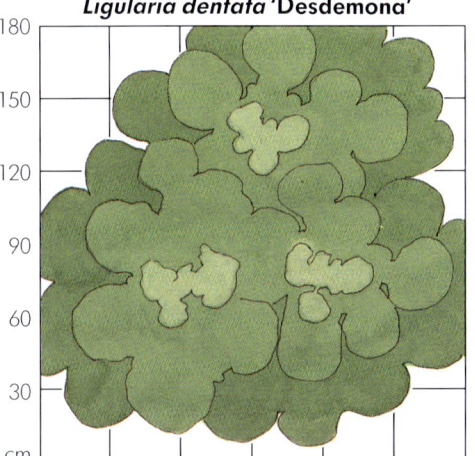

Foeniculum vulgare

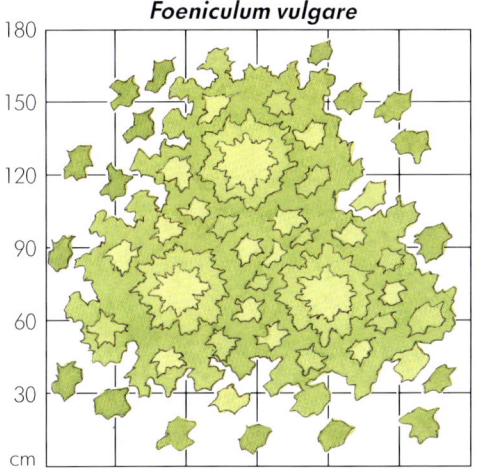

Inula magnifica
Alant

Wenn Sie eine Pflanze suchen, die im Spätsommer dekorativ ist, nehmen Sie diese. Große Stauden aus ovalen zugespitzten, bis
60 cm langen Blättern, aus denen im Sommer
über 1,80 m hohe aufrechte Stiele wachsen,
werden von großen (15 cm) Blütenköpfen ge-
krönt, die mit ihren zahlreichen hellgelben,
schlanken Petalen etwas zerzaust wirken. Für
kleine Gärten eignet sich die etwas kleinere
I. hookeri besser, die nur 60 cm hoch wird,
10 cm lange Blätter und 10 cm große hell
grünlich-gelbe Blüten hervorbringt. Pflanzen
Sie in gut durchlässigen, feuchtigkeitspeichernden Boden.

Zone 3 bis 9, Sonne oder Halbschatten

Ligularia dentata 'Desdemona'

Diese kissenbildende Staude wirkt sehr maje-
stätisch und bringt in ein Beet Farbe und
Struktur. Die rundlichen bohnenförmigen
Basalblätter sind bis zu 30 cm lang, oben
dunkelgrün und unten kräftig purpurrot.
Bündel von bis zu 12 hellorangen Korbblüten (6,5 bis 12,5 cm groß) stehen im Spätsommer auf purpurroten, 90 bis 120 cm langen Stielen. 'The Rocket' ist eine weitere gute
Sorte mit handförmigen, attraktiv gezähnten
Blättern und großen blaßgelben Blütentrauben. Benötigt feuchtigkeitspeichernden
Boden.

Zone 4 bis 8, Sonne oder Halbschatten

Foeniculum vulgare
Echter Fenchel

Fein gefiederte, würzig riechende Blätter entfalten sich im Frühjahr und kontrastieren
schön mit Laub und Blüten anderer Stauden
und Zwiebelgewächse. Die verzweigten Stiele werden im Sommer 1,80 m hoch und
tragen zunächst gelblich-grüne Blütendolden, dann gelbe Samen. Schneiden Sie die
Samenköpfe ab, bevor sie reif sind, Fenchel
sät sich sehr stark selbst aus. Sämlinge müssen Sie entfernen, sie haben sehr kräftige
Pfahlwurzeln. Die bronzefarben belaubte
Form *purpureum* ist besonders attraktiv.
Fenchel liebt Trockenheit.

Zone 4 bis 10, Sonne

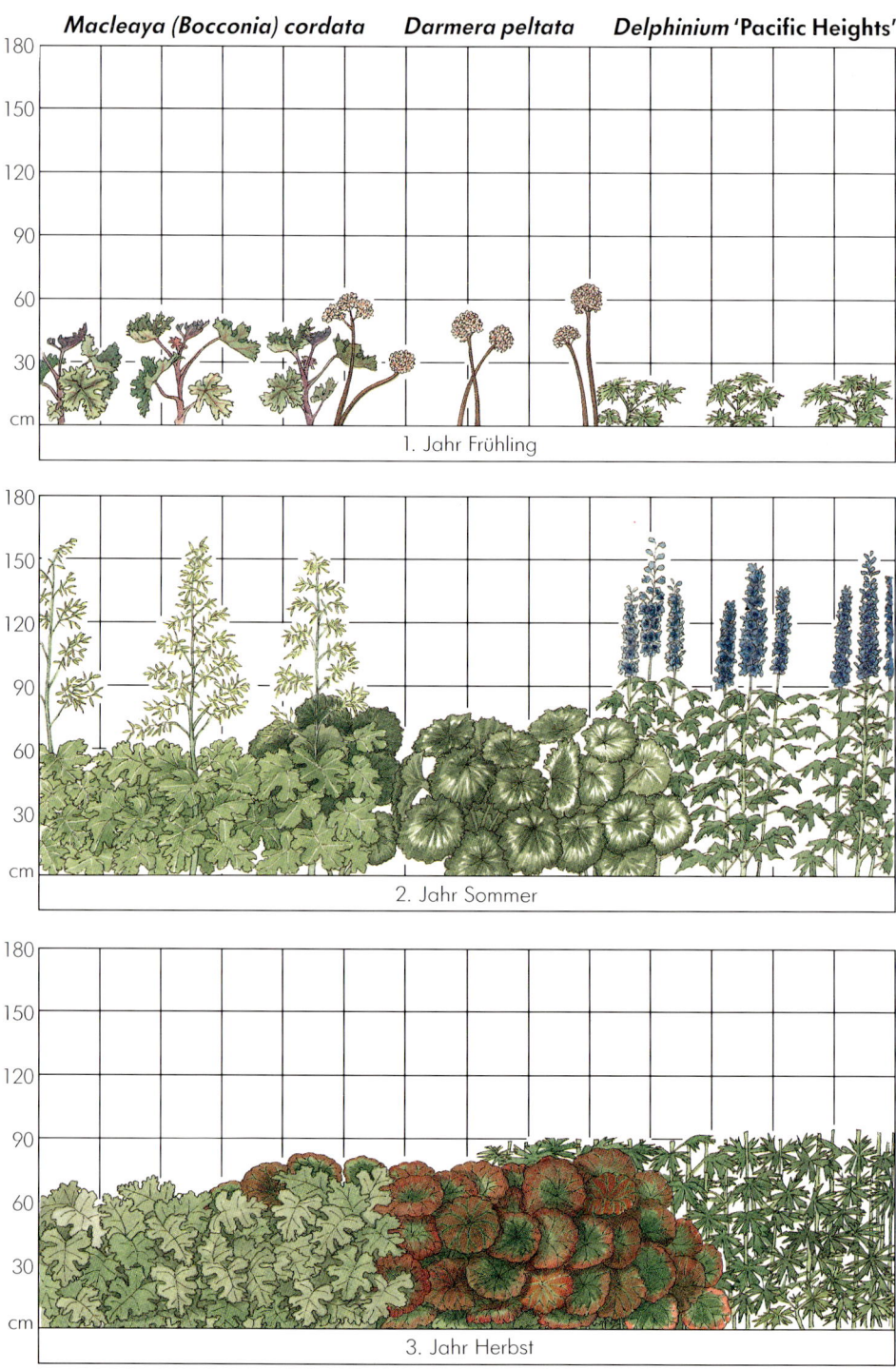

Macleaya (Bocconia) cordata   *Darmera peltata*   *Delphinium* 'Pacific Heights'

1. Jahr Frühling

2. Jahr Sommer

3. Jahr Herbst

Macleaya (Bocconia) cordata

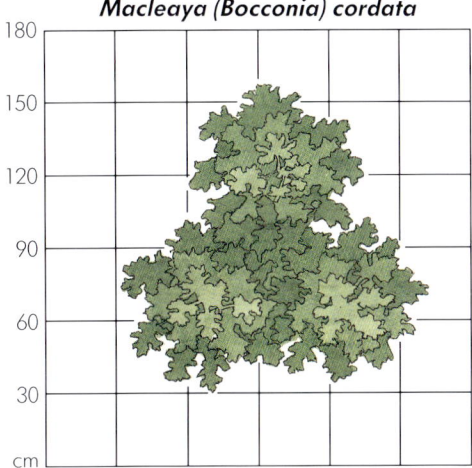

Macleaya (Bocconia) cordata

Sowohl das Laub als auch die Blüten dieser Staude sind bewundernswert. Die Blätter sind handförmig gelappt, oben grau-grün, unten pelzig weiß und bis zu 25 cm lang. Die kleinen weißen Blüten haben keine Petalen und stehen im Spätsommer in 2,10 m Höhe in Rispen. Diese Art ist etwas besser als die bekanntere und wüchsigere M. *microcarpa*, die 2,40 m hoch werden kann. Sie hat ein Ausläufer bildendes Wurzelsystem und rosigbeige Blüten, jedoch auch sehr schönes Laub.

Zone 4 bis 9, Sonne oder Halbschatten

Darmera peltata

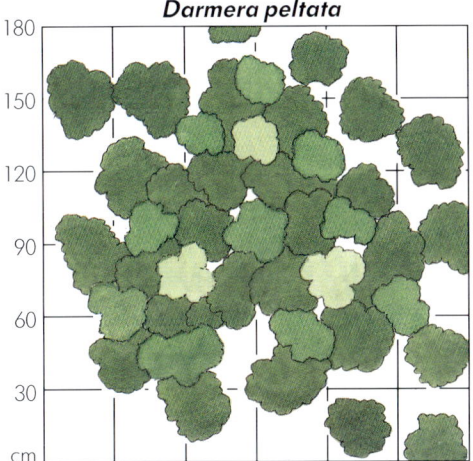

Darmera peltata
Schildblatt

Im Frühjahr trägt diese Pflanze kugelige Schirmdolden aus zarten rosa Blüten auf sonst kahlen roten, 30 bis 60 cm langen Stielen. Diese wachsen aus kriechenden Rhizomen, die Elefantenfüßen ähneln. Sind die Blüten verwelkt, folgen schnell ganze Kolonien tief gekerbter Blätter. Sie sind beinahe kreisrund, 30 cm groß, im Sommer glänzend grün und im Herbst hellrot mit gelben Adern. Mit ihnen wird die Pflanze 90 bis 120 cm hoch. Benötigt Feuchtigkeit.

Zone 6 bis 9, Sonne oder Halbschatten

Delphinium 'Pacific Heights'

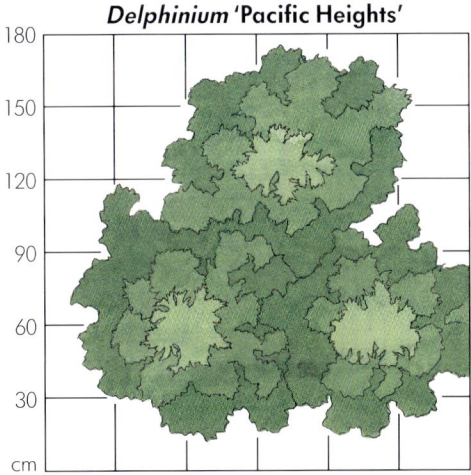

Delphinium 'Pacific Heights'
Rittersporn

60 cm breite Stauden bringen 1,20 bis 1,80 m hohe Stiele hervor. Die Blüten sind attraktiv blau, weiß oder purpur gefärbt, häufig mit einem kontrastierenden Auge versehen und sorgen im Frühsommer für Höhe im Beet. Die blaßgrünen Blätter sind handförmig gelappt. Rittersporn benötigt tiefen humusreichen, feuchtigkeitsspeichernden Boden und verträgt keine Störung. Bekannt sind die Pacific-Hybriden sowie die Blue Fountain-Reihe. Die letzteren werden nur 60 cm hoch und müssen nicht hochgebunden werden. Manchmal bekommt man auch die roten University-Hybriden.

Zone 3 bis 7, Sonne

Achillea filipendulina 'Gold Plate'   **Chrysanthemum maximum**   **Crocosmia 'Lucifer'**

1. Jahr Frühling

2. Jahr Sommer

3. Jahr Herbst

Achillea filipendulina 'Gold Plate'

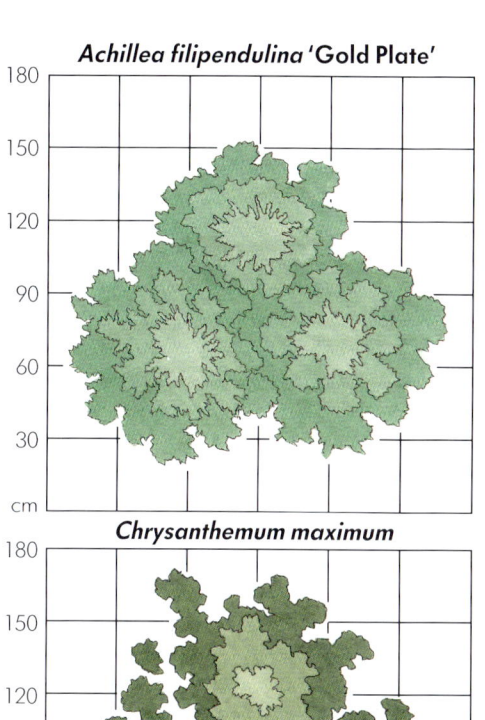

180
150
120
90
60
30
cm

Chrysanthemum maximum

180
150
120
90
60
30
cm

Crocosmia 'Lucifer'

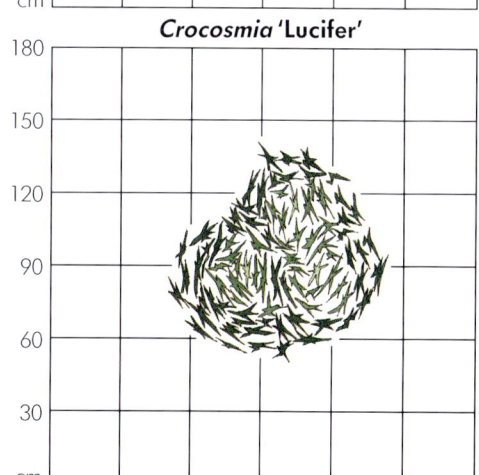

180
150
120
90
60
30
cm

Achillea filipendulina 'Gold Plate'
Garbe

Diese kräftige Pflanze trägt auf sparrigen, 1,20 m langen Stielen dicke flache Korbblüten aus winzigen goldenen Blüten. Das Laub ist elegant und fedrig; zerreibt man es, duftet es würzig. 'Moonshine' ist niedriger, hat blasser gelbe Blüten und graueres Laub. Andere Sorten sind zum Beispiel 'Cerise Queen', 'Red Beauty' und 'The Pearl' (weiß); sie sind jedoch nicht so stabil. Alle blühen den Sommer über und gedeihen in gut durchlässigem, nicht zu fruchtbarem Boden am besten. Bis 90 cm breit.
Zone 3 bis 8, Sonne

Chrysanthemum maximum

Eine der verläßlichsten und freundlichsten Stauden. Sie akzeptiert die meisten Böden und bildet schnell ein Kissen, das im Spätherbst oder zeitig im Frühjahr geteilt werden kann. Bei den meisten Sorten werden die Blütenstiele 60 bis 90 cm hoch und tragen 7,5 cm große haltbare Korbblüten. Entfernt man Welkes, blüht die Pflanze fast den ganzen Sommer über. Zu den Sorten gehört die gefüllte 'Aglaya' mit gekräuselten Petalen, die blaßgelbe 'Cobham Gold' und die Zwergform 'Snowcap', 38 cm hoch wird.
Zone 4 bis 9, Sonne

Crocosmia 'Lucifer'
Montbretie

Dies ist eine schöne Sorte der Montbretie, einer Pflanze für Landhausgärten. Die zartgrünen Spitzen der schwertförmigen Blätter wachsen aus Sprossen, die sich über zähen Rhizomen ständig ausbreiten. Die breiten eleganten Blätter sind schmal gefältet. Verzweigte zähe, bis zu 90 cm lange Stiele tragen flammendrote etwa 15 cm lange Blüten; diese öffnen sich im Hochsommer und halten etwa vier Wochen. Die blaßgelbe 'Solfatare' und die dunkelorange 'Emily McKenzie' sind gute Hybriden. Beide werden etwa 60 cm hoch. Feuchter Boden ist notwendig.
Zone 5 bis 8, Sonne oder Halbschatten

Rechts: Eine langsam wachsende, gestutzte Eibenhecke kontrastiert deutlich mit dem wolkenartigen Umriß der Blaufichten. Die architektonisch interessante Treillage ist so bemalt, daß sie sich mit den blauen Koniferen ergänzt.

Links: Die Eibe (*Taxus baccata*) ergibt schnell eine dichte, formelle, immergrüne Hecke, die, einmal angewachsen, nur einen Schnitt pro Jahr benötigt. Hier führt eine Reihe von Bogendurchgängen den Besucher durch mehrere Gartenzimmer. Buchsbaum-Einfassungen definieren den Weg und betonen die Perspektive.

HECKEN

Es gibt unzählige Bäume und Sträucher, die sich für Hecken eignen; jede hat besondere Merkmale – immergrünes oder sommergrünes Laub, Blüten oder Früchte –, die sie für bestimmte Standorte und Gartenstile interessant machen. Formierte Hecken sollten aus Pflanzen bestehen, die durch starken Schnitt zur Bildung kräftiger neuer Triebe angeregt werden. Freiwachsende Hecken sollten einigermaßen dicht und formschön wachsen.

Es gibt große Unterschiede im Bezug auf Wachstumsraten. Einige Hecken bilden in sechs bis acht Jahren oder noch früher einen 2,40 m hohen Sichtschutz. Diese schnell wachsenden Hecken müssen, um ordentlich auszusehen und die gewünschte Höhe beizubehalten, mindestens zweimal pro Jahr geschnitten werden. Da der Heckenschnitt recht schwierig sein kann, sind meist Pflanzen vorzuziehen, die nur einen Schnitt pro Jahr benötigen. Sie brauchen etwas länger, bis sie genügend hoch sind, sind jedoch insgesamt genügsamer als wüchsige Heckenpflanzen.

Ein besonders schnell wachsender, oft als Hecke gepflanzter Baum ist die Leyland-Zypresse *(x Cupressocyparis leylandii)*, dicht gefolgt von Liguster *(Ligustrum ovalifolium)* und der Antarktischen Scheinbuche *(Nothofagus antarctica)*. Alle drei benötigen bis zu drei Schnitte pro Jahr, und zwar bei den jungen Pflanzen beginnend, die sonst wuchern und keinen hübschen dichten Sichtschutz bilden. Für die Zypresse gilt dies besonders, da sie nicht mehr genug neue Triebe produziert, wenn man sie erst als erwachsene Pflanze schneidet.

Sommergrüne Heckenpflanzen sind in der Regel robuster als breitblättrige Immergrüne. Weißdorn *(Crataegus monogyna)* und einige Kirschen sind gut geeignete sommergrüne, *Prunus lusitanica* und *P. laurocerasus* robuste immergrüne Pflanzen. Besonders robust und für Hecken gut geeignet sind Koniferen wie der Lebensbaum *(Thuja occidentalis)*, die Westliche *(Tsuga heterophylla)* und die Kanadische Hemlockstanne *(T. canadensis)*.

Zu den langlebigsten Hecken zählen Hecken aus so verbreiteten Arten wie Eibe *(Taxus baccata)*, Buche *(Fagus sylvatica)* und Buchs *(Buxus sempervirens)*; es gibt Hecken, die mehrere Jahrhunderte alt sind. Auch in vernachlässigten Gärten kann man ausgewachsene oder heruntergekommene Pflanzen stark zurückschneiden, am besten im Frühjahr, und so frischen buschigen Wuchs induzieren.

Hecken sind relativ pflegeleicht; befolgt man zusätzlich einige Grundregeln, läßt sich das Ergebnis noch verbessern.

Zunächst muß der Boden von Unkraut befreit werden, bevor man pflanzt. Beginnen Sie mit der Bodenbehandlung in der vorhergehenden Wachstumsperiode. Gegen winterharte Unkräuter können Sie ein systemisches Herbizid einsetzen, am besten dann, wenn Unkräuter am kräftigsten wachsen. Sobald der Untergrund sauber ist, sollten Sie organisches Material einarbeiten – es hält in Trockenperio-

Links: Buchs *(Buxus sempervirens)* ist eine traditionelle Hekkenpflanze, die ausgezeichnet für Gartenparterre geeignet ist. Er wird relativ schnell 20 bis 30 cm hoch und muß dann nur noch einmal pro Jahr geschnitten werden. Durch kleine Blätter und dichten Wuchs macht er sich als Formschnitt-Pflanze ausgezeichnet; kompliziertere Formen brauchen bis 20 Jahre Zeit!

Unten: Eine Reihe von Zypressen, die eine schnell wachsende Hecke ergibt. Sie sollte ab dem zweiten oder dritten Jahr mindestens zweimal im Jahr gestutzt werden, da nach einem starken Schnitt wenige junge Triebe produziert werden. Hier handelt es sich um *Cupressus macrocarpa* 'Golden Cone'.

Folie dringt und Gießen notwendig werden könnte.

Heckenpflanzen sind in unterschiedlicher Form erhältlich: mit bloßen Wurzeln, mit Wurzelballen in Jute eingeschlagen und als Containerpflanzen. Am billigsten sind sommergrüne Pflanzen mit bloßen Wurzeln; sie müssen während der Winterruhe eingepflanzt werden. Immergrüne werden oft in Containern angeboten und können beinahe das ganze Jahr über eingesetzt werden; Frühherbst oder spätes Frühjahr eignen sich jedoch am besten.

Was den Schnitt anbelangt, so stellt jede Hecke etwas andere Anforderungen; einige Grundregeln lassen sich aber dennoch aufstellen. Ziel ist die Schaffung eines dichten Astwerkes mit

den die Feuchtigkeit – sowie etwas Langzeitdünger. Halten Sie den Boden bis zum Pflanzen durch häufiges Jäten unkrautfrei. In den ersten Jahren sollten Sie ebenfalls regelmäßig Unkraut jäten, um das Anwachsen zu erleichtern.

Alternativ können Sie den Boden ein Jahr lang mit schwarzer Folie abdecken (nachdem Sie organisches Material eingearbeitet haben). Die Heckenpflanzen werden dann durch Schlitze in der Folie eingepflanzt; zerfällt sie nicht von alleine, sollten Sie die Folie entfernen, sobald die Pflanzen ausgewachsen sind. Diese Technik ist nicht sehr dekorativ, dafür aber umso effektiver und den Chemikalien vorzuziehen. Bedenken Sie aber, daß kein Regen durch die

Links: *Rosa rugosa* ergibt in nur wenigen Jahren eine undurchdringliche, 1,80 bis 2,10 m hohe informelle Hecke. Den Sommer über und bis in den Herbst schmücken sie zunächst Blüten, dann tiefrote Hagebutten, die sich schön vom goldgelben Herbstlaub abheben.

Unten: Durch Formschnitt-Pflanzen erhalten Gärten einen stark architektonischen Aspekt. *Ilex* wächst langsam, ergibt jedoch eine dichte glänzende Fläche. Hier wurde er zu 1,50 m hohen dicken Pollern zugeschnitten, die mit den aufstrebenden Spitzen der Eibenkegel im Hintergrund schön kontrastieren.

gutem Seitenwachstum von oben bis unten. Dieses Ziel können Sie auf mindestens zwei Wegen erreichen; ich persönlich finde es (vor allem bei Koniferen) am besten, wenn man den Hauptsproß bis in die gewünschte Heckenhöhe wachsen läßt. Seitentriebe sollten auf etwa 15 cm weniger als die endgültige Heckenbreite gestutzt werden. Zwischen den einzelnen Pflanzen dürfen keine langen Triebe wachsen, da diese nur schwach und schlaksig auswachsen. In den ersten Jahren des Anwachsens werden unter Umständen zwei oder drei Schnitte pro Jahr nötig sein, vor allem bei schnell wachsenden Arten. Es sollte so geschnitten werden, daß sich die Hecke nach oben hin verjüngt. Dadurch bekommen auch die untersten Triebe genug Licht, um gut gedeihen zu können.

Ist die Hecke einmal dicht genug, reichen ein oder zwei Schnitte pro Jahr völlig aus. Im allgemeinen sollten sommergrüne Hecken im Frühjahr geschnitten werden, wenn sie auszutreiben beginnen. Hainbuchen *(Carpinus betulus)* und Buchen *(Fagus sylvatica)* produzieren in den ersten Jahren weiche Triebe, die im späten Frühjahr oder im Frühsommer gekürzt werden müssen, wenn die Hecke schön kompakt werden soll. Sind diese Arten ausgewachsen, wird ein Schnitt im Spätsommer oder Frühherbst dafür sorgen, daß sie ihre Blätter im Winter viel länger behalten.

Wann blühende Hecken zu schneiden sind, hängt vom Zeitpunkt des Flors ab. Zeitig im Jahr blühende Arten, deren Blüten auf dem Holz des vergangenen Jahres entstehen, sollten direkt nach dem Welken im späten Frühjahr oder Frühsommer geschnitten werden. Später im Jahr auf dem Holz des laufenden Jahres blühende Hecken sollten Sie zeitig im Frühjahr schneiden, damit viele kräftige neue Blütenzweige produziert werden.

Immergrüne Hecken schneidet man am besten im Spätsommer; ist das Klima sehr rauh, zeitig im Frühjahr. Schnell wachsende Arten wie Liguster, *Lonicera nitida* und Leyland-Zypressen können im Frühjahr und nochmals im Hoch- und Spätsommer geschnitten werden.

Unter Umständen ist es nötig, sich nach einer Zwischenlösung als Sichtschutz umzusehen, solange die Hecke noch nicht groß genug ist. Ein Spalier- oder Flechtzaun hinter der Hecke reicht vielleicht schon aus.

Die Wuchstabellen

In Wuchstabellen wird folgende Codierung für den Schnitt verwendet:

a: Schnitt im Winter.
b: Schnitt im Frühjahr.
c: Schnitt im Sommer.
d: Schnitt im Spätsommer.
e: Starker Schnitt im Spätwinter oder zeitig im Frühjahr, um die Blüte zu verbessern.
f: Schnitt bald nach der Blüte.

Berberis thunbergii
Sauerdorn, Berberitze

Diese Berberitze hat wunderschönes Herbstlaub und ergibt in 10 Jahren eine dichte, 1,50 m hohe Hecke. Ihre kleinen sommergrünen Blätter sind oben hellgrün und unten grau. Nach den winzigen roten Blüten entstehen kugelige glänzendrote Früchte. Die Form *atropurpurea*, vielleicht die robusteste Berberitze, ist mit 1,80 m größer und hat im Frühjahr und Sommer kräftig bronzefarbene, im Herbst purpurne Blätter. Beide sollten in einem Abstand von 45 cm voneinander gepflanzt werden.

Zone 4 bis 8, Sonne oder Schatten, m. H. 1,80 m, e

Buxus sempervirens
Immergrüner Buchsbaum

Kleiner, rundblättriger, immergrüner Strauch, wächst langsam (kaum 1,20 m in 10 Jahren). Verträgt starkes Schneiden, eignet sich also ausgezeichnet für Formschnitt. Die Sorte 'Suffruticosa' mit kleineren Blättern ergibt bessere Einfassungen. Buchsbaum gedeiht in den meisten Böden, in nicht zu rauhem Klima, bevorzugt jedoch gut durchlässigen Boden. Als Strauch oder kleiner Baum 3 m hoch. Der kleine buschige Echte Germander *(Teucrium chamaedrys)* mit seinen glänzend dunkelgrünen Blättern eignet sich für Einfassungen in sehr kalten Regionen.

Zone 7 bis 9, Sonne oder Schatten, m. H. 2,40 m, d/b

Crataegus monogyna
Eingriffliger Weißdorn

Diese traditionelle, sommergrüne Heckenpflanze bildet in weniger als 10 Jahren einen schmalen, 2,40 m hohen Sichtschutz, ist in Gärten aber leider selten. Die dichte verzweigte Pflanze ist Mitte bis Ende des Frühjahres mit kleinen, duftenden, weißen bis zartrosa Blüten übersät, danach entfalten sich blaßgrüne Blätter. Am besten schneiden Sie im Sommer; möchten Sie im Herbst jedoch Beeren, wählen Sie einen Zeitpunkt. Mischen Sie mit Liguster, Hasel, Feldahorn, Hainbuche oder Buche. Pflanzabstand 30 cm; nach dem Pflanzen auf 30 cm zurückschneiden.

Zone 4 bis 7, Sonne oder Halbschatten, m. H. 6 m, f a

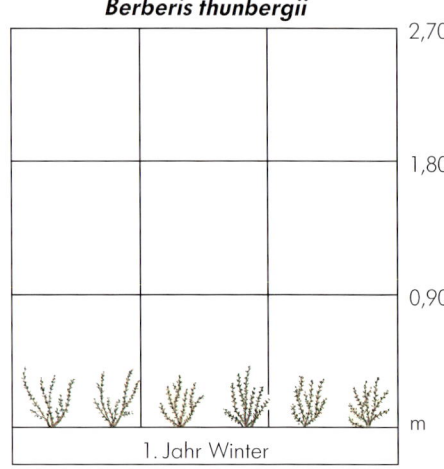

Berberis thunbergii

2,70

1,80

0,90

m

1. Jahr Winter

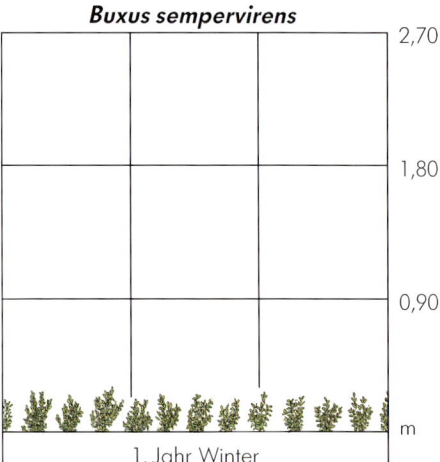

Buxus sempervirens

2,70

1,80

0,90

m

1. Jahr Winter

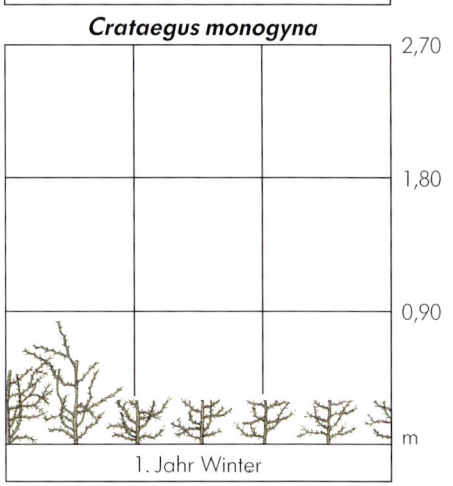

Crataegus monogyna

2,70

1,80

0,90

m

1. Jahr Winter

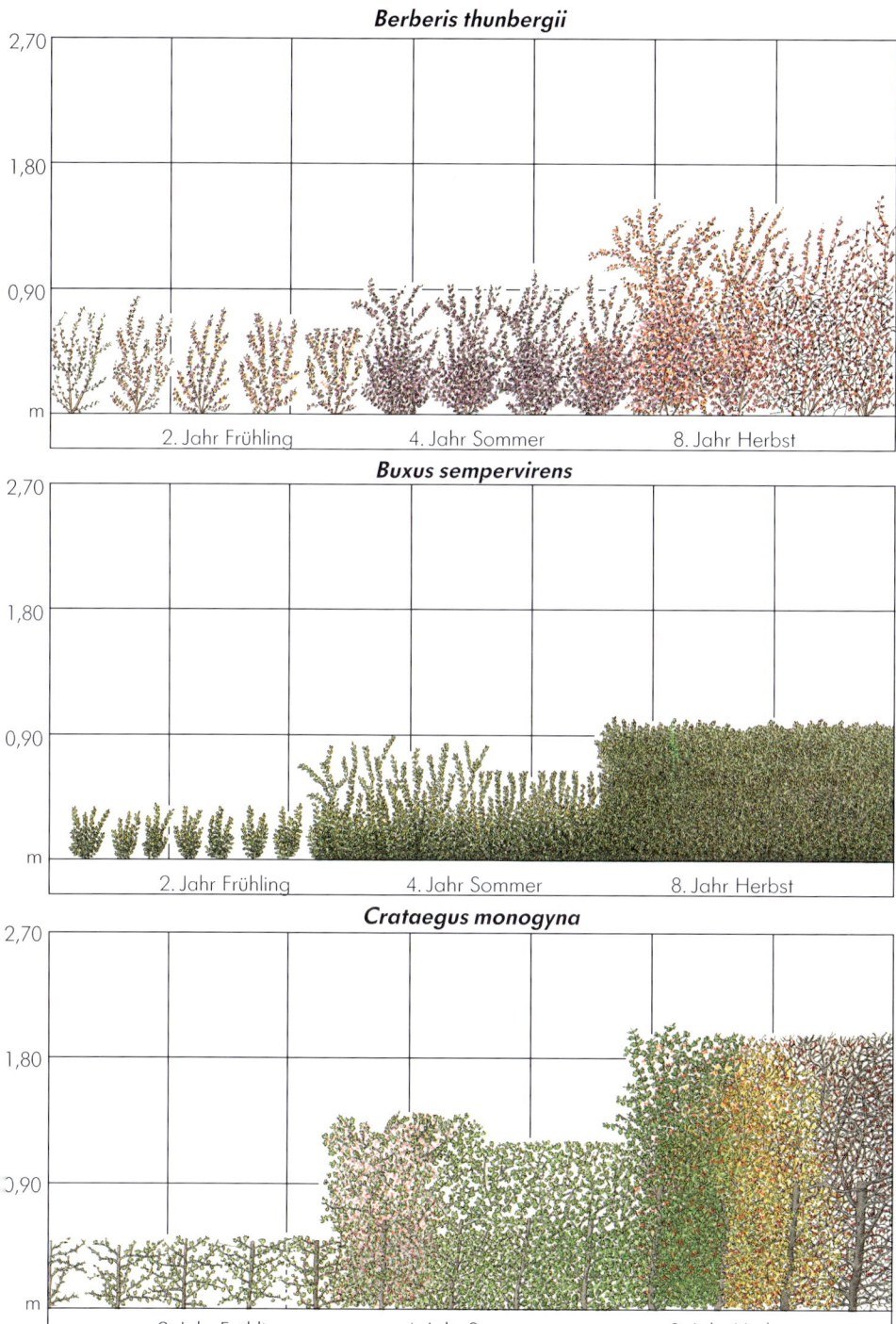

Berberis thunbergii

2,70

1,80

0,90

m

2. Jahr Frühling | 4. Jahr Sommer | 8. Jahr Herbst

Buxus sempervirens

2,70

1,80

0,90

m

2. Jahr Frühling | 4. Jahr Sommer | 8. Jahr Herbst

Crataegus monogyna

2,70

1,80

0,90

m

2. Jahr Frühling | 4. Jahr Sommer | 8. Jahr Herbst

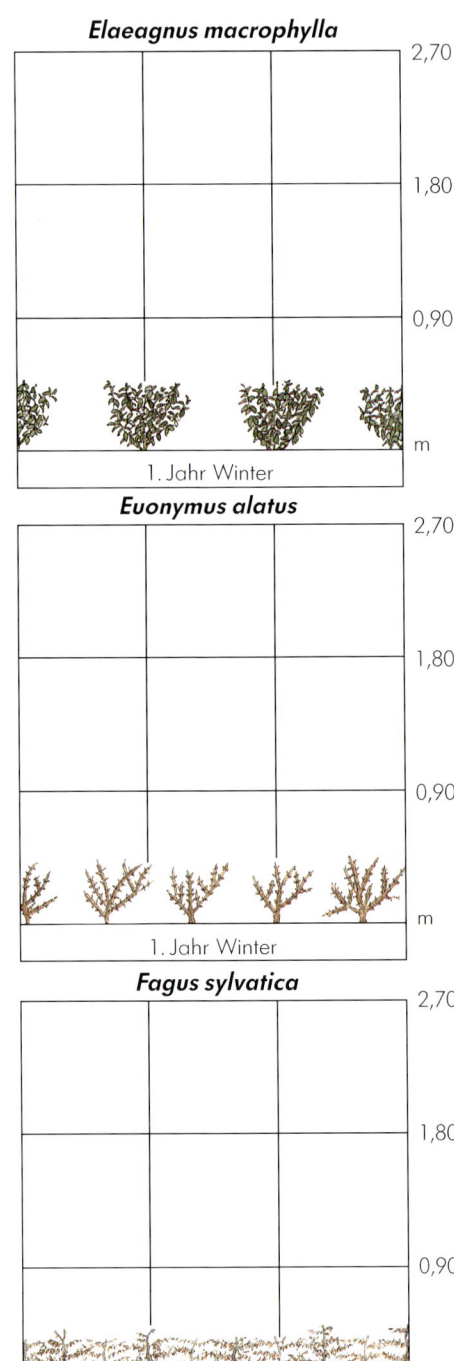

Elaeagnus macrophylla
Ölweide

Ergibt in weniger als 10 Jahren eine ausgezeichnete Hecke (3 m hoch, 1,80 m breit). Eignet sich besser als die häufigere *E. x ebbingei* und *E. pungens* sowie die panaschierte Sorte 'Aurea', die schmälere Blätter haben. Alle sind immergrün, *E. macrophylla* hat große, ledrige, graugrüne Blätter mit silberner Unterseite und gewelltem Rand. Ausgewachsene Pflanzen tragen im Herbst auf altem Holz kleine weiße duftende Blüten. All diese Pflanzen werden am besten im Spätsommer mit der Heckenschere geschnitten. Pflanzabstand 90 cm.

Zone 6 bis 9, Sonne oder Halbschatten, m. H. 3 m, b

Euonymus alatus
Spindelstrauch, Pfaffenhütchen

Dieser Strauch wächst locker, verträgt starken Schnitt und wird in weniger als 10 Jahren 1,80 m hoch. Hauptattraktion ist das hellrosa Herbstlaub, das umso schöner strahlt, je durchlässiger der Boden ist. Ausgewachsene Pflanzen tragen purpurne Früchte und korkige Auswüchse an den eckigen Zweigen. Die Sorte 'Compactus' wächst dichter und erreicht in 10 Jahren nur 1,20 m. *E. japonicus* ist immergrün, empfindlicher und wird 1,80 m hoch. Pflanzabstand 60 cm.

Zone 3 bis 9, Sonne oder Halbschatten, m. H. 1,80 m, a

Fagus sylvatica
Rotbuche

Anders als die ähnliche Hainbuche *(Carpinus betulus)* vertragen Buchen keine feuchten, kühlen, sondern gedeihen am besten in gut durchlässigen (sand- oder kalkhaltigen) Böden. Sie sind anfällig für Spätfröste, sollten also geschützt werden, um in 10 Jahren 2,40 m zu erreichen. Die sommergrünen Blätter sind größer und weicher als die der Hainbuche und überdauern den Winter, vor allem wenn spät im Jahr geschnitten wurde. Die Blutbuche bietet eine farbenprächtige Alternative. Pflanzen Sie in 45 bis 60 cm Entfernung oder alle 60 cm in zwei 20 cm voneinander entfernten, versetzten Reihen.

Zone 4 bis 8, Sonne oder Halbschatten, m. H. 3 m, d

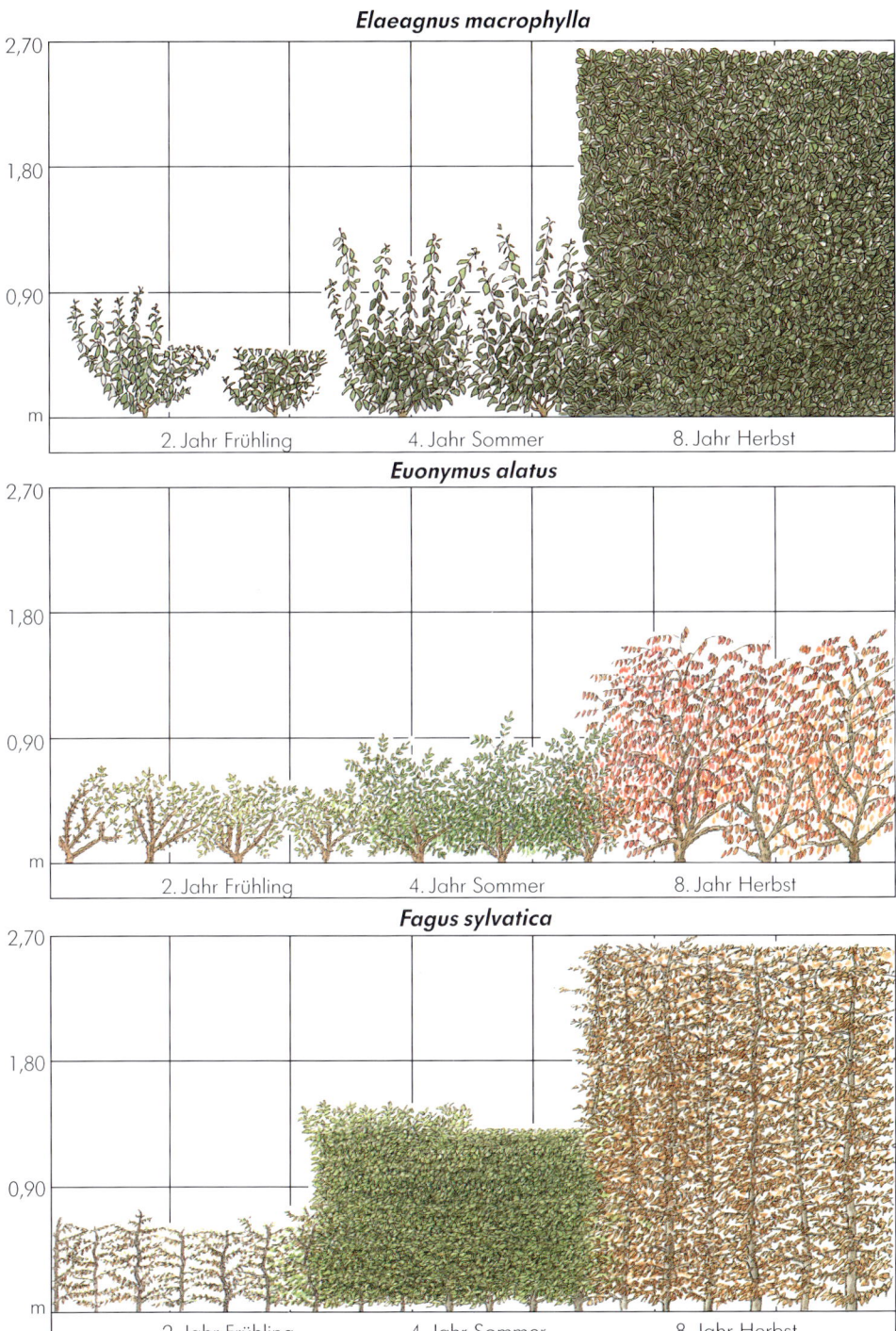

Elaeagnus macrophylla

2,70

1,80

0,90

m

2. Jahr Frühling   4. Jahr Sommer   8. Jahr Herbst

Euonymus alatus

2,70

1,80

0,90

m

2. Jahr Frühling   4. Jahr Sommer   8. Jahr Herbst

Fagus sylvatica

2,70

1,80

0,90

m

2. Jahr Frühling   4. Jahr Sommer   8. Jahr Herbst

171

Hippophae rhamnoides
Gemeiner Sanddorn

Ein zäher, windfester Strauch, der auch in unwirtlichem Klima in 10 Jahren einen 3,60 m hohen Sichtschutz bietet. Verträgt sandige trockene Böden, salzige Luft und verschmutzte Luft. Die sparrigen, dornigen Zweige tragen sommergrünes, schmales, graugrünes Laub. Den winzigen Büscheln blattloser Blüten folgen im Spätsommer unzählige hellorange Beeren, die den Winter über an der Pflanze bleiben. Da Sanddorn zweihäusig ist, sollten Sie, um Beeren zu erhalten, zu sechs weiblichen Exemplaren wenigstens eine männliche Pflanze pflanzen. 60 bis 90 cm Pflanzabstand.

Zone 3 bis 8, Sonne oder Halbschatten, m. H. 4,50 m, b/a

Ilex aquifolium
Gewöhnliche Stechpalme, Stechhülse

Stechpalmen ergeben ausgezeichnete dichte Hecken. Diese Art wird in 10 Jahren kaum 1,50 m hoch; *I. opaca* erreicht 2,10 bis 2,40 m und übersteht lange, heiße und feuchte Sommer gut. Die blauen Formen *I. x meyserveae* und der sommergrüne *I. verticillata* sind besonders kältebeständig. Sie haben stachelige, glänzend grüne Blätter mit unterschiedlichen Panaschierungen. Im Sommer sind am Blattansatz kleine weiße Blüten versteckt. Weibliche Formen benötigen einen männlichen Pollenspender, um Beeren produzieren zu können. 60 cm Pflanzabstand.

Zone 4 bis 9, Sonne oder Schatten, m. H. 3 m, b/d

Ligustrum ovalifolium 'Aureum'
Japanischer Liguster

Liguster ergibt eine schnell wachsende Hekke, die pro Jahr zwei bis drei Schnitte benötigt. Die goldgelbe Form wächst etwas langsamer und erreicht in sechs bis acht Jahren 2,40 m Höhe. Sie hat strahlend goldgelbe Blätter; Zweige, deren Laub wieder grün wird, sollten Sie sofort entfernen, da sie kräftiger wachsen und schnell überhandnehmen. Schneiden Sie spät im Frühjahr und im Sommer. Für kältere Gegenden eignen sich die grünen Formen. Pflanzabstand 60 cm.

Zone 5 bis 9, Sonne oder Halbschatten, m. H. 1,80 m, b/d

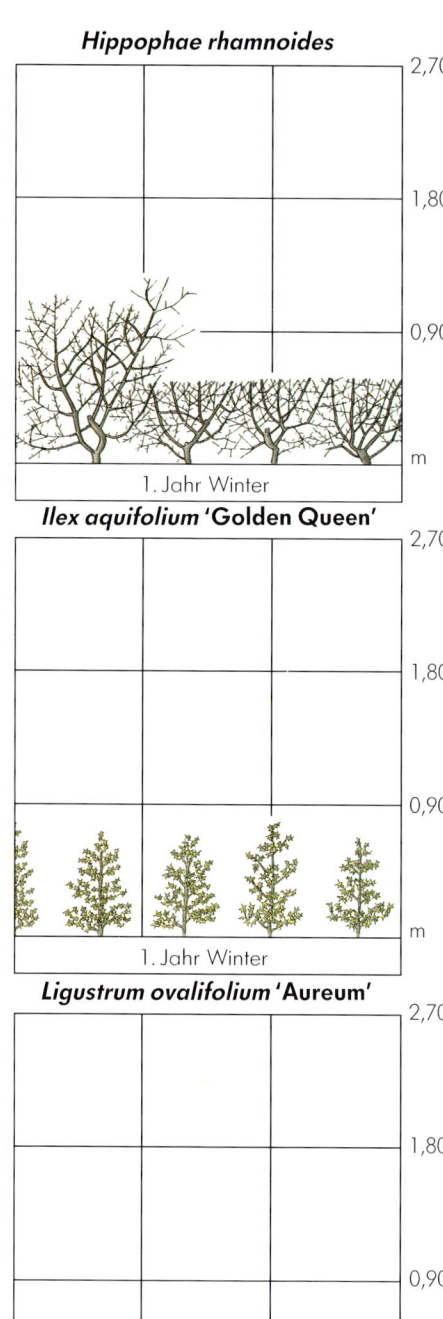

Hippophae rhamnoides

2,70

1,80

0,90

m

1. Jahr Winter

Ilex aquifolium 'Golden Queen'

2,70

1,80

0,90

m

1. Jahr Winter

Ligustrum ovalifolium 'Aureum'

2,70

1,80

0,90

m

1. Jahr Winter

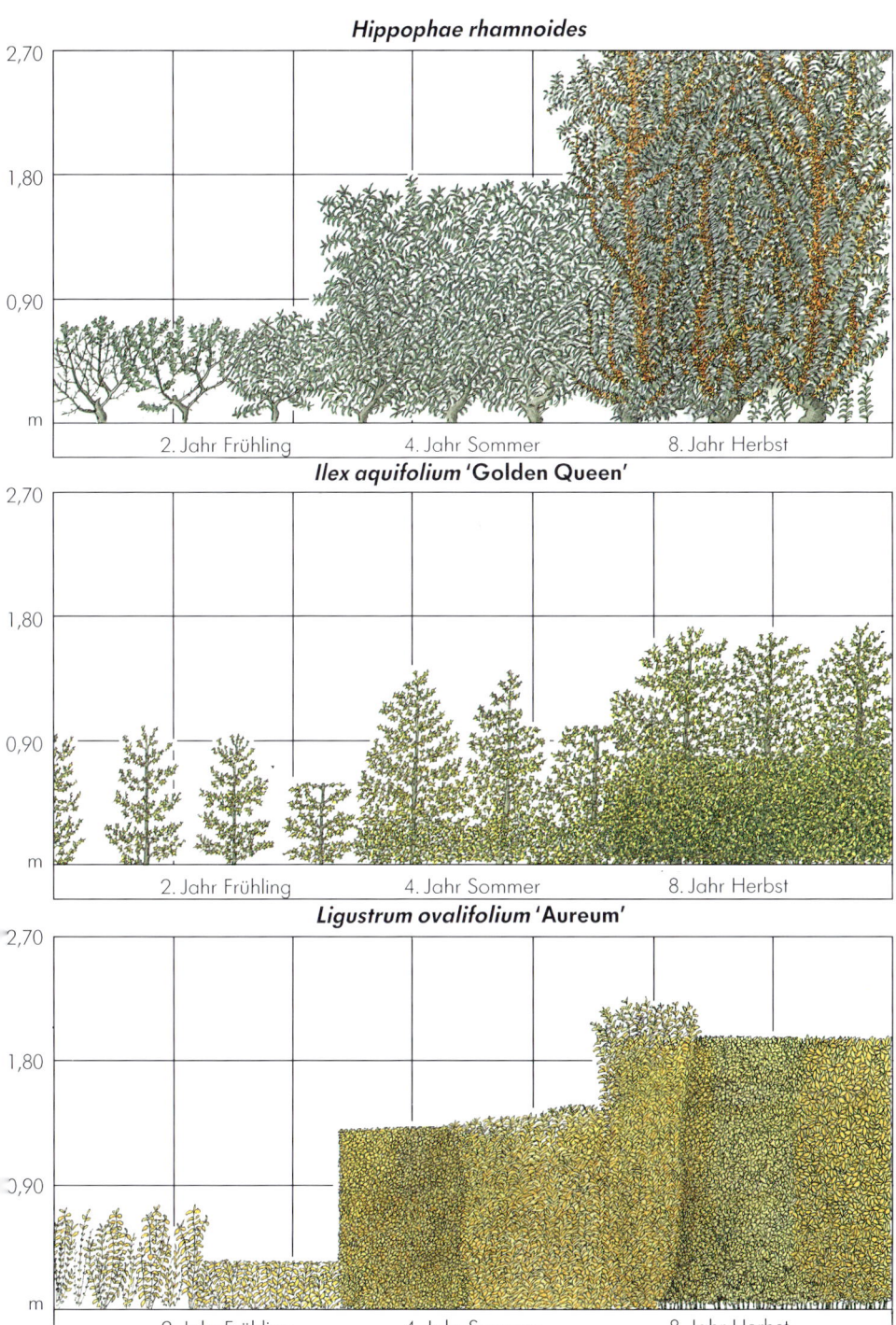

Hippophae rhamnoides

2,70

1,80

0,90

m

2. Jahr Frühling 4. Jahr Sommer 8. Jahr Herbst

Ilex aquifolium 'Golden Queen'

2,70

1,80

0,90

m

2. Jahr Frühling 4. Jahr Sommer 8. Jahr Herbst

Ligustrum ovalifolium 'Aureum'

2,70

1,80

0,90

m

2. Jahr Frühling 4. Jahr Sommer 8. Jahr Herbst

173

Lonicera nitida
Heckenkirsche, Geißblatt

Diese immergrüne, buschige Pflanze hat sparrige zähe Zweige, dicht von winzigen, glänzend grünen Blättern ummantelt. Sie wird 1,50 m hoch, muß jedoch regelmäßig keilförmig gestutzt werden, da sich sonst kahle Stellen bilden. Eine zu schlaksig gewachsene Hecke kann im Frühjahr kräftig gestutzt werden. 'Baggesen's Gold' hat den Sommer über goldene Blätter, die sich im Herbst grünlich-gelb verfärben. *L. pileata* ist vom Laub her ähnlich, jedoch niedriger und daher ideal für Einfassungen. *L. tatarica* ist wesentlich robuster. Pflanzabstand 30 cm, Schnitt nach dem Pflanzen auf 30 cm.

Zone 7 bis 10, Sonne oder Schatten, m. H. 1,50 m, b/d

Potentilla fruticosa 'Goldfinger'
Strauch-Fingerkraut

Eine dichte, freiwachsende Hecke, die vom Frühsommer bis in den Herbst dekorativ ist. Sie wird in 10 Jahren 1,50 m hoch, wächst rundlich, gedeiht in fast allen Böden und ist extrem robust. Die kleinen sommergrünen gefiederten Blätter sind intensiv grün, die vielen fünfblättrigen Blüten tiefgelb. 'Katherine Dykes' (blaßgelb) und 'Farrer's White' (weiß) werden etwa ebenso hoch wie 'Goldfinger'. Pflanzabstand 45 cm; Schnitt zeitig im Frühjahr.

Zone 2 bis 8, Sonne, m. H. 1,50 m, e

Prunus lusitanica
Portugiesische Lorbeerkirsche

Ein hübscher immergrüner Strauch mit glänzend dunkelgrünen, ovalen Blättern an roten Zweigen. Gedeiht in den meisten Böden, auch in flacher basischer Erde, und wird in 10 Jahren 1,80 m hoch. Er verträgt zwar starken Schnitt, bildet jedoch im Frühsommer nur dann weiße Blütentrauben aus, wenn er ungestört wachsen darf. Die sommergrüne flaumige Kirsche *P. tomentosa* ist wesentlich robster und im Frühjahr übersät mit weißen Blüten. Ihre Blätter sind dunkelgrün, und nach einem heißen Sommer gibt es viele hellrote Früchte. Pflanzabstand 60 cm.

Zone 7 bis 9, Sonne oder Halbschatten, m. H. 4,50 m, b/c

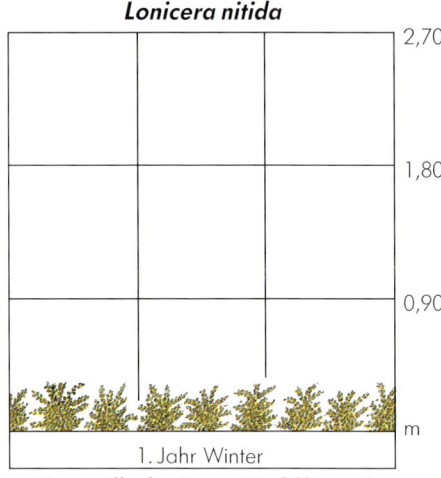

Lonicera nitida

2,70

1,80

0,90

m

1. Jahr Winter

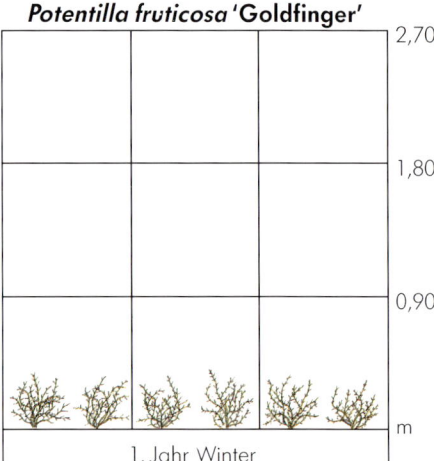

Potentilla fruticosa 'Goldfinger'

2,70

1,80

0,90

m

1. Jahr Winter

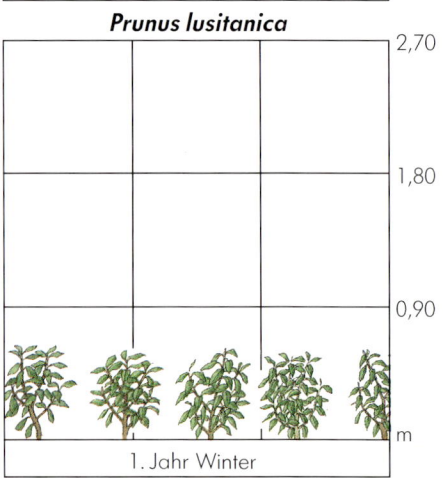

Prunus lusitanica

2,70

1,80

0,90

m

1. Jahr Winter

174

Lonicera nitida

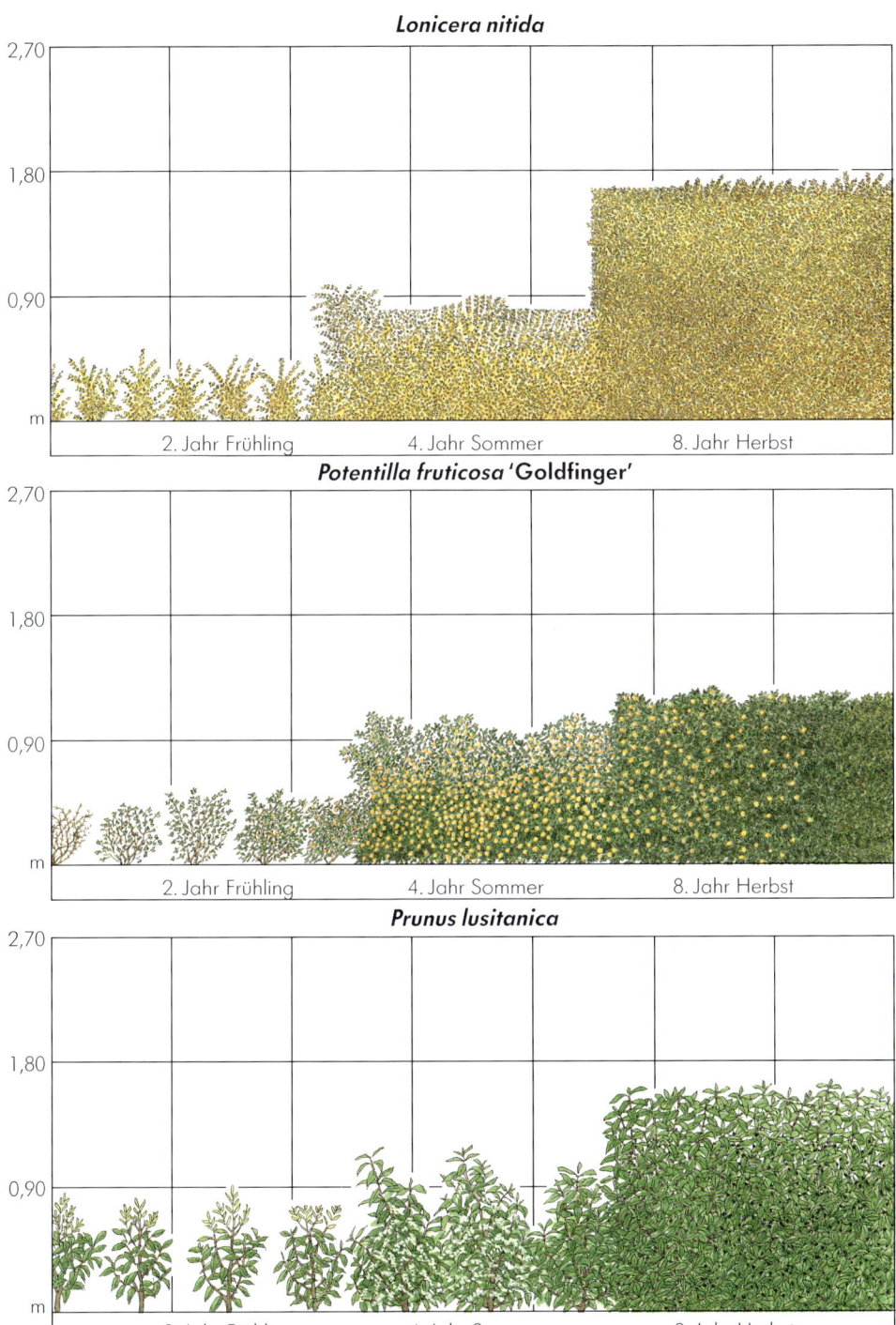

2,70

1,80

0,90

m

2. Jahr Frühling   4. Jahr Sommer   8. Jahr Herbst

Potentilla fruticosa 'Goldfinger'

2,70

1,80

0,90

m

2. Jahr Frühling   4. Jahr Sommer   8. Jahr Herbst

Prunus lusitanica

2,70

1,80

0,90

m

2. Jahr Frühling   4. Jahr Sommer   8. Jahr Herbst

175

Rosa rugosa

Eine sehr struppige Strauchrose, die den meisten Krankheiten widersteht und schnell zu einer kompakten, dichten und stacheligen Hecke mit bis zu 1,50 m Höhe heranwächst. Die kräftigen Zweige tragen apfelgrüne, im Herbst gelb verfärbte Blätter. Hellrote Hagebutten, 2,5 cm groß und oben flach, folgen den in der Grundform tiefrosa, duftenden Blüten. 'Alba' hat reinweiße Blüten mit gelben Staubblättern, 'Fru Dagmar Hastrup' hellrosa und 'Roseraie de l'Hay' gefüllte karminrote Blüten, jedoch keine Hagebutten. Pflanzabstand 30 cm.

Zone 3 bis 8, Sonne, m. H. 1,50 m, e

Taxus baccata
Beereneibe

Dieser bemerkenswerte immergrüne Strauch gedeiht in saurem Boden so gut wie in basischem, in der Sonne wie im Schatten. Düngt man einmal pro Jahr, wachsen Eiben schnell bis zu 2,40 m in 10 Jahren. Blätter und Samen (von einem fleischigen roten Arillus umgeben) sind giftig. Die Grundform hat schwarz-grünes Laub, es gibt aber verschiedene attraktive goldene Formen. Die Sorte *T. x media* 'Hicksii' ist zuverlässiger winterhart und verträgt tiefere Temperaturen. Beide eignen sich für Formschnitt. Pflanzabstand 60 cm; Schnitt im Spätsommer.

Zone 6 bis 8, Sonne oder Schatten, m. H. 4,50 m, d

Thuja occidentalis
Abendländischer Lebensbaum

Diese sehr robuste Art akzeptiert kaltes Klima und feuchten Boden. Sie erreicht in 10 Jahren 3 m. Das immergrüne Laub ist im Frühjahr hellgrün, dunkelt dann allmählich nach. Der Riesen-Lebensbaum *(T. plicata)* ist nicht so robust, wächst jedoch schneller. Er wird in 8 Jahren 3 m hoch, vorausgesetzt, man schützt ihn von Beginn an vor Frost und Trockenheit; stark basischen Boden und Trockenheit verträgt er jedoch, sobald er einmal gut angewachsen ist. Beide Arten sollten im Spätsommer geschnitten werden. Pflanzabstand 60 cm.

Zone 3 bis 8, Sonne, m. H. 3,60 m, d

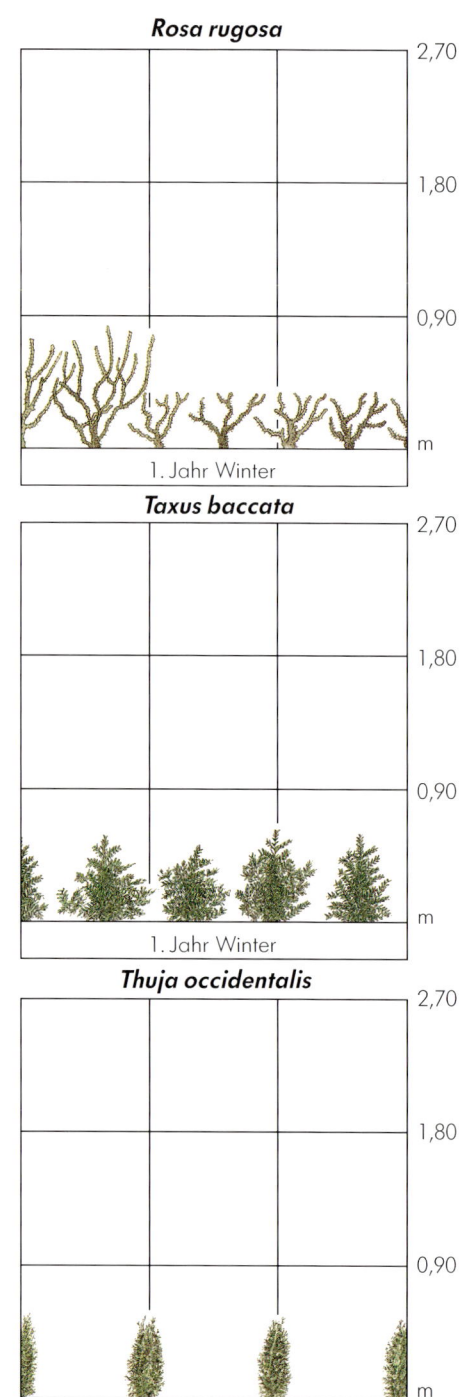

Rosa rugosa
2,70
1,80
0,90
m
1. Jahr Winter

Taxus baccata
2,70
1,80
0,90
m
1. Jahr Winter

Thuja occidentalis
2,70
1,80
0,90
m
1. Jahr Winter

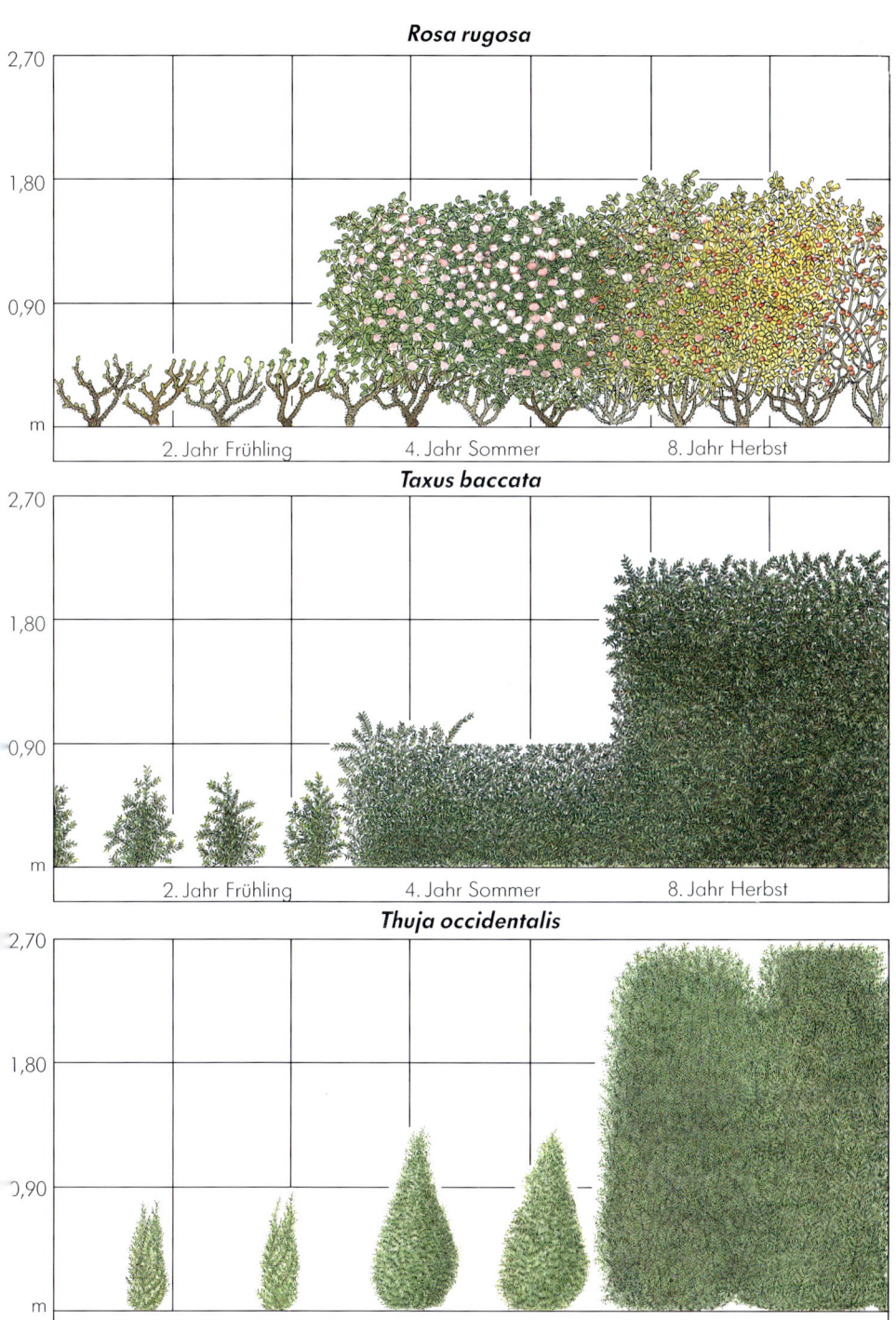

Rosa rugosa

2,70

1,80

0,90

m

2. Jahr Frühling   4. Jahr Sommer   8. Jahr Herbst

Taxus baccata

2,70

1,80

0,90

m

2. Jahr Frühling   4. Jahr Sommer   8. Jahr Herbst

Thuja occidentalis

2,70

1,80

0,90

m

2. Jahr Frühling   4. Jahr Sommer   8. Jahr Herbst

Rechts: Eine der vielen Lilien-Hybriden ist die von Früh- bis Spätsommer blühende 'Connecticut King'. Diese Zwiebelgewächse benötigen sehr viel Feuchtigkeit und Sonne, gedeihen jedoch in gut durchlässigem Boden am besten.

ZWIEBEL-GEWÄCHSE

Ganz rechts oben: Zeitig im Frühjahr wachsen aus den Knollen der dicht gepflanzten Alpenveilchen (*Cyclamen coum*) zierliche Blüten in einem Meer dekorativ gemusterter Blätter. Die Zwiebeln von Schneeglöckchen werden etwas tiefer gepflanzt. Beide benötigen kühles Wetter, Halbschatten und feuchtigkeitspeichernden Boden.

Ganz rechts unten: *Erythronium revolutum* (Hundszahnlilie) bildet winterharte Knollen aus, die sich schnell vermehren; ihnen entwachsen Kissen aus herzförmigen gesprenkelten Blättern sowie Mitte bis Ende des Frühjahres kräftig bis blaß rosa Blüten. Sie lieben Halbschatten und feuchten, gut durchlässigen Boden.

Es gibt für jede Jahreszeit blühende Zwiebelgewächse. Am weitesten sind in den gemäßigten Klimazonen jene Arten verbreitet, die vom Herbst über den Winter bis weit in den Frühling wachsen und blühen. Die Mehrzahl der Arten, sowohl robuste (bis Zone 6) als auch empfindlichere (Zone 9 und 10), stammt aus Gebieten mit mediterranem Klima, also trockenen heißen Sommern und kalten feuchten Wintern. Es sind dies die Küstengebiete um das Mittelmeer, die Westküste der Vereinigten Staaten von Oregon bis Süd-Kalifornien, das Kap in Südafrika, Süd-Chile und West- und Süd-Australien.

Im Sommer blühende Arten stammen aus Regionen, in denen die Wachstumsperiode heiß und niederschlagsreich ist und der Winter (beziehungsweise die Ruhephase) kalt und trocken.

Dieses Klima ist in den subtropischen Gebieten Zentral- und Südafrikas sowie Nord- und Südamerikas zu finden. Solche Arten sind empfindlich und benötigen Gewächshausbedingungen, um außerhalb ihres natürlichen Standorts überleben zu können.

Es gibt drei Hauptfamilien bei Zwiebelgewächsen: Schwertliliengewächse (Iridaceae), Narzissengewächse (Amaryllidaceae) und Liliengewächse (Liliaceae). Ihnen entstammen die meisten Gartenzwiebelgewächse.

Zwiebelgewächse sind pflegeleicht, man muß nur die trockene Ruhephase berücksichtigen, die die meisten Arten gewöhnt sind.

Empfindliche Arten wie *Hymenocallis*, *Chlidanthus*, *Agapanthus*, *Clivia* und *Lachenalia* eignen sich hervorragend als Topfpflanzen, vertragen jedoch keinerlei Frost. Sie vermehren sich stetig und müssen, wenn der Topf einigermaßen gefüllt ist, rechtzeitig umgetopft werden; nicht früher, da sie etwas beengt recht gut gedeihen. Zu Beginn der Wachstumsphase und zur Blütezeit benötigen sie ausreichend Wasser. Sind sie verblüht, fördert weiteres Düngen die Bildung von Nährstoffreserven für die Ruhephase. Andere empfindliche Arten können im Frühjahr nach den letzten Frösten ins Freie gepflanzt werden und eignen sich besonders gut als Lückenfüller in Staudenrabatten. Hier sind viele Vertreter der *Gladiolus*-Arten zu nennen, ebenso *Ixia viridiflora* und die Tigerblume (*Tigridia pavonia*). Damit die Zwiebeln

auch im nächsten Jahr wieder austreiben, sollten Sie sie im Herbst ausgraben
und bis zum Frühjahr an einem trockenen, frostfreien Ort aufbewahren.

Winterharte Arten sind pflegeleichter, da man sie nicht ausgraben muß.
Einmal angewachsen, vermehren sie
sich stetig und ergeben jedes Jahr von
neuem einen dekorativen Blickfang.
Viele Arten, darunter *Narcissus* spp.
(Narzissen), *Crocus vernus*, *Crocus
tommasinianus*, *Leucojum aestivum*
(Sommerknotenblume), *Fritillaria me-
leagris* (Schachblume) und *Ornithogal-
um nutans* (Nickender Milchstern)
kann man im Gras sich selbst überlassen. Dabei muß man nur darauf achten,
daß die Blumen höher als das Gras
stehen und die Blätter nicht sofort ab-
gemäht werden, damit in der Zwiebel

eine Blütenknospe für das nächste Jahr
ausgebildet werden kann. Narzissen
zum Beispiel sollten ihre Blätter nach
dem Welken der Blüten noch etwa
sechs Wochen behalten. Robuste Zwiebelgewächse passen auch unter sommergrüne Gehölze, da sie blühen bevor
die Laubkronen dicht sind. Narzissen,
Dreiblatt *(Trillium)*, Alpenveilchen,
Traubenhyazinthen, Hundszahn *(Erythronium)*, Winter-Eisenhut und einige
Lilien passen dort sehr gut.

Winter-Eisenhut blüht vom Winter
bis zum Frühlingsbeginn, ebenso
Schneeglöckchen. Alpenveilchen blühen zwischen Spätherbst und Winter,
einige Irisarten im Winter, so zum Beispiel *I. stylosa* (Winteranfang), *I. dan-
fordiae* und *I. reticulata* (Mitte bis Ende des Winters).

In reinen Staudenbeeten müssen Zwiebelgewächse sehr tief eingepflanzt werden, damit sie beim Unkraut jäten und Stauden ausgraben und teilen nicht beschädigt werden. Besser kombiniert man sie mit tief wurzelnden Mehrjährigen, die nicht regelmäßig geteilt werden müssen: Gemeiner Efeu, Echter Alant *(Inula helenium)* und einige der blattreichen Storchschnäbel, Funkie, Pfingstrosen und Frauenmantel bilden zum Beispiel perfekte Teppiche, aus denen im Frühjahr die Zwiebelgewächse hervorwachsen. Deren welke Blätter werden von den sich nun entfaltenden Blättern der Stauden verdeckt.

In gemischten Rabatten wirken Zwiebelgewächse, kombiniert mit immergrünen Bodendeckern, besonders schön.

Tulpen und Hyazinthen sieht man häufig gemeinsam mit anderen Frühblühern, da sie zuverlässig und üppig blühen. Sie können zugleich mit den Beetpflanzen ausgegraben werden; lassen Sie etwas Erde um die Wurzeln, um sie nicht zu beschädigen. Die Zwiebeln sollten dann in einer Kiste trocknen. Getrocknet reinigt man sie und lagert sie bis zum Herbst trocken und luftig .

Es gibt zahlreiche Zwergformen, die in Steingärten oder Torfbeete passen. Sie benötigen gut durchlässigen Boden, dessen Fruchtbarkeit mit einem großen Anteil an Laubmulch oder anderem gut verrottetem, organischem Material verbessert und der mit einem Teil Kies (in Torfbeeten kalkfrei) auf zwei Teile Erde vermengt sein sollte.

Links: An warmen Standorten blüht die späte *Narcissus* 'Hawera' mit der frühen *Tulipa bakeri* 'Lilac Wonder'. Beide Zwiebelgewächse benötigen im Sommer viel Wärme, um ihren alljährlichen Wachstumszyklus vollenden zu können.

Unten: *Allium moly* gehört zu den Zwiebelgewächsen und wird nur 10 bis 12 cm hoch. Es benötigt trockenen, sehr gut durchlässigen Boden und bildet Kissen aus graugrünen Blättern und im Sommer gelbe Blütendolden.

Rechts: Formstrenge Rabatten wurden schon immer mit Ringelblumen und Begonien bepflanzt. Hier im Mittelpunkt ein Beet mit Zwergbegonien und silberblättrigen *Cineraria maritima*, umgeben von Beeten mit gelben und orangen Ringelblumen, die von den blauen Ähren des Salbeis umgrenzt sind.

EIN- UND ZWEI- JÄHRIGE PFLANZEN

Ganz rechts: Der weiße Fingerhut *(Digitalis purpurea alba)* und die Eselsdistel *(Onopordum acanthium)* sind Zweijährige, die sich in Blumengärten selbst aussäen. Im ersten Jahr bilden sie dicke Rosetten aus Basalblättern, aus denen im zweiten Jahr die Blütenähren emporwachsen.

Ein- und Zweijährige sind oft sehr nützlich. Sie füllen Lücken recht schnell auf, eignen sich für größere Gruppen ebenso wie für einzelne Farbkleckse zwischen Stauden und Sträuchern. Desgleichen wirken sie in Blumenampeln, Kübeln und anderen dekorativen Behältern gut. Im ersten Jahr eines Gartens sorgen sie für Farbe und Leben und helfen dem Besitzer, sich mit dem Standort vertraut zu machen. Ihre Vergänglichkeit ist ein großer Vorteil: dadurch ist Versuch und Irrtum bei Pflanzschemata möglich, mißlungene Kombinationen können im nächsten Jahr verbessert werden. Hat man das gewünschte Aussehen mit Einjährigen erreicht, kann man es ruhigen Gewissens ähnlich mit mehrjährigen Pflanzen nachvollziehen.

Ein- und Zweijährige sind recht pflegeleicht und passen in jeden Garten. Es gibt sie in allen Farben und vielen Größen, angefangen bei winzigen kompakten Zwergformen wie *Ageratum* (Leberbalsam) für Einfassungen, bis hin zu großen Sonnenblumen, die von Sommer bis Herbst blühen.

Der Lebenszyklus von Zweijährigen geht anders als bei Einjährigen über zwei Jahre. Im ersten Jahr produzieren sie Grundblätter, die im allgemeinen als dicht an den Boden geschmiegte Blattrosette überwintern. Der Blütenstand wird in der zweiten Wachstumsperiode ausgebildet, danach produziert die Pflanze Samen und stirbt ab. Besonders häufig sieht man *Digitalis purpurea* (Fingerhut) und *Lunaria* (Mondviole), es gibt jedoch viel mehr: unter anderem *Onopordum giganteum* und *Eryngium giganteum* (Elfenbeindistel). Einige sehr beliebte Gartenpflanzen sind zweijährig, sollten aber besser jedes Jahr aus Samen gezogen werden.

Einjährige werden meist in winterharte und teilweise winterharte Arten unterteilt. Mit der Aussaat winterharter Arten wie *Amaranthus caudatus* (Fuchsschwanz) kann man zeitig im Frühjahr beginnen und sukzessive bis zum Sommer weitermachen, damit von Sommer bis Herbst Blütenpracht gesichert ist. Einige winterharte Einjährige wie *Centaurea cyanus* (Kornblume)

und *Calendula officinalis* (Ringelblume) können im Spätsommer versät werden (oder sich selbst versäen), überwintern dann als Rosetten und blühen spät im Frühjahr oder im Frühsommer. Die meisten winterharten Einjährigen sollten etwas ausgedünnt werden. Im Frühjahr blühende Zweijährige wie das hübsche *Bellis perennis* (Maßliebchen), *Myosotis* (Vergißmeinnicht) und *Cheiranthus* (Goldlack) sollten Sie im Sommer in Töpfe säen und im Herbst an ihren endgültigen Standort umset-

zen. Im Sommer blühende Zweijährige wie *Papaver nudicaule* (Islandmohn), *Matthiola incana* (Garten-Levkoje) und *Dianthus barbatus* (Bartnelke) können Sie im Spätsommer säen, im Herbst ausdünnen und im Frühjahr an ihren Standort pflanzen.

Einige teilweise winterharte Einjährige können ohne größere Schwierigkeiten im Freien gezogen werden. *Tagetes patula* (Studentenblume), *Matthiola* (Levkoje), *Antirrhinum* (Löwenmaul) und *Helichrysum bracteatum* (Immortelle, Garten-Strohblume) sind Beispiele dafür. Die Mehrzahl der Arten sollte jedoch zeitig im Frühjahr in einem Gewächshaus oder, einfacher, in Töpfen auf dem Fensterbrett im Haus gesät werden – so zum Beispiel Begonien, Pantoffelblumen, Dahlien, Petunien, Lobelien, Schmuckkörbchen und

Tagetes erecta. Die Temperatur sollte Tag und Nacht in etwa gleich sein, und die Sämlinge dürfen nicht im direkten Sonnenlicht austrocknen. Sobald die Sämlinge so groß sind, daß man sie umsetzen kann, müssen sie ausgedünnt werden. Die kräftigsten Exemplare werden dann vorsichtig in ein neues Gefäß gepflanzt, in dem sie ausreichend Platz für eine weitere ungestörte Entwicklung haben. Sind alle Fröste überstanden und die Sämlinge einigermaßen reif, kann man sie nach einer Abhärtungsphase in einem kühlen Raum oder einer geschützten Ecke des Gartens auspflanzen.

Wenn Sie nicht genug Zeit und Platz haben, um Sämlinge zu ziehen, kaufen Sie die Pflanzen im Gartencenter oder über eine Pflanzenversand. Entscheiden Sie sich für feste, grüne, gesunde Sämlinge, die keinerlei Anzeichen des Welkens oder einer Krankheit aufweisen und bei denen nur sehr wenige Wurzeln durch die Wand des Torftopfs dringen.

Alle Einjährigen blühen an einigermaßen sonnigen Standorten in gutem Boden am besten. Magerer Boden ergibt kleine Pflanzen, die zeitig blühen, Samen produzieren und noch vor Sommerende absterben. Wie bei allen anderen Pflanzen muß zwischen jungen Einjährigen Unkraut gejätet werden; sind sie angewachsen und beginnen zu gedeihen, verdrängen sie das Unkraut.

Während die Sämlinge anwachsen, benötigen sie ausreichend Wasser. Danach sollten Sie nur gießen, wenn das

In einem Beet aus Einjährigen ist die Farbzusammenstellungs besonders wichtig. Hier sehen Sie zwei aufeinander abgestimmte Kombinationen in Rosatönen.

Ganz links: Fleißige Lieschen, weiße Petunien, *Psylliostachis suworowii* und Schmuckkörbchen 'Sensation' bilden von Hochsommer an einen Blickfang.

Links: *Amaranthus caudatus* und *Lavatera trimestris* 'Silver Cup' stehen hoch hinter dem niedrigen *Silene coeli-rosa* 'Rose Angel'.

Wetter sehr trocken ist oder die Pflanzen in Töpfen stehen. Auch dann ist ein seltener aber ergiebiger Guß mehr wert als häufiges oberflächliches Gießen. Ist der Boden fruchtbar, muß, außer bei Topfpflanzen, kaum gedüngt werden; eine geringe Menge Flüssigdünger fördert jedoch gutes Gedeihen den ganzen Sommer über.

Viele ein- und zweijährige Pflanzen wie Eisenkraut, Studentenblume, Mädchenauge und Dahlien (alle einjährig), Marien-Glockenblume *(Campanula medium)*, Goldlack und Bartnelke (alle zweijährig) werden aufgrund ihres dichten Wuchses gepflanzt. Dennoch müssen oft vor der Blüte die Spitzen gestutzt werden, damit die Pflanzen buschig bleiben. Schneiden Sie schlaksige Zweige zurück; damit werden frische Triebe gefördert. Sobald die Blüten sich öffnen, lohnt es sich, regelmäßig alles Welke zu entfernen; zum einen sehen die Pflanzen dann hübscher aus, zum anderen wird die Blütezeit verlängert. Diese nützlichen Pflanzen benötigen kaum weitere Pflege.

Sobald die Einjährigen abgestorben sind und die Zweijährigen ihren Lebenszyklus abgeschlossen haben, sollten sie ausgegraben, auf den Kompost geworfen und der Boden mit gut verrottetem organischen Material aufgebessert werden.

185

GLOSSAR

Kursiv gedruckte Wörter verweisen auf andere Stichworte.

Ähre Blütenstand, bei dem ungestielte Einzelblüten auf einer Achse sitzen.

Alkalisch Böden mit einem *pH-Wert* über 7.

Arillus Häufig farbige und fleischige Umhüllung des einzelnen Samens.

Art Gruppe eng verwandter Pflanzen, die zu einer Gattung gehören.

Ausläufer Waagrechter, meist oberirdisch wachsender Seitensproß.

Braktee Hochblatt, in dessen Achsel ein Seitensproß oder eine Blüte entsteht.

Dolde Die gleich lang gestielten Blüten strahlen von einem Punkt am Ende einer Achse aus.

Doldentraube Ein flaches Blütenbüschel.

Doppelt gefiedert *Gefiederte Blätter*, deren Fiedern selbst wieder gefiedert sind.

Durchlässiger Boden Boden, in dem überflüssiges Wasser gut ablaufen kann.

Einjährig Pflanzen, deren Lebenszyklus ein Jahr dauert.

Einzelblüte Bestandteil eines Blütenstandes, zum Beispiel einer *Dolde*.

Empfindlich Pflanzen, die bei niedrigen Temperaturen Schaden nehmen.

Fertil Fruchtbar.

Formschnitt Das Schneiden von Bäumen und Sträuchern zu ornamentalen Formen.

Gefiedert Aus mehreren voneinander getrennten Blättchen (Fiedern) zusammengesetztes Blatt.

Gegenständig Blätter, Knospen und Stiele, die an einem Zweig sich jeweils paarig gegenüber stehen.

Gelappt Blätter, die durch spitze Einschnitte in unterschiedlich große Lappen geteilt sind.

Gesägt Blätter, deren Ränder spitz gezackt sind.

Gezähnt Blattränder, deren Einschnitte abgerundet, die Vorsprünge spitz sind.

Grundblätter Das Laub direkt über der Erdoberfläche.

Habitus Gesamteindruck einer Pflanze; Wuchs.

Handförmig Blätter mit tiefen, fingerförmigen Einschnitten, die zur Blattmitte zeigen.

Humus Fruchtbares, verrottetes organisches Material.

Hybride Pflanze, die aus der Kreuzung zweier verschiedener Eltern entstand. Diese können zwei Gattungen, zwei *Arten* einer Familie oder zwei *Varietäten* einer Art angehören. Wird meist mit dem Multiplikationszeichen (x) im lateinischen Namen gekennzeichnet.

Immergrün Pflanzen, meist Bäume oder Sträucher, die ihre Blätter mindestens ein Jahr lang tragen.

Infloreszenz Blütenstand; Anordnung der Einzelblüten auf einem Stiel.

Kätzchen Meist hängende Trauben oder Ähren männlicher unscheinbarer Blüten.

Kelch Meist aus Hochblättern hervorgegangene, die Blüte *wirtelig* umschließende Blätter.

Klon Eine mit der Elternpflanze identische Pflanze, die durch vegetative Vermehrung (Teilung, Ableger, Steckling, Veredelung) entsteht.

Kultivar Kulturvarietät, Zuchtsorte einer *Art*. Wird meist als auch Sorte bezeichnet.

Luftwurzeln Wurzeln, die über der Erdoberfläche aus dem Stamm einer Pflanze wachsen.

Mehrjährig Pflanzen, die mindestens drei Jahre alt werden.

Mikroklima Kleinklima; Klima, das einem bestimmten Standort zu eigen ist (zum Beispiel einer geschützten Gartenecke) und sich vom Gesamtklima einer Region unterscheiden kann.

Mulch Eine Lage aus organischem oder anorganischem (Kunststoffolie oder Kies) Material, die um eine Pflanze ausgebracht wird und sie vor Frost und Austrocknen schützt und Unkraut verdrängt; organischer Mulch verbessert zugleich den Boden.

Oboval Verkehrt eirunde Blätter; der Stiel sitzt am schmäleren Ende.

Oval Eirunde Blätter; der Stiel sitzt am breiteren Ende.

Panaschiert Blätter mit verschiedenfarbigen Musterungen.

Parterre Symmetrisch ornamental angelegte Beete.

Petalen Blütenblätter.

Pfahlwurzel Primärwurzel, die tief in den Boden reicht und nur wenige Seitenwurzeln hervorbringt (z.B. Löwenzahn).

pH-Wert Einheit für den Grad an Säure oder Alkalinität.

Pilzkompost Verbrauchter Kompost, in dem kommerziell Pilze gezüchtet wurden.

Pollenspender Männliche Pflanze, die neben veredelte Arten gepflanzt wird, um eine Befruchtung zu ermöglichen.

Primärsproß Hauptsproß; dominanter, meist aufrecht nach oben wachsender Zweig.

Regenschatten Bodenfläche, auf die durch ein vorkragendes Dach oder eine dichte Laubkrone kein Regen fällt.

Rhizom Unterirdischer, meist waagrecht wachsender Speichersproß.

Rispe mehrfach verzweigte Blütentraube.

Sauer Böden mit einem *pH-Wert* unter 7.

Schwertförmig Sehr schmal ovale zugespitzte Blätter.

Sepalen Kelchblätter.

Solitär Allein stehende Pflanze, unabhängig von einem Pflanzschema; Baum oder Strauch.

Sorte siehe *Kultivar*.

Sommergrün Bäume und Sträucher, die ihr Laub im Herbst verlieren.

Spurenelemente Verschiedene chemische Elemente, die Pflanzen nur in sehr geringen Mengen benötigen.

Staude Mehrjährige Pflanze, deren oberirdische Teile am Ende der Wachstumsphase absterben.

Staunass Boden, in dem überschüssiges Wasser nicht ablaufen kann.

Steril Unfruchtbar.

Stolon siehe *Ausläufer*

Strauch Mehrjährige Pflanze mit mehreren holzigen, direkt über der Erdoberfläche verzweigenden Stämmen. Sträucher, deren weiche obere Triebe im Winter absterben, werden oft Halbsträucher genannt.

Systemisches Herbizid, Fungizid oder Insektizid Chemikalie, die die ganze Pflanze durchdringt und bestimmte Krankheiten oder Parasiten bekämpft.

Traube Blütenstand, bei dem gestielte *Einzelblüten* auf einer Achse sitzen.

Varietät Unterkategorie einer Art.

Vermehrung Entstehung einer neuen Pflanze; sexuell über Samen oder vegetativ, zum Beispiel über Ableger.

Wirtel An einem Knotenpunkt des Stammes stehen 3 oder mehr Blätter, Blüten oder Triebe.

Zweihäusig Pflanzen, die pro Exemplar nur ein Geschlecht aufweisen; getrenntgeschlechtlich.

Zweijährig Pflanzen, die im ersten Jahr Wurzeln, Zweige und Blätter produzieren, im zweiten Jahr blühen und danach absterben.

LITERATUR

Bärtels, A.: Gartengehölze. Verlag Eugen Ulmer.

Boerner, F.: Blütengehölze für Garten und Park. Verlag Eugen Ulmer.

Boisset, C.: Blühende Mauern – Kletternde Gärten. Ravensburger Buchverlag.

Boisset, C.: Gärten in der Stadt. Ravensburger Buchverlag.

Boisset, C.: Harmonische Gartengestaltung. Naturbuch Verlag.

Feßler, A.: Der Staudengarten. Verlag Eugen Ulmer.

Haberer, M.: Farbatlas Zierpflanzen. Verlag Eugen Ulmer.

Harkness, P.: Rosen. Naturbuch Verlag.

Härtl, K.-H.: Naturnahe Steingärten. Naturbuch Verlag.

Herwig, R.: 350 Ziergehölze in Farbe. BLV.

Kawollek, W.: Garten- und Zimmerpflanzen selbst vermehren. Naturbuch Verlag.

Kawollek, W.: Handbuch der Pflanzenvermehrung. Naturbuch Verlag.

Lancaster, R.: Gartenpflanzen für Kenner. Verlag Eugen Ulmer.

Längst, S.: Sommerblumen. Mosaik Verlag.

Lohmann, M.: Der bunte Blumengarten. BLV.

Menzel, P. u. I.: Das Kletterpflanzenbuch. Verlag Eugen Ulmer.

Pardatscher, F.: Hecken im Garten. Verlag Eugen Ulmer.

Paul, T., Ledward, D.: Blütenpracht für jeden Garten. Naturbuch Verlag.

Stangl, M.: Stauden im Garten. BLV.

Woessner, D.: Rosen für den Garten. Verlag Eugen Ulmer.

REGISTER

Kursiv gedruckte Seitenangaben verweisen auf Bildlegenden und Wuchstabellen.

DANK

Der Verlag bedankt sich bei folgenden Personen und Organisationen für die freundliche Genehmigung, ihre Fotografien in diesem Buch veröffentlichen zu dürfen:

Sue Atkinson: 80, 164.
A-Z Botanical Collection: 48-9.
Eric Crichton: 8-9, 16, 23, 25, 50, 51, 52, 78, 82-3, 85, 99, 100, 102 unten, 103, 124, 165, 166.
The Garden Picture Library: 81 (Brian Carter), 7, 128 (John Glover), 127 (J. S. Sira), 24-5 (Wolfram Sterling), 26 (Didier Willery), 6 (Stephen Wooster).
Jerry Harpur: 98, 163, 182, 184, 185.
Andrew Lawson: 162, 178, 179 (oben und unten), 180, 181.
Mitchell Beazley: Paul Barker 3, 4-5, 10, 18, 19, 46, 125, 129, 166-7.
Natural Science Photos: Adrian Hoskins 27.
Oxford Scientific Films: 20 (Patti Murray), 21 (Harry Taylor).
Philippe Perdereau: 22.
Photos Horticultural: 84-5.
John N. Walker: 47, 101, 102 oben, 183.
Wildlife Matters: 79.
Bildbeschaffung: Christine Rista.